Deutsches Arbeitsrecht.

Zu seiner Neuordnung.

Von

Dr. iur. Erich Melsbach
Oberregierungsrat im Reichsarbeitsministerium.

Berlin und Leipzig 1923.
Walter de Gruyter & Co.
vormals G. J. Göschen'sche Verlagshandlung — J. Guttentag, Verlagsbuchhandlung — Georg Reimer — Karl J. Trübner — Veit & Comp.

Roßberg'sche Buchdruckerei, Leipzig.

Die folgenden Ausführungen sollen persönliche Anregungen des Verfassers für die in Angriff genommene Neuordnung des Arbeitsrechts geben. Dies gilt auch für die Eingliederung des Rechtsstoffs in Teilgesetze des kommenden Arbeitsgesetzbuchs und deren Bezeichnungen. Rechtsgebiete, die neu geregelt sind oder die als Gegenstand von Gesetzes- oder Verordnungsentwürfen sich bereits in der parlamentarischen Behandlung befinden oder der Stellungnahme der Öffentlichkeit unterliegen, sind unberührt geblieben, soweit ein anderes nicht durch Zusammenhänge mit erörterten Fragen notwendig geworden ist.

Berlin, 1. Januar 1923.

Erich Melsbach.

Deutsches Arbeitsrecht.

Inhalt.

Zweiter Teil.

Seite

Einzelne Rechtsgebiete.

Wir ringen um die Lösung der Frage des Arbeitnehmertums als des wesentlichsten sozialen Problems unserer Tage. Das hat eine sachliche, eine gedankliche und eine seelische Seite. Dem Arbeitnehmertum sind Lebensbedingungen zu schaffen, die seine rassenbiologische Zukunft günstig gestalten, seine Idee muß in die Idee der Volksgesamtheit — von den Anderen und von ihm selbst — einbegriffen werden und sein Menschentum sich frei entfalten können. Ziele, die sich in der Geschichte der Menschheit immer wieder gestellt finden, wenn Änderungen der Wirtschaft oder der Lebensweise neue Schichtungen der Gesellschaft zur Folge gehabt oder ihr neue Bestandteile eingefügt haben.

Mittelbar, soweit es sich um die sachliche Seite, aber auch unmittelbar, soweit es sich um die gedankliche und seelische Einstellung handelt, ist die Neuordnung des Arbeitsrechts mitzuarbeiten berufen. Sie steht für den schaffens- und zukunftsfrohen Betrachter unter einem glückverheißenden Zeichen. Denn wie jeder Schritt zur Lösung jenes sozialen Problems wird sie zugleich die geistige und sittliche Erneuerung des Deutschen Volks auf einem Unterbau der volklichen Geschlossenheit und als Mittel der sachgemäßen Organisation und Befriedung der Wirtschaft auch deren Wiederaufbau entscheidend unterstützen. Das ist ihre kultur- und wirtschaftspolitische Bedeutung. Soweit hierbei dauernde Werte geschaffen werden, geschieht dies zudem in einer Entwicklung, die jedes Volk mit moderner Wirtschaft einmal, und also später als wir, durchleben muß: eine Gewähr für unsere sieghafte Zukunft.

Erster Teil.

Grundlagen.

I. Die Idee des Arbeitsrechts.

1. Ein Rückblick und ein Ausblick.

a) Das geltende Arbeitsrecht.

Als Recht des Arbeiterschutzes, vor allem öffentlichrechtlicher Art, steht das Arbeitsrecht seit den dreißiger Jahren des vorigen Jahrhunderts im Brennpunkt der sozialpolitischen Erörterung. Sein Ausgangspunkt war die Erkenntnis von den Schädigungen, die die hemmungslose Ausnutzung der menschlichen Arbeitskraft, in erster Linie der gewerblichen Arbeiterschaft, für die Volksgesundheit im Zeitalter der Maschine im Gefolge hatte[1]. Zunächst erging eine Reihe landesrechtlicher Vorschriften, die den größten Mißständen zu steuern suchten[2]. Dann griff das Allgemeine Deutsche Handelsgesetzbuch[3] durch seine arbeitsrechtlichen Bestimmungen in einzelnen Beziehungen (Art. 57, **60**, 61, 63) den Arbeitsschutzgedanken für das kaufmännische Angestelltentum auf. Seinen eigentlichen gesetzlichen Niederschlag fand dieses Arbeitsschutzrecht jedoch — sieht man von dem Gesetz betr. Beschlagnahme des Arbeits- und Dienstlohnes vom 21. 6. 1869 ab — in dem Titel VII „Gewerbliche Arbeiter" (§§ 105—139n, 146—150) der Gewerbeordnung für das Deutsche Reich vom 21. 6. 1869[4]. Die soziale Versicherungsgesetz-

---

[1]) Vgl. Poerschke, Die Entwicklung der Gewerbeaufsicht in Deutschland, Jena Fischer 1913, S. 2, Francke, Sozialpolitik und Internationales Arbeitsrecht, Handbuch der Politik, Berlin-Leipzig Rothschild 1920, S. 29 und Handwörterbuch der Staatswissenschaften, 4. Aufl., Jena Fischer 1922, S. 434 (Enquete des Kultusministers v. Altenstein über die Fabrikkinderarbeit in der Rheinprovinz. Westfalen und Schlesien 1824 und Bericht des Kommandierenden Generals des VII. Armeekorps v. Horn von 1828 über die Verschlechterung des militärischen Ersatzes als Folge der Fabrikarbeit in der Rheinprovinz).

[2]) Vgl. darüber Handwörterbuch der Staatswissenschaften a. a. O.

[3]) Preuß. EG vom 24. 6. 1861 (GesS S. 449), Norddeutsches EG vom 5. 6. 1869 (BGBl S. 379).

[4]) Seine noch heute im wesentlichen geltende Fassung erhielt dieser Titel VII durch das Arbeiterschutzgesetz (G, betr. Änderung der GewO, vom 1. 6. 1891, RGBl S. 261).

gebung der achtziger und neunziger Jahre, die entstandene Schäden zu heilen suchte, ist in diesem Zusammenhang gleichfalls zu nennen. Auch die kaiserlichen Erlasse vom 4. 2. 1890 zur Arbeiterfrage betraten den Schutzgedanken. Für die Berliner Arbeiterschutzkonferenz, die in den Tagen vom 15. bis 28. 3. 1890 die Kulturnationen vereinigte, bildete er die Grundlage. Die bürgerlichrechtliche Gesetzgebung zu Ausgang des Jahrhunderts baute dann, indem sie aus den immer weitergreifenden Auswirkungen der Entwicklung des Industrialismus' die in sozialpolitischer Hinsicht notwendig erscheinenden Folgerungen zog, den Arbeitnehmerschutz (im weitesten Sinne der Sicherung der Belange des Arbeitnehmertums durch besondere gesetzliche Maßnahmen) aus[1]). Die Novellengesetzgebung zur GewO[2]), die zur GewO ergangenen zahlreichen Ausführungsvorschriften, das BinnschG vom 15. 6. 1895[3]), das FlößG vom gleichen Tag[4]), die SeemO vom 2. 6. 1902[5]), das KindSchutzG vom 30. 3. 1903 und das HausAG vom 20. 12. 1911 setzten bis Kriegsbeginn den beschrittenen Weg fort. Auch das Völkerrecht begann sich des Arbeitsschutzes anzunehmen, nachdem ein weiterer Arbeiterschutzkongreß vom 23. bis 28. 8. 1897 in Zürich getagt und am 29. 7. 1900 die Internationale Vereinigung für gesetzlichen Arbeiterschutz sich gebildet hatte. In Bern wurden am 26. 9. 1906 die Übereinkommen über das Verbot der Nachtarbeit der gewerblichen Arbeiterinnen und über das Verbot der Verwendung von weißem (gelbem) Phosphor zur Anfertigung von Zündhölzern abgeschlossen. Während des Kriegs ergingen die Bekanntmachung vom 17. 5. 1915 und die VO vom 13. 12. 1917 über Lohnpfändung. Der Erlaß vom 4. 10. 1918 über die Errichtung eines Reichsarbeitsamts und die VO vom 7. 11. 1918 über wirtschaftliche Demobilmachung leiteten dann im Hinblick auf das Kriegsende und die dadurch bedingten Aufgaben wirtschafts- und vor allem sozialpolitischer

---

[1]) §§ 612, 615—619, 624, 629, 630 und — als Arbeitsschutz praktisch am wirksamsten — 632, 642, 643, 645, 647, 669, 670, 675 BGB, §§ 62—69, 71, 73—83 und — als Arbeitsschutz praktisch am wirksamsten — 85, 88—92, 99, 386, 388/II, 389, 393/II, III, 396—399 HGB.

[2]) Novelle vom 6. 8. 1896, EGBGB vom 18. 8. 1896, EGHGB vom 10. 5. 1897, Nov. vom 26. 7. 1897, 30. 6. 1900, 30. 5. 1908, 28. 10. 1908, 27. 12. 1911, 22. 5. 1918, 5. 2. 1919 und BetrRG vom 4. 2. 1920.

[3]) § 7/II, III, § 8/II, IV, §§ 20, 21, 24, 25.

[4]) § 2/II, III, §§ 3, 16, 17, 20, 21.

[5]) §§ 5, 7—9, 11—27, 29, 31, 35—40, 43/II bis §§ 61, 63—65, 69/II, 70/II, 71—76, 78—83, 99, 111—123.

Art eine Periode arbeitsrechtlicher Gesetzgebung ein, die namentlich im Zeichen des Arbeitsschutzgedankens fruchtbar gewesen ist.

Das in solcher, nach Umfang und Inhalt imponierenden Gesetzgebung niedergelegte Arbeitsschutzrecht gilt zum größten Teil noch heute. Eine Zusammenstellung dieses und des sonst geltenden Reichsarbeitsrechts zeigt ein buntes Mosaik von etwa 90 Hauptgesetzen und Verordnungen mit über 300 Neben- (Ausführungs- usw.) Gesetzen und Verordnungen,[1]) von denen auf das eigentliche, nicht die Sozialversicherung betreffende Arbeitsrecht über 200 entfallen.

Seine Vielgestaltigkeit ist bedingt durch die Geschichte seiner Entstehung und die Art der Bedürfnisse, die jeweils gesetzgeberische Maßnahmen erforderlich gemacht haben. Sie läßt, zumal wenn man berücksichtigt, daß daneben auch das Recht der Länder auf den ihnen überlassenen Rechtsgebieten (z. B. Bergrecht) eine Fülle arbeitsrechtlicher Vorschriften enthält, als unabweisbar notwendig erkennen, diese zahlreichen Sondergesetze und Sonderbestimmungen allgemeiner Gesetze usw. des eigentlichen Arbeitsrechts zu einem einheitlichen Recht zusammenzuschweißen[2]). Nur so kann die kaum erträgliche Unübersichtlichkeit der gesetzlichen Regelung beseitigt werden. Auch wird nur dadurch der in dieser stattlichen Zahl von Gesetzen und sonstigen Bestimmungen sich eindrücklich verkörpernden Bedeutung des Rechtsgebiets Genüge geschehen. Entscheidend aber ist, daß der soziale Gedanke des Arbeitsrechts und das Interesse der sachgemäßen Organisation und Befriedung des Wirtschaftslebens einen gemeinsamen rechtlichen Ausdruck für gleichliegende Probleme fordern.

Dieser Aufgabe dienen in erster Linie die Arbeiten der mit der Kodifikation des Arbeitsrechts betrauten Abteilung des Reichsarbeitsministeriums, das zur Mitarbeit einen Arbeitsausschuß für ein einheitliches Arbeitsrecht aus Sachverständigen am 2. 5. 1919 berufen hat[3]).

b) Die Arbeiten am Arbeitsgesetzbuch.

Ihre Grundlage haben die Arbeiten am Arbeitsgesetzbuch in den Bestrebungen, die zuerst die Angestelltenverbände die Vereinheitlichung und

---

[1]) Vgl. Anhang II und die Sammlungen von Günther, Arbeiterschutz und Arbeitsrecht, Berlin Ver. wiss. Verl. 1920, und Hoeniger-Wehrle, Arbeitsrecht, Mannheim Bensheimer 1920.

[2]) Das große Gebiet der Sozialversicherung, deren Umbau ebenfalls in Angriff genommen ist, wird entsprechend der bisherigen Übung eine gesonderte Behandlung erfahren und auch nicht Teil des Arbeitsgesetzbuchs werden.

[3]) Vgl. Siefart, Zur Geschichte der Entstehung eines Deutschen Arbeitsgesetzbuchs, NZfA 1921 Sp. 261.

Neugestaltung des Angestelltenvertragsrechts hatten fordern lassen, die dann später zum Wunsch nach einem einheitlichen Arbeitsrecht ganz allgemein geworden sind und ihren Niederschlag bereits in der bei der Verabschiedung des BGB am 11. 12. 1896 vom Reichstag angenommenen Resolution gefunden haben, durch die die Reichsregierung ersucht wurde,

„dafür Sorge zu tragen, daß die Verträge, durch welche sich jemand verpflichtet, einen Teil seiner körperlichen oder geistigen Arbeitskraft für die häusliche Gemeinschaft, ein wirtschaftliches oder gewerbliches Unternehmen eines anderen gegen einen vereinbarten Lohn zu verwenden, für das Deutsche Reich baldtunlichst einheitlich geregelt werden"[1]).

Seit Beginn des Jahrhunderts bis zum Krieg hat die wissenschaftliche Erörterung sich mit der Behandlung arbeitsrechtlicher Fragen und auch derjenigen des Gedankens eines einheitlichen Arbeitsrechts in immer steigendem Maß beschäftigt. Es sei hier der Arbeiten von Baum, Ehrenberg, Elster, Ettinger, Flesch, Francke, Herkner, Jastrow, Kaskel, Klein, Kulemann, Köppe, Kohler, Krückmann, v. Landmann, Lobe, Loewenfeld, Lotmar, Oertmann, Pape, Potthoff, Rohmer, Sinzheimer, Stadthagen, Titze, Wölbling und anderer gedacht.

Art. 157 (in Verbindung mit Art. 7 Nr. 9) der Reichsverfassung

„Die Arbeitskraft steht unter dem besonderen Schutz des Reichs. Das Reich schafft ein einheitliches Arbeitsrecht."

hat diesen Bestrebungen nunmehr Ausdruck verliehen.

Die gesetzgeberische Arbeit zu Art. 157 war, nachdem bereits der Ministerpräsident Scheidemann (6. Sitzung der Nationalversammlung am 13. 2. 1919 — StenB S. 44/45) die Anpassung des Arbeitsrechts an die neuen Verhältnisse angekündigt und der Abgeordnete Stegerwald (13. Sitzung am 21. 2. 1919 — StenB S. 269) die Notwendigkeit eines einheitlichen Arbeiterrechts betont hatte, durch eine Rede des Reichsjustizministers Dr. Landsberg (18. Sitzung am 1. 3. 1919 — StenB S. 444) mit dem Hinweis darauf eingeleitet worden, daß ein gleichzeitig erscheinender Aufruf der Regierung „Die Kodifikation des gesamten Arbeiterrechts" als Punkt des Programms der Regierung nennen werde. Dieser Aufruf der Reichsregierung erschien in der Deutschen Allgemeinen Zeitung vom 2. 3. 1919 Nr. 106.

In der Nationalversammlung (34. Sitzung am 10. 4. 1919 — StenB S. 949) begrüßte dann der Abgeordnete Dr. Riesser „Die Kodifikation

---

[1]) 144. Sitzung 10. LegPer. IV. Sess. 1895/7 StenB. Bd. 147 Sp. 3840.

des gesamten Arbeiterrechts und des Arbeitervertragsrechts". Der Berichterstatter zur Verfassungsvorlage, Abgeordneter Dr. Sinzheimer, führte aus (62. Sitzung am 21. 7. 1919 — StenB S. 1749), daß die Verfassungsvorlage die Arbeitskraft als besonderes Rechtsgut aussondere und daß das beabsichtigte „Arbeitsrecht" im Gegensatz zu der bestehenden Gesetzgebung das Arbeitswesen nach neuen Gesichtspunkten einheitlich regeln wolle. In der parlamentarischen Arbeit der folgenden Zeit ist zunächst ein Schwanken im Gebrauch der Bezeichnungen für das geplante neue Recht festzustellen (z. B. „Arbeiterrecht": Rede des Reichsarbeitsministers Bauer in der 64. Sitzung am 23. 7. 1919 — StenB S. 1850, und des Abgeordneten Hoch in der 43. Sitzung des Ausschusses für den Reichshaushalt am 10. 10. 1919 — StenB S. 4; „Arbeitsrecht": Rede des Ministerialdirektors Siefart in der letztgenannten Sitzung — StenB S. 5). Später ist die Anwendung des Ausdrucks „Arbeitsrecht" allgemein (vgl. z. B. Reden der Abgeordneten Müller-Potsdam, Tremmel und von Gierke und des Reichsarbeitsministers Schlicke in der 102. Sitzung am 18. 10. 1919 — StenB S. 3232, 3237, 3244, 3247).

Für die Vorbereitung der Arbeiten zur Schaffung eines Arbeitsgesetzbuchs selbst waren grundlegend die im Reichsarbeitsministerium stattgehabten Besprechungen vom 2. und 19. 5. 1919 — erstere mit den Regierungen und Ressorts und dem Arbeitsrechtsausschuß, letztere mit den Arbeitgeber- und Arbeitnehmerverbänden. Sie gaben dem Reichsarbeitsminister Bauer und dem zunächst mit der Leitung der Arbeiten betrauten Geheimen Oberregierungsrat Siefart Anlaß zu der Ankündigung, daß der Entwurf eines Gesetzes über ein einheitliches demokratisches und soziales Arbeitsrecht mit dem Ziel der Schaffung demokratisch-konstitutioneller Verhältnisse in den Betrieben ausgearbeitet werden solle, das eine umfassende Regelung aller Arbeitsbeziehungen mit Einschluß des Tarifvertragsrechts und des Koalitionsrechts schaffen werde.

Von den Rechtsgebieten, deren Regelung zur Aufgabe der Kodifikation des Arbeitsrechts gehört, sind als besonders dringlich das Betriebsvertretungsrecht durch G vom 4. 2. 1920 und das Arbeitsnachweisrecht durch G vom 22. 7. 1922 vorweggenommen worden. Auch weiterhin ist beabsichtigt, diejenigen Materien, nach deren Erfassung sich ein besonders lebhaftes Bedürfnis geltend macht, in erster Linie zu bearbeiten. Unter diesen Gesichtspunkten ist die Regelung des Heimarbeiterlohnrechts, Hausgehilfenrechts, Schlichtungsrechts, Arbeitszeitrechts, Arbeitslosenversicherungsrechts und Arbeitsgerichtsrechts zunächst in Aussicht genommen.

2. Das Recht der Arbeit.

a) Der Inhalt des Arbeitsrechts.

In diesem Rückblick auf die Entwicklung des geltenden Arbeitsrechts und Ausblick auf seine Neuordnung ist der Gegenstand des Arbeitsrechts noch nicht umschrieben. Es kann sich für das geplante Arbeitsgesetzbuch nicht darum handeln, lediglich ein Recht der Einzelarbeitsleistung zu geben. Der Sinn eines Arbeitsrechts bedeutet vielmehr, das Recht der Arbeit als das Recht des „arbeitenden Volks", der wirtschaftlich Unselbständigen, der „Arbeitnehmer" schlechthin, und das Recht der insoweit gegenüberstehenden Belange ihres Gegenparts, der „Arbeitgeber", zu schaffen.

1. Daß die Erfassung der besonderen Lebensbedürfnisse des Arbeitnehmertums in einem Arbeitsgesetzbuch erfolgen muß, ergibt sich daraus, daß die Besonderheit dieser Lebensbedürfnisse aus der wirtschaftlichen Unselbständigkeit der Einzelpersönlichkeiten des „arbeitenden Volks" und in der für sie bestehenden Notwendigkeit folgt, durch Verwertung ihrer Arbeitskraft ihre wirtschaftliche Existenz zu begründen, zu erhalten und zu fördern. Wirtschaftlich unselbständige Existenzen in diesem Sinne hat es stets gegeben und wird es stets geben. Die Entwicklung des Industrialismus' in den letzten hundert Jahren aber (auch in ihrer Auswirkung auf die Gestaltung des Handels und der landwirtschaftlichen Produktion) hat dazu geführt, daß die wirtschaftlich unselbständige Arbeit die Lebensform des größeren Teils der Bevölkerung, die sich in Europa während dieser hundert Jahre verdreifacht hat, geworden ist. Daraus folgen besondere Forderungen an die Gestaltung des öffentlichen und privaten Rechts, denen die Rechtsentwicklung bisher nur unvollkommen entsprochen hatte. Wenn also ein Gesetzbuch das Recht dieser wirtschaftlich unselbständigen Arbeit schafft und insbesondere, wenn es die nur mittelbar mit dem einzelnen Arbeitsverhältnis zusammenhängenden sozialpolitischen Fragen des Arbeitsnachweises, der Arbeitsversicherung (hier mit Rücksicht auf die erschöpfende anderweitig erfolgte Regelung der Kranken-, Unfall-, Alters- und Arbeitsunfähigkeitsversicherung nur der Arbeitslosenversicherung), des vorbeugenden Arbeitsschutzes und — teilweise — der Arbeitsfürsorge umfaßt, enthält es nicht nur das Recht eines einzelnen Berufs oder gar nur das Recht eines bürgerlich-rechtlichen Vertrags, sondern das Recht eines Volksteils.

Die Idee dieses zu schaffenden Arbeitsrechts muß dabei von der Weltanschauung der Gleichberechtigung des Arbeitgebers und des Arbeitnehmers getragen sein. In diesem Sinn wird das Arbeitsgesetzbuch nicht der unwesentlichste Schritt auf dem Wege der Emanzipation des Arbeitnehmertums sein. Dessen Arbeit soll in Wahrheit zur Arbeit wirtschaftlich unselbständiger, persönlich aber selbständiger, freier Menschen werden. Nicht im Sinn der materialistischen Weltanschauung, sondern des Gedankens, daß der Arbeitnehmer, der im Arbeitsvertrag sich mit dem Arbeitgeber verbindet, ihm seine Arbeit zur Verfügung stellt, damit dem eigenen Schaffensdrang und wirtschaftlichen Notwendigkeiten bewußt und selbstbestimmt gerecht wird, daß er einer Sache, nicht aber einer Person dient (vgl. unten S. 29).

Mit anderen Worten: Der Gedanke des Arbeitnehmerschutzes, der auf nicht absehbare Zeit noch den Hauptinhalt des Arbeitsrechts bedeuten wird, soll mehr und mehr in den Hintergrund treten können, der Gedanke des freibestimmten Schuldverhältnisses (im Sinn des Bürgerlichen Gesetzbuchs) dafür immer mehr Raum gewinnen und der personenrechtliche Gedanke sich entfalten dürfen. Darüber wird später (vgl. unten S. 25, 27, 50, 147) mehr zu sagen sein.

Die Berechtigung des Arbeitsrechts in diesem Sinn entspringt aus dem Bedürfnis der Volksgesamtheit und der ethischen Forderung, daß kein Volksteil rechtlos sei. Dafür muß aber auch das Ziel eines solchen besonderen Rechts sein, sich und diese Volksteile in das Recht der Volksgesamtheit einzuordnen, und es ist deshalb nur berechtigt, soweit die Interessen der Gesamtheit es fordern und soweit sie nicht entgegenstehen, also auch nur, solange beides gilt.

2. Neben dem Recht des Arbeitnehmertums umfaßt das Recht der wirtschaftlich unselbständigen Arbeit das Recht des Arbeitgebertums. Nicht nur in dem Sinn, daß die Tatsache des Arbeitnehmertums notwendig Wechselwirkungen zu dem Gegenpart mit sich bringt, sondern auch in dem, daß die Idee der Gleichberechtigung das Recht des Arbeitgebertums als gleichwertigen, wenn auch notwendig weniger umfangreichen Teil des Arbeitsrechts bedingt; ein Gedanke, der in der werdenden Selbstverwaltung der Arbeit seinen wichtigsten Ausdruck finden wird. Auch die Berücksichtigung der Belange des Arbeitgebertums fordert die Gesamtheit und sie hat das lebhafteste Interesse daran, im Rahmen ihrer Bedürfnisse mit dem Arbeitgebertum auch das Unternehmertum lebenskräftig zu erhalten. Aufgabe des Arbeitsgesetzbuchs wird es sein, hier den Ausgleich zu schaffen.

3. Mit dieser Umschreibung des Inhalts des Arbeitsrechts ist zugleich gesagt, daß das Arbeitsrecht nicht Wirtschaftsrecht ist[1]). In welchen Formen und mit welchen Zielen Arbeitgebertum und Arbeitnehmertum Einfluß auf die Gestaltung der Wirtschaft nehmen, diese Frage wird vielfach im Zusammenhang mit dem Arbeitsrecht zu beantworten sein (vgl. unten S. 170 ff.). Sie ist aber stets wirtschaftsrechtlicher, nicht arbeitsrechtlicher Art[2]).

Es ist nach dem Gesagten weiter zu beachten, daß für das Arbeitsgesetzbuch der Begriff der „Arbeit", wie ihn der Vorkämpfer des Arbeitsrechts Lotmar in seinem Werk: „Der Arbeitsvertrag"[3]) verwendet, nicht brauchbar ist: Für ihn ist der Tatbestand entscheidend, daß Arbeit gegen Entgelt versprochen wird. Darunter fällt auch jede Arbeit, die von wirtschaftlich Selbständigen — z. B. Rechtsanwälten, Stellenvermittlern, Spediteuren, Theaterleitern — sei es dauernd, sei es in Einzelhandlungen geleistet wird.

Weiter mag hier darauf hingewiesen werden, daß das „Gewerberecht", soweit es nicht „Arbeitsrecht" ist, für eine Regelung im „Arbeitsgesetzbuch" nicht in Frage kommt. Es kann allerdings nicht übersehen werden, daß die bisher wesentlichste Grundlage des gewerblichen Arbeiterrechts, die Gewerbeordnung, ein Recht des Gewerbes ganz allgemein darstellen will, und andererseits ist nicht zu verkennen, daß die Lebensverhältnisse selbständiger Gewerbetreibender in vielen Beziehungen die des „arbeitenden Volks" im mehr erwähnten Sinne sind. Insofern besteht ebenfalls ein Bedürfnis nach Eingreifen der sozialpolitischen Gesetzgebung, und es mehren sich die Stimmen, die z. B. die Ausdehnung der sozialpolitischen Versicherung auf die Kleingewerbetreibenden und die Handwerker fordern. Allein die Notwendigkeit, diesem Bedürfnis gerecht zu werden, und die andere Notwendigkeit, die Rechtsverhältnisse des Gewerbes ganz allgemein zu erfassen, bedeuten nicht, daß beides im Zusammenhange mit dem „Arbeitsrecht" geschehen muß.

---

[1]) Vgl. auch unten S. 163. Die innerliche Verschiedenheit von Arbeitsrecht und Wirtschaftsrecht und die selbständige Bedeutung des ersteren läßt nicht zu, es im Zusammenhang mit dem Wirtschaftsrecht als eine seiner Teildisziplinen zu betrachten, wie dies seitens Hedemann, Grundzüge des Wirtschaftsrechts, Mannheim/Berlin/Leipzig Bensheimer 1922, insbesondere S. 22, und Nußbaum, Das neue Deutsche Wirtschaftsrecht, 2. Aufl., Berlin Springer 1922, S. 89 ff., geschieht.

[2]) Über die Bedeutung einer zielbewußten arbeitsrechtlichen Sozialpolitik für die Volkswirtschaft vgl. Potthoff, Probleme des Arbeitsrechts, Jena Diederichs 1912, 1920, S. 67 ff.

[3]) Leipzig Duncker & Humblot Bd. I 1902, Bd. II 1909.

Beide Materien passen vielmehr nicht in das System eines Arbeitsgesetzbuchs, wie es beabsichtigt wird, hinein, sondern lassen ein besonderes Gewerberecht — entsprechend dem Titel I—VI, auch VIII—X der GewO — als erforderlich erscheinen, das in sozialpolitischer Hinsicht entsprechend den heutigen Anschauungen zu erweitern und mit dem nach Ausscheiden des handelsgewerblichen Arbeitsrechts verbleibenden Teil des Handelsgesetzbuchs in Parallele zu setzen und vielleicht zu vereinigen wäre.

Auch die Arbeit des Beamten ist von der Regelung in dem beabsichtigten Arbeitsgesetzbuch ausgenommen. Die Idee des Beamten als eines Menschen, der seine ganze Persönlichkeit dem Staat, der Kommune, der Kirche hingibt und dafür von diesen eine besondere Treue und Fürsorge erwartet, ist von der Idee des Arbeitnehmers grundsätzlich verschieden[1]). Der Schutzgedanke (vgl. unten S. 25) und der Gedanke der Vertragsfreiheit des Schuldverhältnisses (vgl. unten S. 50, 147), beide für das Arbeitsrecht neben dem personenrechtlichen Element (vgl. unten S. 27) von gleicher Bedeutung, treten für das Beamtenrecht völlig zurück. Auch gelten für die Gestaltung des Beamtenrechts, vor allem mit Rücksicht auf die Verwaltung staatlicher Hoheitsrechte durch den Beamten und seine dauernde Bindung, wesentlich andere Gesichtspunkte, vor allem öffentlichrechtlicher Art.

b) Der Begriff des Arbeitnehmers.

1. Der Begriff des Arbeitnehmers kann nicht anders erfaßt werden als, indem man es auf die Gesamtheit der wägbaren und unwägbaren Umstände abstellt, in denen die Verkehrsanschauung im Einzelfall das Moment der wirtschaftlichen Unselbständigkeit erblickt. „Wirtschaftliche Unselbständigkeit" in diesem Sinn ist regelmäßig dann gegeben, wenn die fragliche Arbeit in abstracto von Personen geleistet wird, die keine „selbständigen Unternehmer" (das Wort im weitesten Sinn gefaßt) sind. Diese Tatsache kennzeichnet die konkrete Arbeit für die Verkehrsanschauung auch dann, wenn sie von Personen geleistet wird, die im übrigen als „selbständig" gelten. Der Ausdruck „wirtschaftliche Unselbständigkeit" sagt zugleich, daß eine persönliche Unselbständigkeit, Abhängigkeit des Arbeitnehmers, eine Gehorsamspflicht nicht besteht[2]),

[1]) A. M. Potthoff, Wesen und Ziel des Arbeitsrechtes, Berlin Verlagsgesellschaft des Allgemeinen Deutschen Gewerkschaftsbundes 1922, S. 18.

[2]) A. M. Hueck, Arbeitsvertragsrecht, Herz Stuttgart 1922, S. 21 und Matthaei, Grundriß des Arbeitsrechts, Mannheim-Berlin-Leipzig Bensheimer 1923, S. 89.

vielmehr die Arbeit des Arbeitnehmers sogar hinsichtlich Ort, Art, Zeit und Spielraum in der Gestaltung des Arbeitsergebnisses durchaus selbständig sein, d. h. daß auch das Moment des „Direktionsrechts" des Arbeitgebers fehlen kann[1]). Ein Beispiel mag dies erläutern: Ein Juwelier (Kaufmann) habe den Auftrag auf Lieferung von drei gleichartigen Schmuckgegenständen erhalten. Er betraut im Hinblick auf die Kürze der Lieferzeit einen Goldwarenfabrikanten mit der Herstellung des einen, einen Angestellten seines Betriebs mit der Anfertigung des zweiten und einen von ihm ständig beschäftigten in der Heimarbeit tätigen Kunstgewerbler (Heimangestellten) mit der des letzten Schmuckstücks. Die Arbeit ist in allen Fällen völlig die gleiche. Trotzdem liegt in dem ersten Fall ein Unternehmervertrag, in den beiden anderen ein Arbeitsvertrag vor. Entscheidend ist für die Beurteilung und also die Bestimmung des Arbeitnehmerbegriffs lediglich die Tatsache, daß dem Arbeitnehmer bei Leistung von Arbeit die Sicherheit seiner Existenz gewährleistet ist, der Arbeitgeber oder eine Gemeinschaft der Berufsgenossen oder die Gesamtheit also die **Gefahr der Arbeitsleistung im weitesten Sinn** tragen. Man wird somit nach dem Gesagten den Begriff des Arbeitnehmers am richtigsten dahin fassen:

Arbeitnehmer ist, wer auf Grund eines Vertrags des Bürgerlichen Rechts unter Umständen tätig wird, die nach der Verkehrsanschauung wirtschaftliche Unselbständigkeit bedeuten.

In dem **Arbeiter** wird man dann grundsätzlich denjenigen Arbeitnehmer zu sehen haben, der ausschließlich oder vorwiegend Handarbeit leistet. **Angestellter** dagegen ist, wer als Arbeitnehmer ausschließlich oder vorwiegend Kopfarbeit (geistige Arbeit?[2]) leistet. Damit folgte man dem Sprachgebrauch, der in neuester Zeit mit großer Sicherheit zwischen Hand- und Kopfarbeitern unterscheidet. Man wird wohl nicht fehlgehen,

---

[1]) Die Unterscheidung zwischen „selbstbestimmter" und „fremdbestimmter" Arbeit — vgl. Hoeniger a. a. O. S. XV — ist auch in diesem Sinn grundsätzlich ohne Bedeutung. Das Direktionsrecht des Bestellers im Unternehmervertrag ist dem des Arbeitgebers gleichartig. Das verkennt auch Jacobi, Einführung in das Gewerbe- und Arbeiterrecht, Leipzig Meiner 1922, S. 52, der eine „Leitungsbefugnis" des Arbeitgebers annimmt, während er im übrigen eine „persönliche Unterordnung" des Arbeitnehmers in Abrede stellt.

[2]) Da der Ausdruck „geistige Arbeiter" neuerdings häufig in einem besonderen Sinne (vgl. unten c) gebraucht wird, wird es sich empfehlen, für die Arbeit des „Angestellten" den sprachlich zwar nicht glücklichen, aber bezeichnenden Ausdruck „Kopfarbeit" beizubehalten und in das Gesetz einzuführen.

wenn man annimmt, daß der Sprachgebrauch unter Kopfarbeitern im allgemeinen alle die Personen einbegreift, die er Angestellte nennt. Um Zweifel zu vermeiden, ist aber zweckmäßig der Kopfarbeit ausdrücklich auch die „sonstige Arbeit" der kaufmännischen und Büroangestellten gleichzustellen, für welche die Angestellteneigenschaft etwas historisch Gewordenes darstellt.

Die Entscheidung von Zweifeln über die Arbeiter- oder Angestellteneigenschaft, die voraussichtlich häufig sein werden, würde, um eine einheitliche Rechtsprechung zu gewährleisten, stets durch eine und dieselbe Stelle getroffen werden müssen. Solange ein Reichsarbeitsgericht nicht besteht, ist es das Gegebene, die Zuständigkeit eines Zivilsenats des Reichsgerichts festzulegen. Denn für diese Entscheidungen von unter Umständen weittragendster Bedeutung müssen die Kautelen richterlicher Entscheidungen gegeben sein; auch handelt es sich hier im Kern um eine Aufgabe der Rechtsprechung in Arbeitsstreitigkeiten, die nicht ohne grundsätzliche Bedenken einer anderen als der sonst hierfür in erster Linie in Aussicht genommenen Stelle übertragen werden könnte.

2. Wenn man so den Begriff des Arbeitnehmers lediglich auf die nach der Verkehrsanschauung gegebene wirtschaftliche Unselbständigkeit abstellt, begreift er ohne Unterschied (soweit nicht ein solcher sich aus der Art der Arbeit ergibt) Betriebs- und Heimarbeitnehmer ein (vgl. auch unten S. 85).

Damit wird der Tatsache Rechnung getragen, daß in der Vielgestaltigkeit des täglichen Lebens sich eine Reihe von Personengruppen gebildet haben, deren wirtschaftliche und soziale Lage in ihrem Verhältnis zu dem Gegner des Vertrags, auf Grund dessen sie tätig werden, völlig derjenigen der seit alters als „Arbeitnehmer" betrachteten „Betriebsarbeiter" und „-angestellten" entspricht, die aber ihre Arbeit „zuhause" leisten[1]).

Hinsichtlich der Heimarbeiter sind Schritte zu ihrer Behandlung als Arbeitnehmer auch seitens der Gesetzgebung[2]) bereits geschehen.

---

[1]) Soweit Arbeitnehmer ihre Arbeit weder „im Betrieb" noch „zuhause" leisten (z. B. Handlungsreisende), ist mit der Verkehrsanschauung zu entscheiden, ob sie zu den Betriebs- oder den Heimarbeitnehmern zu zählen sind. Maßgebend wird — von geschichtlich gewordenen Auffassungen abgesehen — das Maß der Bewegungsfreiheit sein. Je ausgeprägter diese, um so wahrscheinlicher ein Heimarbeitsverhältnis.

[2]) Vgl. § 119b GewO, § 11/II BetrRG und §§ 153/II, 154/II, 162, 165, 235, 250/II S. 1, 466—475, 532/II, 548, 735, 1226, 1229, 1436 RVersO, G. ü. d. Vers. d. Hausgewerbetreibenden v. 30. 4. 1922 (RGBl S. 465) und Entwurf eines Heimarbeiterlohngesetzes (RABl 1922 S. 209).

Gleiches wird für das Arbeitsgesetzbuch im allgemeinen auch hinsichtlich der Heimangestellten gelten müssen. Es handelt sich hier sowohl um Kopfarbeit in ihren untergeordneten Formen — z. B. Adressenschreiben, Notenkopieren, nichtkritische Berichterstattung ohne wissenschaftlichen oder künstlerischen Wert — als auch um qualifizierte geistige Arbeit — z. B. die des Dramaturgen, Kassenarztes, Syndikus', korrespondierenden Schriftleiters —. Im Einzelfalle werden unter die letzteren Heimangestellten vielfach auch sog. „geistige Arbeiter" fallen. Jedoch ist hier wie bei den sonstigen qualifizierten Heimkopfarbeitern die Grenze gegen die „Arbeitnehmerähnlichen Personen" (vgl. c)) flüssiger als bei untergeordneter Heimkopfarbeit oder bei Heimhandarbeit. Im allgemeinen wird bei ihnen das Moment der wirtschaftlichen Unselbständigkeit, das die Arbeitnehmereigenschaft begründet, seltener gegeben sein als bei letzteren.

Zu betonen ist allerdings, daß das Arbeitsrecht hier und in ähnlichen Fällen lediglich dem Zug der tatsächlichen Gestaltung der Arbeitsverhältnisse, und auch dies nur mit zögernder Vorsicht, folgen darf: Die Umwandlung etwa bisher wirtschaftlich selbständiger Personengruppen in „Arbeitnehmer" erscheint stets als im Interesse der Beteiligten selbst oder doch der Volksgemeinschaft unerwünscht. Jedes Mittel ist zu billigen, das diese Umwandlung aufhält oder rückgängig macht, wie auch jedes, das Arbeitnehmerberufe zu selbständigen Berufen umgestaltet.

c) Arbeitnehmerähnliche Personen.

Das Letztgesagte schließt jedoch nicht aus, daß einzelne Rechtsgebiete des Arbeitsrechts, sei es ausdrücklich durch Sonderbestimmungen, sei es durch das Hilfsmittel der Analogie, auf die Rechtsverhältnisse solcher „geistigen Arbeiter" und ähnlicher Personen — und zwar gleichgültig, ob sie „im Betriebe" oder „zuhause" oder weder dort noch hier tätig sind — angewendet werden, die — kurz ausgedrückt — nicht Arbeitnehmer sind, aber unter ähnlichen wirtschaftlichen Bedingungen wie Arbeitnehmer tätig werden: „Arbeitnehmerähnliche Personen", wie ich sie zu nennen vorschlage[1]). Auch hier gilt (vgl. das zu b) am Ende Ausgeführte), daß zwar jedem wirklichen Bedürfnis — z. B. durch weitgehende Anwendbarkeit des Arbeitstarifrechts — Rechnung zu tragen,

[1]) Die Problemstellung zeigt, daß es sich hier nicht um eine Frage des Heimarbeitsrechts handelt, wie die von Potthoff, JW 1921 S. 511, angeregte Bezeichnung „verlagsmäßige Heimwerker" oder auch „verlegte Heimwerker" vermuten läßt, die auch sonst nicht glücklich ist, weil schwerverständlich und auf eine Beziehung zum Handwerk weisend.

im übrigen aber möglichste Vorsicht zubeobachten ist. Letzteres deshalb, weil das Interesse der Gesamtheit und das Interesse der Beteiligten in gleicher Weise fordern, daß das sich vielfach geltend machende Streben, wirtschaftliche Selbständigkeit zu erlangen oder zu behalten, unterstützt[1]), andererseits aber die Hemmungen, die dem Aufgeben der Selbständigkeit entgegenstehen, nicht beseitigt und dem weichlichen Zug entgegengetreten wird, der diese und jene Personengruppen sich nach sozialer Fürsorge sehnen statt auf eigene Kraft vertrauen läßt. Ginge man anders vor, so würde man hier den Schritt nach rückwärts tun, den die Arbeitnehmerbewegung als Emanzipation nach vorwärts tun muß (vgl. S. 19, 50 und 59)[2]).

3. Das Schutzrecht (Sozialrecht) im Arbeitsrecht.

Der Industrialismus und seine Begleiterscheinung, die Arbeiterschaft, waren zu Beginn des 19. Jahrhunderts ein Neues. Das daraus entstandene sozialpolitische Problem des Arbeitnehmertums, ein Problem von in der Geschichte bisher noch nie gekannten, ungeheuren Ausmaßen, ist auch heute noch nicht restlos geistig verarbeitet. Dies gilt sowohl von der bevölkerungspolitischen (vgl. unten S. 82 und weiter S. 189, 198) als auch von der gedanklich-seelischen Seite dieses Problems (vgl. unten S. 33) als auch endlich der Frage der Gestaltung der Lebensbedingungen des Arbeitnehmertums: In letzterer Hinsicht greift vor allem das *schutzrechtliche (sozialrechtliche) Element des Arbeitsrechts* ein.

Je mehr die Entwicklung der Wirtschaft dem Arbeitnehmer die Möglichkeit nimmt, Unternehmer zu werden, d. h. je mehr die wirtschaftlich unselbständige Arbeit die Lebensform des größeren Teils der Bevölkerung wird, um so mehr muß als Ausgleich das Arbeitsrecht ganz allgemein dem Arbeitnehmer die Sicherheiten für die Erhaltung seiner Arbeitskraft, für den Schutz gegen Beeinträchtigung seines Menschentums, für die Hilfe in Fällen der Krankheit und der unverschuldeten Verhinderung an der Arbeitsleistung und für ein Auskommen im Alter bieten, die der Unternehmer sich erarbeitet.

Alle Vorschriften des Arbeitsrechts, die diesem Ziele dienen, sind sein

[1]) Ähnlich Hedemann a. a. O. S. 23.

[2]) A. M. Potthoff, Wesen und Ziel des Arbeitsrechtes, Berlin Verlagsgesellschaft des Allgemeinen Deutschen Gewerkschaftsbundes 1922, S. 28. Vgl. auch seine frühere Schrift Das Arbeitsrecht der Schriftsteller (in der Sammlung Die geistigen Arbeiter, Erster Teil, hrsg. i. Auftr. d. Vereins für Sozialpolitik v. Ludwig Sinzheimer, München und Leipzig Duncker und Humblot 1922, S. 327ff.), die allerdings die Grenze zum Arbeitnehmerrecht schärfer zieht (z. B. S. 333).

sozialrechtlicher Gehalt, verkörpern den Schutzgedanken, der das notwendige Korrelat der Ungleichheit der Kräfte ist, die aus der wirtschaftlichen Unselbständigkeit sich ergibt. Das Arbeitsvertragsrecht, das Arbeitsvereinigungsrecht, das Arbeitsselbstverwaltungsrecht und das Recht des unmittelbaren Eingreifens des Staats in die Belange der Arbeit, auch das Internationale Arbeitsrecht, sie alle haben in einem Teil ihrer Regeln diesem Schutzgedanken Ausdruck zu verleihen[1]). Seine Durchsetzung bis zur Verwirklichung der individual-schuldrechtlichen Idee ist auch der Sinn der Arbeitnehmerbewegung, soweit sie nicht die Verwirklichung des personenrechtlichen Prinzips zum Ziel hat.

Wäre die Gleichheit der Kräfte des Arbeitnehmertums mit den Kräften des Arbeitgebertums gewährleistet, so brauchten wir also kein sozialrechtliches Arbeitsrecht. Aber diese unterstellte Gleichheit ist ein Widerspruch in sich. Wären oder sind die Kräfte gleich, so hört der Arbeitnehmer auf, Arbeitnehmer zu sein. Die Idee des Sozialrechts aber ist, die ungleichen Kräfte künstlich gleichzumachen und auf dieser Basis dann durch das schuldrechtliche Element dem personenrechtlichen Element (vgl. unten S. 27) seine reine Verwirklichung zu ermöglichen.

Dabei müßte in jedem Fall berücksichtigt werden, daß die Bestrebungen, die soziale Frage zu lösen, ein gesundes Wirtschaftsleben zur Vorbedingung haben und daß die Erfüllung sozialer Forderungen zugunsten der Arbeitnehmer ihre Begrenzung in den Bedürfnissen der notwendigen wirtschaftlichen Entwicklung und den Interessen der Arbeitgeber, soweit sie damit im Einklang stehen, finden muß.

4. Deutsches Arbeitsrecht.

a) Der entwicklungsgeschichtliche Grundsatz.

Für die Neugestaltung des Arbeitsrechts wird es sich darum handeln, das geltende Arbeitsrecht organisch fortzuentwickeln. Selbst wenn es sich hierzu als wenig brauchbar erwiesen hätte, (es trifft nicht zu, vgl. zu b)) müßte gleichwohl der Versuch gemacht werden. Der eine — rein praktische — Gesichtspunkt ergibt sich aus der Erwägung, daß eine Erschütterung der Grundlagen des gesamten Bürgerlichen Rechts und damit des Rechtslebens sonst nicht zu vermeiden sein würde. Sodann aber soll das Recht des Arbeitsgesetzbuchs in der Haupt-

[1]) Abweichend Sinzheimer, Grundzüge des Arbeitsrechts, Jena Fischer 1921, S. 8 ff. und 31 ff., der in dem Sozialrecht das Recht der Beziehungen der einzelnen als Glieder einer Gemeinschaft sieht.

sache das Recht der ungeschichtlichen Vielheit des Proletariats werden. Es liegt in der Natur der Sache, daß von dessen Seite Wünsche nach einer rechtlichen Gestaltung geltend gemacht werden, die mit rechtsgeschichtlichen Erfahrungen nicht in Einklang zu bringen sind. Und doch liegt jedem Klarblickenden offen zutage, daß das Proletariat geschichtlich zu werden beginnt, und jedem Einsichtigen, daß die ehernen Gesetze der Entwicklungsgeschichte auf seine Verhältnisse und insbesondere sein Recht Anwendung finden müssen. Es würde sich als einer der verhängnisvollsten Fehler erweisen, wenn bei den Arbeiten am Arbeitsgesetzbuch zugunsten von Zweckmäßigkeitserwägungen des Augenblicks diese großen Zusammenhänge vergessen worden wären.

Das einheitliche Arbeitsrecht hat auch in diesem Sinne dazu beizutragen, das „arbeitende Volk" in die Volksgesamtheit einzugliedern (vgl. unten S. 33). Es kann sich nicht darum handeln, wahllos ausländisches Recht oder sonstige Anregungen zu übernehmen und Rechtsgedanken zu verwirklichen, sondern es muß sich bei der Gestaltung des neuen Arbeitsrechts und insbesondere des neuen Arbeitsvertragsrechts stets um eine organische Fortentwicklung des Deutschen Rechts handeln: Nur dann wird das Recht des Arbeitsgesetzbuchs den Anforderungen gerecht werden können, die sich aus den Auswirkungen der wirtschaftlichen Entwicklung auf das Deutsche Arbeitnehmertum ergeben, wenn bei der gesetzgeberischen Arbeit dieser Gesichtspunkt in den Vordergrund gestellt worden war.

b) Das Personenrecht im Arbeitsrecht.

Bei der Erörterung der Neuordnung des Arbeitsrechts wird hier und da von der Erwägung ausgegangen, daß das neue Arbeitsrecht in seinen Grundlagen anders orientiert werden müsse, als es das geltende Arbeitsrecht sei. Dieser Standpunkt läßt sich dahin zusammenfassen, daß das geltende Arbeitsrecht, insbesondere das Arbeitsvertragsrecht, in erster Linie den Schutz der Besitzenden in ihren Vermögensinteressen, nicht dagegen denjenigen der Lebensinteressen des „arbeitenden Volkes", wie in Art. 157 der Reichsverfassung vorgesehen, im Auge habe und insofern auf dem römischen Recht aufbaue, daß es also vorwiegend vermögensrechtlichen statt personenrechtlichen Charakter habe[1]). Man geht dabei davon aus, daß die römische Wirtschaft im wesentlichen auf die Sklavenarbeit eingestellt gewesen sei. Für die höhere Arbeit habe man nur das unklagbare

---

[1]) Vgl. Potthoff, Probleme des Arbeitsrechts, S. 11 und 62, auch Arbeitsrecht 1922, S. 267.

Recht auf ein honorarium gekannt und im weiteren Verlauf der Entwicklung die operae illiberales entsprechend dem Recht der Sachmiete als „Dienstmiete" („locatio conductio operarum") geregelt. Das ist richtig. Aber schon im späteren gemeinen Recht ist der Unterschied zwischen operae liberales und operae illiberales — nachdem vorher auch hinsichtlich des ersteren ein Klagerecht (durch extraordinaria cognitio) gegeben worden war — fallengelassen worden. Nach Beseitigung der gebundenen Arbeitsverhältnisse im Anfang des 19. Jahrhunderts bedeutete die grundsätzliche rechtliche Gleichstellung von Arbeitgeber und Arbeitnehmer auf dem Boden dieser Auffassung des Arbeitsverhältnisses als nur eines Schuldverhältnisses eine Errungenschaft von außerordentlicher Bedeutung[1]). Erst die Entwicklung des Zeitalters der Maschine hat diese rechtliche Freiheit zu einer tatsächlichen Unfreiheit umgestaltet. Das Bürgerliche Recht zu Ausgang des 19. Jahrhunderts aber hat keineswegs sich mit der Übernahme des gemeinen Arbeitsvertragsrechts begnügt. Es hat dieses vielmehr so weitgehend mit deutschrechtlichen Gesichtspunkten teils reinen, teils mit Sozialrecht gemischten Personenrechts durchsetzt, daß die personenrechtliche Gestaltung des geltenden Arbeitsrechts, namentlich des Arbeitsvertragsrechts, auch des Arbeitsschutzrechts, wenn man seinen Sinn dahin versteht, durch Schutz den Schwächern in den Stand zu setzen, seine Persönlichkeit im Arbeitsverhältnis zu betonen, wohl nicht bestritten werden kann[2]). Wenn auch die Probleme bei der Ausarbeitung des geltenden Bürgerlichen Rechts noch nicht so klar zutage gelegen haben, wie dies heute der Fall ist, so enthält namentlich das Recht des Dienstvertrags Bestimmungen personenrechtlicher Art bereits in erheblichem Umfange und sind auch sonst, zumal in der arbeitsrechtlichen Gesetzgebung der jüngsten Zeit, die Ansätze eines so verstandenen Arbeitsrechts erkennbar. Das gilt auch insoweit, als zu einem Persönlichkeitsrecht nicht nur Rechte, sondern auch Pflichten gehören und das Ziel jeder Sozialpolitik, also auch der Gestaltung des Arbeitsrechts sein muß, dem Arbeitnehmer ein inneres Verhältnis im Sinne einer Berufsethik zu seiner Arbeit zu geben[3]).

---

[1]) Vgl. Herkner, Die Arbeiterfrage, 7. Aufl. Berlin Ver. wiss. Verl. 1921, S. 7.

[2]) Ähnlich Lehmann, Die Grundgedanken des neuen Arbeitsrechts, Kölner Rektoratsrede 1921 Köln, Oskar Müller Verlag 1922, S. 7.

[3]) Das Gegenteil eines personenrechtlichen Arbeitsrechts im erörterten Sinne, vielmehr einen rein vermögensrechtlichen Charakter des Arbeitsvertrags will übrigens, worauf hier hingewiesen werden möge, die materialistische Lehre von der „Ware" Arbeit, die der Arbeitnehmer mit möglichst hohem Nutzen loszuschlagen trachten müsse.

Zu verkennen ist jedoch nicht, daß es sich vielfach erst um eine Grundlage handelt, auf der die Neuordnung des Arbeitsrechts aufzubauen hat (vgl. auch unten S. 35). Dabei wird der leitende Gesichtspunkt der folgende sein müssen:

Bisher hat der Industrialismus unzweifelhaft eine Unterdrückung des Menschen im Arbeitnehmer mit sich gebracht. Denn die Konzentrierung vieler Arbeiter in einzelnen Betrieben machte patriarchalische Beziehungen zwischen Arbeitgebern und Arbeitnehmern unmöglich. Das, die Mechanisierung der Arbeit und die Unmöglichkeit des Aufstiegs zur Selbständigkeit, ließen den Arbeitnehmer geistig und seelisch verarmen, während die Gefahr wuchs und praktisch wurde, daß der Arbeitgeber ihn nach geldlichen Gesichtspunkten — wie etwa sein totes und lebendes Inventar —, nicht aber als Mitarbeiter wertete. Zumal dann, wenn der Arbeitgeber eine in einer juristischen Person zusammengesetzte Persönlichkeit war. Zugleich wurde der Kontrast zu groß, der darin lag, daß viele Menschenschicksale durch rein materielle Verhältnisse sich in Abhängigkeit von Einzelindividuen befanden, ohne die Möglichkeit, das eigene Schicksal zu gestalten, trotzdem sie dies durch ihre Arbeit jenen Einzelindividuen ermöglichten. Die Reaktion ist die Bewegung des Arbeitnehmertums. Es ist kein Zweifel, daß seine Idee gerade in der Masse des Deutschen Volks besonders tiefe Wurzel geschlagen hat. Dem germanischen Volkscharakter ist das Gefühl des Anerkanntwerdens, Nichtgeringgeschätztseins bei aller Hingabe an den Führer und Unterordnung unter ihn ein Wesensbedürfnis. Erst dann wird die Zeit der Kämpfe aufhören, wenn — die Sicherung der Lebensnotwendigkeiten des Arbeitnehmertums vorausgesetzt — die Gedanken des Persönlichkeitswerts und des Persönlichkeitsrechts im Sinne Deutschen Personenrechts sich in der Arbeitnehmerbewegung durchgesetzt haben.

Das neue Arbeitsrecht wird dies in allen seinen Bestimmungen nach drei Richtungen hin verstehen müssen: Es sollte dem (durch die Verbesserung der beruflichen und sonstigen Vorbildung der Masse der Arbeitnehmer, die Hebung ihrer sozialen Stellung und der in dem Arbeitnehmertum verkörperten wirtschaftlichen Macht) gesteigerten Selbstbewußtsein der Arbeitnehmer Rechnung tragen, dem Gedanken der Gleichstellung von Arbeitgeber und Arbeitnehmer gerecht werden und an seinem Teil dienlich sein, Arbeitgebertum und Arbeitnehmertum dazu zu erziehen, daß nicht das eine „im Dienst“ des anderen, seiner egoistisch verstandenen Belange steht, sondern daß sie beide Diener sind an der gleichen Idee des Betriebs, des Gewerbes, der Gesamtheit, und dieses Verbundensein auch in der persönlichen Hinsicht des beiderseitigen Verhältnisses — Treupflicht — verstehen (vgl. auch oben S. 19)[1]). Das letztere insbesondere bedeutet ein Betonen des deutschrechtlichen Gedankens der Genossenschaft, dessen andere Seite der Zusammenschluß der Arbeitgeber auf der einen und der Arbeitnehmer auf der anderen Seite ist, die wiederum mit der genossenschaftlichen Idee im vorverstandenen Sinne in den Arbeitsgemeinschaften (vgl. unten S. 143) zusammenfließt.

5. Der Tarifgedanke.

Man könnte daran denken, das Arbeitsrecht des Arbeitsgesetzbuchs und insbesondere das Arbeitsvertragsrecht schlechthin auf tarifliche Abmachungen abzustellen. Das hat einen doppelten Sinn. Einmal kann es bedeuten, daß das Gesetz auf die eigentliche gesetzliche Regelung verzichten und nur einzelne große Richtlinien aufstellen soll, auf Grund derer dann in den Tarifverträgen autonom Recht zu setzen wäre. Die Berufsvereine der Arbeitgeber und Arbeitnehmer erhielten damit ein Gesetzgebungsrecht. Eine ganz andere Frage — die zweite Möglichkeit — ist, ob der Gesamtarbeitsvertrag anstelle des Einzelarbeitsvertrags die Beziehungen des Einzelarbeitgebers zum Einzelarbeitnehmer bestimmen soll.

a) Tarifgedanke und Gesetzesrecht.

Rechtssetzung durch Personenmehrheiten ohne Mitwirkung der zur Gesetzgebung berufenen Stellen ist nichts anderes als eine Form der Gewohnheitsrechtsbildung (und zwar auch dann, wenn etwa ein von dem Vertrag abstrahierter Rechtsgehalt eines Tarifvertrags — die Tarifsatzung, s. unten S. 153 — nach ausdrücklicher gesetzlicher Bestimmung — vgl. § 1 der VO vom 23. 12. 1918/31. 5. 1920, RGBl S. 1456 — für die Einzelpersonen dieser Personenmehrheiten mit Abschluß des Tarifvertrags Geltung erlangt). Insoweit handelt es sich bei dem Tarifvertrag nicht um etwas Neues, sondern um ein in der Rechtsgeschichte von jeher Gewohntes. Gerechtfertigt und notwendig ist eine Gewohnheitsrechtsbildung nur, solange die Dinge noch im Fluß sind und im Rechtsbewußtsein des Volks noch nicht den Niederschlag gefunden haben, der die gesetzgeberische Be-

[1]) Sinzheimer a. a. O. versteht (S. 18 und 22 ff.) das personenrechtliche Element im Sinn einer Herrschaft des Arbeitgebers über den Arbeitnehmer, die ihre Wurzel in der commendatio (Selbsthingabe) der Feudalzeit haben, und sieht es mehr und mehr durch das Erstarken der Verbandsidee überwunden. (Vgl. auch S. 24 Anm. 1). Über die Auffassung Potthoffs, die personenrechtliche und soziologische Gesichtspunkte mit wirtschaftspolitischen und organisationstechnischen Erwägungen vermischt, vgl. unten S. 50 Anm. 1.

handlung gestattet, aber auch fordert, weil er unfruchtbaren Kampf der Meinungen entbehrlich macht.

Ließe man also im Arbeitsrecht den Tarifgedanken bedingungslos vorherrschen[1]), so würde man verkennen, daß das Arbeitsrecht im weiten Umfange bereits zur gesetzgeberischen Behandlung reif ist — darin liegt auch der Sinn der Arbeiten am Arbeitsgesetzbuch — und insoweit entgegen der rechtsgeschichtlichen Erfahrung und allen in sich gerechtfertigten Grundsätzen der Rechtsbildung die jedem Gewohnheitsrecht eigentümliche Unsicherheit zum Schaden der Arbeit und der Wirtschaft gesetzlich festlegen. Eine derartige Regelung würde kaum Augenblicksbedürfnissen genügen, geschweige für die Zukunft brauchbar sein.

Auch würde ein bedingungsloses Vorherrschen des Tarifgedankens im tiefsten Sinne unsozial die Geschicke des Arbeitnehmertums auf den Sand unsicherer Arbeitskämpfe gründen. Denn wie jeder andere Vertrag ist auch der Tarifvertrag sittlich gerechtfertigt nur, wenn er das Ergebnis des freien Spiels gleicher Kräfte ist, und die Erfahrung lehrt, daß dies für das Arbeitnehmertum als Dauerzustand nicht gewährleistet ist[2]).

Es handelt sich also darum, den berechtigten Inhalt des Tarifgedankens gegenüber der Idee des Gesetzesrechts abzugrenzen.

Der Einzelarbeitsvertrag — als die an sich wünschenswerte Form der Regelung der Arbeitsbeziehungen — bedarf der Sicherung. Das geltende Recht bietet sie in zwei Formen:

Das bewegliche Recht legt den unklaren Vertragswillen aus und gibt dem Rahmenvertragswillen den fehlenden Inhalt; das zwingende Recht macht die schwächere Kraft künstlich der stärkeren gleich — beide der Natur der Sache nach ohne Rücksicht auf jeden Einzelfall, das heißt abstrakt ohne Kasuistik.

Aufgabe des Tarifvertrags kann es nun nicht sein, grundsätzlich das bewegliche Recht zu einem quasizwingenden zu machen und das zwingende Recht durch tarifliche Abmachungen zu ersetzen, soweit beide im Arbeitsvertragsrecht des Arbeitsgesetzbuchs in gesetzliche Bestimmungen gefaßt werden können. Vielmehr kann der Tarifvertrag nur berufen sein da einzugreifen, wo die Projektion der abstrakten Gesetzbestimmung des Arbeitsvertragsrechts auf den konkreten Einzelfall (oder die typischen Einzelfälle) im freien Spiel gleicher Kräfte nicht gewährleistet ist, sondern

[1]) Dies schlägt z. B. Vollbrecht, Zu den Grundgedanken des künftigen Arbeitsvertragsgesetzes, SozPra 1921 Sp. 539, vor. Ähnlich, wenn auch nicht mit gleicher Schärfe, Potthoff, Das künftige Arbeitsvertragsgesetz, SozPra 1921 Sp. 383.

[2]) Vgl. auch den 18./19. Jahresbericht des Sozialen Museums Frankfurt a. M. Selbstverlag 1922, S. 25.

die notwendige Kasuistik sonst erst im richterlichen Urteil gegeben werden müßte. Dabei kann allerdings das Gesetz (mit Rücksicht auf die Sicherung der Interessen des Einzelarbeitnehmers durch Gesamtverträge) für Einzelbestimmungen des zwingenden Rechts vorsehen, daß sie zwar nicht durch Einzelarbeitsverträge, wohl aber durch Tarifvertrag (oder auch Betriebsvertrag, vgl. unten S. 158) abgedungen werden dürfen.

Ähnliches gilt, soweit es sich nicht um das Einzelarbeitsvertragsrecht, sondern um das Gesamtarbeitsvertragsrecht handelt, d. h. um das Recht der Vereinbarungen über Aufgaben der Arbeitgeber- und Arbeitnehmermehrheit als solchen gegenüber einander oder des Arbeitgebers gegenüber der Arbeitnehmermehrheit als solcher und umgekehrt.

Darüber hinaus kann Gegenstand tariflicher Regelung sein, was der Gesetzgeber, weil die Dinge im Werden sind, noch nicht für die gesetzliche Regelung erfassen will. Das gilt sowohl für das Arbeitsvertragsrecht wie auch für das sonstige Arbeitsrecht, soweit beides Gegenstand der Vereinbarung von Mehrheit zu Mehrheit (oder der Mehrheit der Arbeitnehmer mit dem Einzelarbeitgeber) sein kann.

Es ist somit davon auszugehen, daß die große historische Rolle des Tarifvertrags als Rechtsquelle des Arbeitsrechts nach des letzteren Kodifikation zu Ende ist und daß er insoweit nur von Bedeutung bleibt, als die Dinge noch im Fluß sind, d. h. wo das Gesetzesrecht bewußte Lücken gelassen hat oder später sich die Notwendigkeit seiner Fortbildung ergibt, ohne daß diese Fortbildung ohne weiteres gesetzlichen Niederschlag finden könnte.

b) Die soziale Funktion des Tarifvertrags.

Im Rahmen dieser Aufgabe aber verkörpert der Tarifvertrag einen einheitlichen sozialen Gedanken: Die Regelung der Arbeitsbedingungen wird aus der Sphäre der Einzelarbeitsverhältnisse herausgenommen und zur Sache der organisierten Arbeitgeber- und Arbeitnehmerschaft gemacht, beherrscht von den Gedanken der Gemeinsamkeit der einseitigen Interessen, aber auch der Arbeitsgemeinschaft (der Volksgemeinschaft) und damit im Einzelfall ganz bestimmt orientiert.

Bei der Neuordnung des Arbeitsrechts ist deshalb mit aller Folgerichtigkeit zu berücksichtigen, daß die zweite große Aufgabe des Tarifvertrags, die soziale Funktion der gemeinsamen Willensbildung zur Regelung des Arbeitsverhältnisses im Rahmen des Gesetzesrechts, fortbestehen bleibt[1]).

---

[1]) Vgl. auch Sinzheimer a. a. O. S. 19.

Jedoch ist festzustellen, daß der Endpunkt der Rechtsentwicklung sein muß, dem einzelnen Arbeitgeber und Arbeitnehmer wieder das persönliche Recht zu gewährleisten, die Arbeitsbedingungen nach seinem Willen und nach seinen individuellen Bedürfnissen im Einzelarbeitsvertrag zu regeln[1]):

Aus der theoretisch anerkannten und praktisch grundsätzlich zu fordernden Gleichberechtigung des Arbeitnehmers mit dem Arbeitgeber bei der Regelung der Arbeitsbeziehungen folgt notwendig als wünschenswert für die tatsächliche Gestaltung und die gesetzgeberische Behandlung des Arbeitsrechts die Ermöglichung der Schließung und Durchführung des Einzelarbeitsvertrags.

Dieses Persönlichkeitsrecht würde, ließe man den Tarifgedanken in diesem zweiten Sinne bedingungslos und über zeitige Bedürfnisse hinaus vorherrschen, gefährdet oder verneint werden.

6. Einheitliches Arbeitsrecht.

Unser volkliches und politisches Leben leidet unter dem verhängnisvollen Zwiespalt, der die einzelnen Volksteile nach Klassen voneinander scheidet und vielfach nicht einmal dem Gedanken der gemeinsamen sachlichen und geistigen Grundlagen und der Erwägung Raum läßt, daß alle Teile auf Gedeih und Verderb miteinander untrennbar verbunden sind. Es darf andererseits nicht verschwiegen werden, daß das Zeitalter der wirtschaftlich unselbständigen Arbeit durch die Eigenart der industriellen Arbeit und den hemmungslosen körperlichen und seelischen Verbrauch der menschlichen Arbeitskräfte, der nur durch das mangelnde Verständnis für die physiologische und psychologische Wirkung der Arbeitnehmerarbeit zu erklären ist, ein nach Millionen zählendes Geschlecht erzeugt hat, dem durch eisern zielbewußte Sozialpolitik eine rassenbiologisch günstigere und dazu frohere Zukunft geschaffen werden muß. Das Ergebnis unserer volklichen und politischen Entwicklung muß unzweifelhaft sein, alle Teile des Volkes körperlich und innerlich zu Volksgenossen zu machen, soll das Deutschtum noch einmal den Weg zur Sonne finden. Läßt sich aber diese Geschlossenheit des Volkes erreichen, so darf mit ruhiger Zuversicht gesagt werden, daß damit eine Grundlage unserer Zukunft dauerhafter als Erz und eine

[1]) Ähnlich Hedemann a. a. O. S. 28 ff., der eine wahre Ethik im Wirtschaftsleben nur für möglich hält, wenn es gelinge, in Zukunft einen gut abgestimmten Ausgleich zwischen dem Individuum und dem Verbandswesen zu finden.

Gewähr für einen Aufstieg von unendlich viel größerer Zuverlässigkeit als der zu Ende des 19. und zu Anfang des 20. Jahrhunderts geschaffen ist. Zumal mit Rücksicht darauf, daß dieser Weg voller Dornen und Kämpfe, aber ohne allen Zweifel voller Wunder sachlicher, geistiger und seelischer Errungenschaften nach uns von allen Völkern beschritten werden muß, für die jenes Zeitalter anbricht, ein Weg übrigens, den wir, wenn nicht alles täuscht, bereits zu einem guten Teil zurückgelegt haben.

Um diese Geschlossenheit herauszuführen, ist es notwendig, alle Teile des Volks, die dem teils bewußt, teils unbewußt widerstreben, indem sie den Klassenstandpunkt einseitig betonen, mit dem Gedanken der Gemeinsamkeit zu durchdringen. Zu diesem Zweck ist eine Beeinflussung nicht nur ihrer Mentalität, sondern auch derjenigen aller übrigen Volksteile erforderlich, der letzteren in der Richtung, daß sie jene vorbehaltlos als Volksgenossen anerkennen. Dazu wird unter Umständen auch ein Verzicht auf Vorrechte und Sonderanschauungen gehören. Insofern ist deshalb ein **einheitliches Arbeitsrecht** — für das ohne Rücksicht auf Klassenzugehörigkeit in vorerörtertem Sinne zu einer einheitlichen Front zusammengeschweißte Arbeitnehmertum und seinen Gegenpart, das Arbeitgebertum — ein Mittel zur Verwirklichung jenes Ziels.

Der erstrebte Endpunkt der Entwicklung muß somit sein, die tatsächlichen Verhältnisse und die Anschauungen so auszugleichen und anzunähern, daß möglichst **kein Sonderrecht für einzelne Volksteile**, sondern nur für **einzelne Rechtsbedürfnisse** im wesentlichen der verschiedenen Arbeitnehmerarten und Berufsarten noch erforderlich ist, die es allerdings stets geben wird, und das um so mehr, je differenzierter und komplizierter die Wirtschaft und die Kultur.

Es entsteht die Frage, ob dieses Ziel gefördert werden kann, indem man einen **einheitlichen rechtlichen Ausdruck** nicht nur für diejenigen Dinge findet, die wirklich für alle Arbeitsverhältnisse identisch sind, sondern auch für heute noch verschieden liegende Probleme. Das heißt also, ob man in letzterer Beziehung durch einen schon heute gefundenen einheitlichen rechtlichen Ausdruck **der Entwicklung vorgreifen darf.**

Art. 157/II der Reichsverfassung bejaht diese Frage. Unzweifelhaft mit Recht. Allerdings besteht ein Bedürfnis für ein Recht der Arbeit in vieler Hinsicht heute nur für das „arbeitende Volk" im engsten Sinne, da für die übrigen Arbeitnehmer zu einem großen Teil passendes, wenn auch in mancher Weise verbesserungsbedürftiges Arbeitsrecht vorhanden ist. Durch eine Vereinheitlichung des Arbeitsrechts würde also auch gemeinsames Recht für zur Zeit noch heterogene Bevölkerungsgruppen und dadurch notwendig teilweise Rechtlosigkeit für einzelne dieser Gruppen geschaffen werden. Nach dem eingangs Ausgeführten ist dieser vorübergehende Rückschritt als Mittel zu dem Ziel der Geschlossenheit des Volksganzen unvermeidlich. Im Kern jedoch ist der Rückschritt nach dem Gesagten nur scheinbar.

Das Arbeitsrecht muß also jedenfalls insofern einheitlich sein, als es in der Idee kein Sonderrecht für einzelne Bevölkerungsteile, Klassen als solche dulden kann. Sonderrecht kann vielmehr nur insofern in Frage kommen, als die tatsächlichen Verhältnisse der Arbeitnehmerarten des Berufs usw. verschieden und diese Verschiedenheiten willkürlich nicht zu ändern oder aber als Vorzug zu betrachten sind[1]).

Für das kommende Arbeitsgesetzbuch wird der Gedanke eines einheitlichen Arbeitsrechts somit bedeuten, daß Einheitlichkeit hinsichtlich de großen Gesichtspunkte, der leitenden Gedanken der gesetzgeberischen Arbeit gelten muß und Einheitlichkeit hinsichtlich aller derjenigen Einzelbestimmungen, für die nicht Sonderarbeitsverhältnisse tatsächlicher Art eine Sonderregelung erfordern.

7. Neues Arbeitsrecht.

Bei dem Arbeitsgesetzbuch wird es sich — außer um eine Zusammenfassung brauchbaren geltenden Arbeitsrechts — darum handeln einerseits, neuen tatsächlichen Verhältnissen das Kleid des Rechts zu geben, andererseits, Tatbestände, die bisher der rechtlichen Regelung entbehrt haben, in diese einzubeziehen, und endlich, rechtlichen Problemen, die die gleichen geblieben sind, einen andern Ausdruck, eine andere Form des Rechts zu verleihen, die den etwa veränderten Anschauungen entsprechen.

In ersterer Beziehung muß bei der Gestaltung des Arbeitsrechts zunächst dem Rechnung getragen werden, daß die Entwicklung des Industrialismus' Lebensverhältnisse von außerordentlicher Vielfältigkeit erzeugt hat, die dem Rechtsbewußtsein ungewohnt und neu waren oder noch sind und auf die die Rechtsformen der bisherigen Rechtsordnung nicht angewendet werden konnten oder noch können. Das hat neue Probleme der Rechtsgestaltung sowohl (z. B. Tarifverträge) als auch der Sozialpolitik im engeren (Arbeitsnachweis, Arbeitsschutz, Arbeiterversicherung) und engsten Sinne (soziale Fürsorge) aufgeworfen und zu der Ansicht geführt, daß die Sozialpolitik nicht nur eine Staatspflicht ist, sondern daß auch der Bürger ein Recht auf Sozialpolitik hat.

Andererseits muß der Gesichtspunkt Beachtung finden, daß das Wesen

---

[1]) Hinsichtlich der Arbeit des Arbeiters und der des Angestellten vgl. unten S. 68.

des Industrialismus' die wirtschaftlich unselbständige Arbeit der Masse der Bevölkerung bedingt, die also auch die durch die Gestaltung der Wirtschaft erzeugte Lebensform unzähliger Menschen ist, deren Natur sie zu nichts weniger als zum unselbständigen „Arbeitnehmer" prädestiniert. Dies ist der innere Grund dafür, daß die Bestrebungen der Arbeitnehmerschaft, Einfluß auf die Formung der Wirtschaft zu gewinnen, in dem heutigen Wirtschaftsleben einen so breiten Raum einnehmen.

Endlich liegt es, wie bereits (oben S. 29) ausgeführt, im Wesen des mit dem Industrialismus untrennbar verknüpften Großbetriebs, daß er die Gefahr in sich birgt, den Arbeitnehmer ausschließlich nach sachlichen Gesichtspunkten und als Mittel zum Zweck für die Erreichung der Ziele des Großbetriebs zu betrachten. Eine Folge ist die Forderung des Arbeitnehmers, an der Gestaltung des Arbeitsverhältnisses gleichberechtigt beteiligt zu werden.

Es leuchtet ein, daß diesen neuen Tatbeständen gegenüber das bisherige Recht vielfach versagen mußte.

Es kann des weiteren nicht verkannt werden, daß einzelne Arbeitsverhältnisse bisher der rechtlichen Regelung in der Praxis deshalb widerstrebt haben, weil die Beziehungen des Arbeitgebers und Arbeitnehmers wesentlich patriarchalischer Art gewesen sind oder ein Machtverhältnis dargestellt haben. Dies gilt vor allem für die Arbeitsverhältnisse der Hausgehilfen, des landwirtschaftlichen Gesindes und der Landarbeiter. Man mag es bedauern oder begrüßen und sich über die Gründe streiten: die wirtschaftliche Entwicklung, insbesondere die Entstehung des Industrialismus' und die Gestaltung der politischen und kulturellen Verhältnisse haben dazu geführt, daß auch hier das Betonen der Rechtsfrage in den Vordergrund gestellt wird, d. h. daß die Masse der Arbeitnehmer auch dieser Berufe den Wunsch hat, ihre Arbeitsbeziehungen auf dem Boden kühler, unpersönlicher Gleichberechtigung mit den Arbeitgebern zu regeln. Es bedeutet dies die Notwendigkeit, unter grundsätzlicher Abkehr von dem bisherigen Gesinderecht usw. diese Arbeitnehmer unter möglichster Wahrung des wertvollen Gehalts der bisherigen Regelung in das Recht des neuen Arbeitsgesetzbuchs einzugliedern.

Die Notwendigkeit endlich, in manchen Beziehungen rechtlichen Problemen, die die gleichen geblieben sind, eine neue Rechtsform zu geben, d. h. also, alten Wein in neue Schläuche zu gießen, ergibt sich im wesentlichen aus den gleichen Momenten, wie sie bisher erörtert sind und der Erkenntnis der Elemente des Arbeitsrechts: Schutzrecht (Sozialrecht), Schuldrecht und Personenrecht, wie sie oben S. 19, 25, 27 und unten S. 50, 147 erörtert sind.

Bei aller Notwendigkeit aber, neues Recht in den genannten drei Beziehungen zu schaffen, wird man nicht aus den Augen lassen dürfen, daß die heutigen wirtschaftlichen Verhältnisse im Flusse sind und in mancher Beziehung abnormen Charakter tragen. Um die Rechtsbedürfnisse, die die Entwicklung des Industrialismus' unabänderlich geschaffen hat und die allein für eine endgültige gesetzliche Regelung ins Auge gefaßt werden können, zu erkennen, gibt den sicheren Halt die Erkenntnis, daß die biologischen Grundlagen der menschlichen Lebensäußerungen stets die gleichen geblieben sind und bleiben werden und daß auch das Geistige und das Seelische im Menschen, so verschiedenartig die Ausdrucksmöglichkeiten sind, ewigen Gesetzen unterliegen. Der mystische Schleier, der in den Augen mancher das Arbeitsrecht als etwas völlig und noch nicht ganz faßbar Neues umwebt, wird den Klarblickenden nicht verwirren.

8. Volkstümliches Arbeitsrecht.

Das Bedürfnis nach einem neuen Arbeitsrecht läßt sich nicht immer darauf zurückführen, daß für die in Frage kommenden Lebensverhältnisse kein oder kein brauchbares Recht vorhanden wäre. Die wissenschaftliche Erörterung der arbeitsrechtlichen Elemente des bisher geltenden Rechts, insbesondere des Bürgerlichen Gesetzbuchs, zeigt vielmehr, daß unter Verwendung seiner Rechtsgedanken vielfach die Möglichkeit besteht, arbeitsrechtliche Probleme zu erfassen, ohne daß die Praxis des täglichen Lebens von dieser Möglichkeit bis jetzt Gebrauch gemacht hätte. Daß es nicht der Fall gewesen ist, bedeutet, daß es sich hier insoweit nicht um ein volkstümliches Recht, also ein Recht, das im Bewußtsein der Beteiligten verankert gewesen wäre, gehandelt hat. Es betrifft dies einerseits die Frage der Gesetzestechnik, greift aber wesentlich auch in das Gebiet der Rechtsmaterie hinein. Letzteres deshalb, weil als Recht nicht empfundenes Recht tatsächlich kein Recht ist.

Aufgabe der geplanten Arbeitsrechtsgesetzgebung ist daher, das Recht aus dem Rechtsbewußtsein der Beteiligten zu schöpfen und, soweit ein solches nicht erkennbar ist, das neu geschaffene Recht in das Rechtsbewußtsein der Beteiligten übergehen zu lassen. Die Prüfung der Erreichbarkeit dieses letzteren Ziels ist bei der Gestaltung des Rechts in den Vordergrund zu stellen. Hier darf der Gesichtspunkt der erziehlichen Wirkung eine Gesetzesbestimmung nicht unterschätzt werden: „Erziehliche" Gesetzesbestimmungen können Kristallisationspunkte der Gewohnheitsrechtsbildung werden, mag auch ihre praktische Durchführbarkeit auf dem Papier zu stehen scheinen.

9. Arbeitsrecht und Allgemeines Recht.

Aus dem Charakter des Arbeitsrechts als eines Sonderrechts ergibt sich die Notwendigkeit, daß das neue Arbeitsgesetzbuch sich mit der Frage seiner Beziehungen zum Allgemeinen Recht auseinandersetzt.

Es handelt sich einerseits darum, daß die rechtlichen Gesichtspunkte und Bestimmungen des Allgemeinen Rechts in vielfacher Beziehung unmittelbare Bedeutung für das Arbeitsrecht insofern haben, als sie die Rechtsanwendung des Arbeitsrechts erst ermöglichen und dieses also notwendig ergänzen. Dies gilt z. B. für die Fragen der Rechtsfähigkeit, des ehelichen Personenrechts, der Schließung, der Gültigkeit und der Endigung von Rechtsgeschäften und vieles andere mehr.

Es kann keinem Zweifel unterliegen, daß das Arbeitsgesetzbuch diese Vorschriften auch für sich als seine grundsätzlich unterstellte Ergänzung gelten lassen muß. Lediglich die gesetzestechnische Frage bedarf der Erörterung, inwieweit das Arbeitsgesetzbuch dies stillschweigend tun oder durch ausdrückliche Bezugnahme auf jene Vorschriften verweisen oder endlich im Interesse der — hier mit Rücksicht auf die in Frage kommenden Personenkreise besonders notwendigen — Klarheit und Übersichtlichkeit seiner eigenen Bestimmungen jene Vorschriften wiederholen wird.

Im übrigen lassen sich die Beziehungen zwischen Arbeitsrecht und Allgemeinem Recht auf die anerkannte Formel bringen, daß Spezialrecht dem Allgemeinen Recht vorgeht (lex specialis derogat legi generali).

Es ist jedoch hierbei zu berücksichtigen, daß diese Formel nicht auf den Fall zutrifft, daß Bestimmungen des Arbeitsgesetzbuchs die gleichen Ziele wie Bestimmungen des Allgemeinen Rechts verfolgen. Jene Formel hat den Fall im Auge, daß das Spezialgesetz bewußt innerlich von den Bestimmungen des Allgemeinen Rechts abweichen will. Hier handelt es sich jedoch darum, daß das Spezialgesetz sich nicht zu Bestimmungen des Allgemeinen Rechts in Gegensatz setzen will, sondern dieselben Ziele im Auge hat wie letzteres.

Es ist dies hier und da auch für das geltende Recht praktisch geworden, z. B. in der Hinsicht, ob die Vorschriften des Allgemeinen Teils des Rechts der Schuldverhältnisse des BGB. (insbesondere über Verzug usw.) auch dann Anwendung zu finden haben, wenn Bestimmungen der „Einzelnen Schuldverhältnisse“ vorliegen, für die der genannte Gesichtspunkt der Verfolgung gleicher Ziele zutrifft.

Diese Frage der „Kumulation“ ist von der Wissenschaft bisher überwiegend bejaht worden[1]), und es besteht kein Anlaß, für die Kodifikation des Arbeitsrechts zu einem anderen Ergebnis zu kommen. Im Interesse der Klarheit wird vielmehr zweckmäßig das Gesetzbuch in bejahendem Sinn dazu selbst Stellung nehmen.

10. Internationales Arbeitsrecht.

Das Internationale Recht kann in dreifacher Beziehung für die innerstaatlichen Verhältnisse von Bedeutung sein.

Internationales Recht im eigentlichen Sinn regelt die Rechtsbeziehungen der einzelnen Staaten untereinander, sei es, daß es die Rechtsverhältnisse der Staaten oder ihrer Bürger betrifft. Arbeitsrecht in diesem Sinne enthält insbesondere der XIII. Teil des Friedensvertrags von Versailles vom 28. 6. 1919.

Die Internationale Organisation der Arbeit ergibt ferner die Notwendigkeit der Schaffung innerstaatlicher Einrichtungen und innerstaatlicher Tätigkeit, um diese Organisation zu verwirklichen, ohne daß dies von unmittelbarer Bedeutung für die Gestaltung des innerstaatlichen Arbeitsrechts wäre. Praktisch geworden ist in neuester Zeit dieser Gesichtspunkt durch die beabsichtigte Teilnahme Deutschlands an der 1. Hauptversammlung des Internationalen Verbands der Arbeit und die Beschickung der Internationalen Seemannskonferenz (2. Hauptversammlung) in Genua, der 3. und 4. Hauptversammlung in Genf und der Tagungen der Internationalen Vereinigung für gesetzlichen Arbeiterschutz.

Aber auch die Gestaltung des innerstaatlichen Arbeitsrechts selbst kann durch die Internationale Organisation der Arbeit beeinflußt werden, indem diese die Mitgliedsstaaten zu einer ihren Beschlüssen entsprechenden Gesetzgebung veranlaßt. Dies ist auf allen bisherigen Hauptversammlungen (vgl. unten S. 210) geschehen. Mit Rücksicht hierauf wird es eine Aufgabe von besonderer Tragweite der Vertreter Deutschlands in dieser Organisation sein, bei der Beschlußfassung von vornherein auf eine Gestaltung hinzuwirken, die den Deutschen Verhältnissen gerecht wird.

II. Die Gestaltung des Arbeitsrechts.

1. Praktisches Arbeitsrecht.

Die Gesetzestechnik des neuen Arbeitsgesetzbuchs muß vor allem auf die Art der von ihr berührten Personenkreise Bedacht nehmen. Es kann sich

[1]) Vgl. Melsbach, Vertragsbrüchige Streiks und Aussperrungen, Wiesbaden H. Staadt 1912 S. 46 ff

nicht darum handeln, ein Juristenrecht zu schaffen, das die Materien außerordentlich fein und subtil regelt, in der Hand des Laien aber, weil zu kompliziert und unübersichtlich, nicht brauchbar ist. Es darf andererseits kein reines Richterrecht werden, daß den Richtern große Rechtsgedanken in der Form von Generalklauseln gibt, aus denen er das Recht des einzelnen Falles findet. Solches Richterrecht, das auch für arbeitsrechtliche Fragen verwendbar war, besaß bereits die bisherige Gesetzgebung (z. B. vgl. §§ 157 und 242 BGB und § 1 UnlWG), ohne daß es wesentliche praktische Bedeutung für die Fortbildung des Arbeitsrechts gewonnen hätte. Das Arbeitsrecht muß vielmehr in weitem Umfang auch die typischen Einzelfälle regeln und so den Beteiligten selbst unmittelbar zweifelsfreie Auskunft über Einzelfragen geben. Wie also das neue Arbeitsrecht dem Beteiligten nicht „zu wenig Recht" bieten darf, so wird es aber andererseits auch, soweit irgend möglich ist, weise Beschränkung üben müssen. Denn je mehr Recht, desto unübersichtlicher und unbeachteter wird es. Kurz, das neue Arbeitsrecht soll ein praktisches Recht sein.

2. Systematik des Arbeitsrechts.

Soweit man bis in die jüngste Zeit den Versuch gemacht hat, die Rechtsverhältnisse der Arbeit zusammenfassend zu regeln, hat man sich darauf beschränkt, die arbeitsrechtlichen Bestimmungen des geltenden Rechts nach bestimmten Gesichtspunkten zu sammenzufassen. Eine einheitliche Kodifikation in diesem Sinne hat bisher nur Frankreich in seinem Code du Travail et de la Prévoyance sociale (allerdings ohne Abschluß in allen Teilen) durchgeführt. Eine offizielle — aber nicht als Gesetz erlassene — „Zusammenstellung der die Rechtsverhältnisse des gewerblichen Arbeiterstandes und der verwandten Berufe regelnden Gesetze und Beschlüsse" ist im Jahre 1908 von dem Staatsministerium (Abteilung für Arbeiterversicherung) des Großherzogtums Luxemburg herausgegeben worden. Dem argentinischen Kongreß ist am 6. 6. 1921 ein „Gesetzentwurf über das Gesetzbuch der Arbeit" zugegangen, der nach den vorliegenden Nachrichten eine Zusammenfassung des geltenden Arbeitsrechts vorschlägt, jedoch nicht nur im Sinn einer Zusammenstellung wie in dem französischen Gesetz, sondern scheinbar auch unter organischer Verbindung und Verarbeitung.

Der Plan des neuen Arbeitsgesetzbuchs hat sein Ziel weiter gesteckt. Es soll das vorhandene Arbeitsrecht nicht nur gesammelt, sondern vielmehr systematisch in einem neuen Gesetz verarbeitet und neugeordnet, zugleich aber auch das noch fehlende Arbeitsrecht, soweit dies zur Zeit möglich, gesetzlich erfaßt und also ein erschöpfendes und einheitliches Recht der Arbeit geschaffen werden. Die notwendige lückenlose, juristisch-konstruktive Logik jeder gesetzgeberischen Systematik wird dabei hier stets nach den Entwicklungstendenzen des Arbeitsrechts — Schutzrecht (Sozialrecht), Schuldrecht, Personenrecht (vgl. oben S. 19) — orientiert sein müssen.

3. Das neue und das bisherige Arbeitsrecht.

Das geplante Arbeitsrecht soll das Sonderrecht der Arbeit werden. Dieser Rahmen ist so groß, daß er einen Ausschnitt aus dem Leben des größten Teils des Volks umfaßt — zumal, da das Arbeitsgesetzbuch öffentliches und privates Recht umfassen soll —, daß also das neue Arbeitsrecht im weiten Umfange Allgemeines Recht darstellen wird.

Insoweit liegt das Problem, wie bereits (oben I, 2 und 6) ausgeführt völlig klar: Das Arbeitsgesetzbuch soll alles bisherige Arbeitsrecht im mehr erörterten Sinne überhaupt umfassen. Es erübrigt sich nur, zu erörtern, wie diese Zusammenfassung gesetzestechnisch erfolgen soll.

Soweit neues Arbeitsrecht geschaffen wird, ergibt sich die Art der Gestaltung ohne weiteres aus der Gliederung des Arbeitsgesetzbuchs (vgl. unten III). Hinsichtlich des bereits vorhandenen — in zahlreichen Gesetzen und Verordnungen verstreuten — Arbeitsrechts, wird unterschieden werden müssen:

a) Soweit es sich um Bestimmungen rein arbeitsrechtlichen Inhalts handelt, wie z. B. die für die Aufnahme in das Arbeitsgesetzbuch in Frage kommenden Vorschriften des VII. Titels der Gewerbeordnung wird ihre Streichung in dem Gesetz usw., das sie bisher enthalten hat, und ihre Übernahme in das Arbeitsgesetzbuch zu erfolgen haben.

b) Verkörpern jedoch die Bestimmungen nicht reines Arbeitsrecht, so werden sie grundsätzlich in den bisherigen Gesetzen usw. zu belassen sein. Dies gilt vor allem von der bisher wichtigsten Quelle des Arbeitsrechts, den Bestimmungen des Sechsten Titels — Dienstvertrag — des Siebenten Abschnitts im Recht der Schuldverhältnisse des Bürgerlichen Gesetzbuchs. Nach wie vor wird es Dienstverträge auch wirtschaftlich selbständiger Arbeitsverpflichteter geben (vgl. oben S. 20) und deshalb der Dienstvertrag auch nach der Kodifikation des Arbeitsrechts als selbständiger Teil des Allgemeinen Bürgerlichen Rechts erhalten bleiben müssen.

Der „arbeitsrechtliche" Inhalt dieser Bestimmungen läßt sich in zweierlei Form in das neue Arbeitsgesetzbuch übertragen: Er kann wiederholt oder durch Bezugnahmen auf die betreffenden Bestimmungen des alten Gesetzes wiedergegeben werden. Soweit Abänderungen sachlicher oder gesetzestechnischer Art erforderlich sind, ist eine Wiederholung unumgänglich. Sie wird aber auch vor Bezugnahmen im allgemeinen den Vorzug verdienen, damit mit Rücksicht auf das (oben 1.) erörterte Bedürfnis, praktisches Recht zu schaffen, das Arbeitsgesetzbuch eine möglichst übersichtliche und auch für den Laien verständliche Gestaltung erhält.

c) Wie oben (S. 38) festgestellt, wird das Arbeitsgesetzbuch in zahlreichen Beziehungen seine Ergänzung durch Bestimmungen des Allgemeinen Rechts finden. Der gleiche Gesichtspunkt, der zu weitgehender Wiederholung nicht rein arbeitsrechtlicher Bestimmungen des Allgemeinen Rechts im Arbeitsgesetzbuch führen muß, läßt auch hier als wünschenswert erscheinen, daß im Interesse der Nichtrechtskundigen das Arbeitsgesetzbuch in geeigneter Form auf jene allgemeinen Rechtsgrundsätze hinweist, ohne daß allerdings dadurch der Umfang des Arbeitsgesetzbuchs eine wesentliche Vergrößerung erfahren dürfte.

4. Arbeitsrecht und Sonderrecht.

Der große Rahmen, den der Begriff des „Arbeitsrechts" im oft erörterten Sinn des kommenden Arbeitsgesetzbuchs gibt, bedingt, daß das Arbeitsgesetzbuch die ganze Vielgestaltigkeit des arbeitenden Lebens, soweit „Arbeitnehmer" und ihre Beziehungen zu den „Arbeitgebern" in Frage stehen, einbegreift.

Die Grenzen, die der Vereinheitlichung des rechtlichen Ausdrucks für diese vielgestaltigen Lebensverhältnisse gesetzt sind (Vereinheitlichung nur, soweit tatsächlich durchführbar und soweit nicht Differenzierung einen Vorzug bedeutet), sind bereits (oben S. 34) behandelt worden.

Für die Regelung der Sonderrechtsverhältnisse, die über diese Grenzziehung hinaus als erforderlich erkannt sind, ist zu beachten, daß insoweit an sich zwei Möglichkeiten gegeben sind.

Entweder, es wird der die ganze Einheit der Lebensverhältnisse verkörpernde Rechtsstoff nach allen Richtungen hin in einem Sondergesetz erschöpfend erörtert, wie dies z. B. im Handelsgesetzbuch und in den Berggesetzen der Länder geschehen ist. Das hat den Vorzug, daß die Übersicht für die unmittelbar Beteiligten und die möglichste Berücksichtigung der Sonderbedürfnisse gewährleistet wird.

Oder es werden die einzelnen Materien in den die betreffende Materie im allgemeinen erörternden Gesetzen mit erörtert. Das erleichtert die Rechtsanwendung der Rechtskundigen, es sichert, daß die Regelung der Sondermaterien im Einklang mit derjenigen der Materie im allgemeinen erfolgt, und es fördert vor allem die Rechtsvereinheitlichung als Mittel der sozialen Annäherung und der Ausgleichung der Klassengegensätze.

Für das Arbeitsrecht wird man sich entsprechend seinem Ziel, das Arbeitsverhältnis und seine Auswirkungen allein und erschöpfend zu erfassen, grundsätzlich für die zweite Möglichkeit entscheiden müssen. Das bedeutet, daß die zahlreichen bisherigen Sondergesetze, die für einzelne Berufsgruppen gegeben waren, ihres arbeitsrechtlichen Inhalts entkleidet werden müssen.

5. Einfügung des Internationalen Rechts.

Das Arbeitsgesetzbuch würde das Internationale Recht im eigentlichen Sinn (vgl. oben S. 39) praktisch vorerst insoweit aufnehmen können, als es sich um Vereinbarungen handelt, die in Verfolg des Friedensvertrages von Versailles getroffen werden. Als solche kommen zunächst die von der Konferenz in Washington angeregten Internationalen Übereinkommen in Frage (s. unten S. 210). Es scheint jedoch richtiger zu sein, wenn solche zwischenstaatlichen Abkommen nicht in das geplante Arbeitsgesetzbuch aufgenommen werden: Teils passen sie nicht in den Rahmen eines solchen, sonst lediglich innerstaatliches Recht verkörpernden Gesetzes, teils würden sie ein bewegliches variables Element in diesem bilden, dessen Bestand und Inhalt nicht allein von dem Willen der gesetzgebenden Faktoren abhinge.

In ein solches Arbeitsgesetzbuch gehört vielmehr einmal das Recht, das die Durchführung der Internationalen Organisation der Arbeit durch innerstaatliche Maßnahmen betrifft (vgl. oben S. 39).

Soweit die Internaltionale Organisation der Arbeit andererseits Einfluß auf die Gestaltung des innerstaatlichen Arbeitsrechts selbst nehmen will (vgl. oben S. 39), erfordert dies, daß die Rechtsgedanken durch innerstaatliche Gesetzgebung in das Deutsche Arbeitsrecht übergeführt, also Bestandteil der einzelnen Bestimmungen des Deutschen Arbeitsrechts werden.

Praktisch ist diese Frage bereits durch die Beschlüsse von Washington, Genua und Genf geworden (vgl. unten S. 210).

Die dort beschlossenen „Entwürfe" haben die Staaten, die Mitglieder des Internationalen Verbands der Arbeit sind, zur Ratifizierung innerhalb eines Jahrs in Form eines zwischenstaatlichen Übereinkommens gemäß den Bestimmungen des auf die Arbeit bezüglichen Teils des Vertrags von Versailles — Art. 405/V — übermittelt erhalten.

Die „Vorschläge" sind den Mitgliedern des Internationalen Verbands zur Erwägung ihrer Durchführung im Gesetzeswege oder in anderer Weise — ebenfalls innerhalb eines Jahrs — gemäß dem Vertrag von Versailles unterbreitet worden.

Zu beachten ist, daß die „Entwürfe" ihrem Wortlaute nach sich teils an die Staaten selbst, teils unmittelbar an die Angehörigen der Staaten wenden. Es kann jedoch keinem Zweifel unterliegen, daß auch nach Ratifizierung dieser zwischenstaatlichen Übereinkommen ihr Inhalt erst durch Erlaß innerstaatlicher Gesetze für die Angehörigen der einzelnen Staaten verbindlich wird (vgl. auch Art. 405/V und Art. 408 des Vertrags von Versailles). Ein „völkerrechtliches Indigenat" in dem Sinn, daß der Vertrag zugleich normative Wirkung kraft Rechtens für die Angehörigen des vertragschließenden Staates hätte, ist abzulehnen[1]). Praktisch wird auch von den Mitgliedstaaten der Internationalen Organisation der Arbeit so verfahren, daß jeweils entsprechende innerstaatliche Gesetze erlassen werden. Für Deutschland kommt also eine Berücksichtigung dieser Übereinkommen bei der Gestaltung des kommenden Arbeitsgesetzbuchs in Frage.

III. Die Gliederung des Arbeitsrechts.

1. Möglichkeiten der Gliederung.

a) Für eine systematische Gliederung des Arbeitsrechts scheinen zwei Möglichkeiten gegeben zu sein:

Man könnte von der Allgewalt des Staats ausgehen, der dem einzelnen die Arbeit ermöglicht, dem Schwachen, der nicht Selbsthilfe hinsichtlich der Gestaltung des Arbeitsverhältnisses und seiner Auswirkungen zu üben vermag, hilft und ihn zur Selbsthilfe ertüchtigt.

Wählt man diesen Ausgangspunkt, so würde das nächste Glied in der Erörterung des Rechtsstoffs logisch die in den Berufsvereinen organisierte Selbsthilfe mit ihren Ausstrahlungen sein. Dies aus der Erwägung heraus, daß der Ersatz der staatlichen Fürsorge und des staatlichen Eingreifens mit Rücksicht auf die Art der einen Seite der Beteiligten, der wirtschaftlich Unselbständigen, zunächst nur im Wege der organisierten Selbsthilfe erfolgen kann und erfolgt.

Als letztes Glied der Entwicklung ergäbe sich dann die Selbsthilfe des einzelnen in der selbständigen Gestaltung des Einzelarbeitsvertrags.

---

[1]) Vgl. dazu v. Liszt, Das Völkerrecht, 11. Aufl., Berlin Springer 1921, S. 99.

Allein dieser Gedankengang krankt daran, daß die Zelle der Lebensverhältnisse, die durch den Begriff „Arbeit" verkörpert werden, das einzelne Arbeitsverhältnis ist, in dem der Arbeitnehmer die Arbeit betätigt. Diese Arbeit im einzelnen Arbeitsverhältnis allein ist auch der Urgrund des Staates und ermöglicht allein sein Bestehen.

Zugleich ist nach der tatsächlichen Gestaltung der Dinge der Einzelarbeitsvertrag das Primäre, und organisierte Selbsthilfe und staatliches Eingreifen treten nur da in die Erscheinung, wo sich bei der Gestaltung des einzelnen Arbeitsverhältnisses Mißstände ergeben haben, zu deren Beseitigung der einzelne Arbeitnehmer nicht imstande ist. Jedenfalls gilt dies für die Gestaltung der Dinge in der geschichtlichen Entwicklung bis in die neuere Zeit. Allerdings ist nicht zu verkennen, daß in den letzten Jahrzehnten, weil die Dinge im Fluß waren und die Not der Stunde drängte, der Mehrheitsarbeitsvertrag, namentlich in der Form der Arbeitsordnung und des Tarifvertrags, Raum und Inhalt des Einzelarbeitsvertrags wesentlich bestimmt hat. Allein (vgl. auch das oben S. 30 Ausgeführte) es handelt sich hier um ephemere Dinge, soweit der Mehrheitsarbeitsvertrag Rechtsquelle ist und soweit es sich nicht um schematisch zu regelnde Einzelbedingungen des Arbeitsvertrags handelt, und jedenfalls ist Sinn und Zweck des Mehrheitsarbeitsvertrags durch seine Bedeutung für den Einzelarbeitsvertrag bestimmt.

Wenn also, wie dies vorgeschlagen wird, das Recht des Arbeitsberufs (des Arbeitnehmers an sich, ohne Rücksicht auf die Beziehungen zum Arbeitgeber) und des Arbeitsverbands (der Mehrheit der Arbeitnehmer eines Arbeitgebers) in der Gliederung des Arbeitsgesetzbuchs vorangestellt werden würde, so handelte man dem Gesichtspunkt entgegen, daß die Gesetzestechnik nach der Welt der Rechtstatsachen orientiert sein muß. Überdies nähme man — ein Gesichtspunkt von offensichtlich sehr viel größerer Bedeutung — das Arbeitsrecht aus dem Rahmen des geschichtlich gewordenen Rechts heraus und drückte dem ganzen Gesetzbuch ohne Rücksicht auf die Gesetze der rechtsgeschichtlichen Entwicklung den Stempel des Berufsvereinsrechts und Betriebssatzungsrechts auf.

Daraus folgt, daß der Erste Teil eines Arbeitsgesetzbuchs richtig den „Arbeitsvertrag" behandelt.

Die Ergänzung des einzelnen Arbeitsvertrags ist die Einwirkung, die die organisierten Mehrheiten, Vereinigungen der Arbeitgeber und der Arbeitnehmer auf seine Gestaltung ausüben[1]). Der Zweite Teil

[1]) Hierfür die Bezeichnung „Arbeitsverfassung" zu wählen, wie dies hier und da geschieht, ist irreführend, weil daraus auf Selbstverwaltungsfunktionen geschlossen werden könnte (vgl. unten S. 136, 147, 170).

eines Arbeitsgesetzbuchs wird somit das Recht der Berufsvereine (Arbeitsvereine) einschließlich der Arbeitsgemeinschaften, den Vertrag der Berufsvereine (Arbeitstarifvertrag) und Betriebe[1]) und den Kampf der Berufsvereine (zugleich den Arbeitskampf ganz allgemein: Ausstand, Aussperrung, Verrufserklärung) zu regeln haben.

Die Idee der Selbstverwaltung der Arbeit im einzelnen Betrieb und in der Gliederung der Wirtschaft, die also an die Beteiligten des Arbeitsverhältnisses staatliche Aufgaben, deren Erfüllung für die Gestaltung der Arbeit wesentlich ist, in gewissen Grenzen delegiert, ergibt folgerichtig den Dritten Teil eines Arbeitsgesetzbuchs.

Soweit die Willensentschließung der Einzelbeteiligten, die Organisation und die Selbstverwaltung der Beteiligten zur Regelung der Arbeitsverhältnisse nicht ausreichen oder im Interesse der Gesamtheit nicht sich selbst überlassen werden können, muß der Staat eingreifen: Die staatlichen Aufgaben auf dem Gebiet der Arbeit bildeten also den Vierten Teil eines Arbeitsgesetzbuchs.

Der Fünfte Teil würde sich notwendig dann über die Durchführung der Internationalen Organisation der Arbeit verhalten.

In einem Sechsten und letzten Teil werden die Übergangs- und Strafbestimmungen, letztere, soweit sie nicht zweckmäßig bereits in die einzelnen Teile des Arbeitsgesetzbuchs einzugliedern waren, niedergelegt werden müssen.

In diesem letzten Teile können auch die übrigen für alle Teile des Gesetzbuchs etwa zu erlassenden gemeinsamen Vorschriften getroffen werden, falls man nicht solche gemeinsamen Bestimmungen als eine „Einleitung" — nach dem Vorbild der Reichsversicherungsordnung — am Anfang des Gesetzbuchs voranstellte oder sie, soweit sie auch das Arbeitsvertragsrecht berühren, zu Beginn des ersten Gesetzes des „Ersten Teils" regeln und in den anderen Teilen darauf verweisen will, während man dort die sonstigen Vorschriften gäbe bzw. wiederholte oder endlich sie nach Bedarf alle in den einzelnen Gesetzen brächte. Das letztere Verfahren dürfte deshalb vor der ersteren Möglichkeit und vor der Aufnahme eines besonderen „Allgemeinen Teils" als Anfang des ganzen Gesetzbuchs den Vorzug verdienen, weil voraussichtlich die Zahl dieser gemeinsamen Vorschriften mit Rücksicht auf die innerliche Verschiedenheit der einzelnen Teile des

---

[1]) Das Recht der organisierten Mehrheiten des Betriebs (Arbeitnehmerschaft, Arbeiterschaft, Angestelltenschaft) im übrigen wird, wie dies auch im Betriebsrätegesetz vom 4. 2. 1920 geschehen ist, in einem Gesetz zusammenzufassen und dieses mit Rücksicht auf seinen wichtigsten Bestandteil, Die Selbstverwaltungsfunktionen, in den Dritten Teil zu verweisen sein.

Arbeitsgesetzbuchs an Zahl sehr gering sein und sich im wesentlichen auf terminologische Bestimmungen beschränken werden, weil aus dem gleichen Grund jeder Teil (auch das einzelne „Buch“ usw.) „Allgemeine Vorschriften“ wird enthalten müssen und weil endlich die Einzelgesetze in sich geschlossene und im praktischen Gebrauch selbständig gehandhabte Gesetze sein werden.

b) Es mag hier noch darauf verwiesen werden, daß die Darstellung des französischen (Code du Travail et de la Prévoyance sociale, vgl. unten S. 239) und des luxemburgischen Rechts (Zusammenstellung der Gesetze und Beschlüsse, vgl. unten S. 240) von dem Einzelarbeitsverhältnis ausgehen und dann die Ergänzung des einzelnen Arbeitsvertrags durch das Eingreifen des Staates in den Arbeiterschutz erörtern. Den Beschluß beider Zusammenstellungen bilden die Arbeiterversicherungen und die Arbeiterfürsorge. Vor der Erörterung dieser beiden Gebiete beschäftigt sich allerdings das französische Recht noch mit dem Recht der organisierten Selbsthilfe in den Berufsvereinigungen und -vertretungen und dem Schlichtungswesen und erörtert gleichzeitig hierbei die Gerichtsbarkeit, über die sich der erste Teil der luxemburgischen Zusammenstellung im Zusammenhang mit dem Einzelarbeitsvertrag bereits verhalten hatte.

Der argentinische Entwurf eines Gesetzbuchs der Arbeit (vgl. unten S. 241) stellt demgegenüber nach einleitenden Bestimmungen das Recht des Arbeitsnachweises voran und regelt dann erst das Recht des Einzelarbeitsvertrags einzelner Arbeitnehmerarten. Im übrigen bringt es das Arbeitsschutzrecht im weitesten Sinne (Arbeitszeitschutzrecht, Recht der Arbeitsunfälle, Unfallversicherungsrecht und der Arbeitsgesundheitspflege, Betriebsschutzrecht), geht zum Vereinigungsrecht (Arbeitstarifrecht und Berufsvereinsrecht) über, gibt das Recht des Schlichtungs- und Arbeitsgerichtswesens und schließt mit dem Internationalen Arbeitsrecht, den Strafvorschriften und den Bestimmungen über den Rechtsgang. (In Anlagen sind Ruhestandsgesetze für Eisenbahner, Beamte und Staatsarbeiter vorgesehen.)

Im Schrifttum des Arbeitsrechts wird von Goerrig, Das Arbeitsrecht des neuen Deutschland (Bonn Georgi 1919/1920), eine Systematik gegeben, die individuelles Arbeilsrecht (Vertrag, Schutz, Versicherung, Erwerbslosenfürsorge, Arbeitsnachweis), kollektives Arbeitsrecht (Berufsvereine, Betriebsvertretungen, Selbstverwaltung, Kollektivvertrag) und Rechtsverwirklichung (Vertretungen, Schlichtung, Gericht) unterscheidet.

Die Gliederung in dem Buche Kaskels: „Das neue Arbeitsrecht“ (Berlin Springer 1920), will lediglich die Darstellung des neuen seit der politischen Umwälzung geltenden Arbeitsrechts (mit Ausnahme des Sozialversicherungsrechts) bringen und muß insofern Gesichtspunkte zugrunde legen, die für die Gliederung des künftigen Arbeitsgesetzbuchs nicht maßgebend sein können. Immerhin ist daraus zu entnehmen, daß Kaskel sich von der Erwägung leiten läßt, der Arbeit müsse die Arbeitsbeschaffung vorangehen und dies auch in der Gliederung zum Ausdruck kommen.

Ebenso sei die Gliederung erwähnt, die Sinzheimer in seiner Schrift: „Grundzüge des Arbeitsrechts" (Jena Fischer 1921) dem zweiten Abschnitt, der von „Bau und Inhalt des Arbeitsrechts" handelt, gibt. Er geht dort vom Arbeitsvertrag aus, behandelt dann den Arbeitsverband als (individualistisch gerichtete) Arbeitsgenossenschaft und als Sozialverband und schließt mit dem Arbeitsberufsrecht, in dem er Schutzrecht, Koalitionsrecht und Vertretungsrecht einbegreift.

Das Handbuch des Arbeitsrechts von Hueck (Stuttgart Herz 1922)[1]), das ebenso wie die Arbeit von Goerrig eine Darstellung des geltenden Arbeitsrechts geben will, behandelt in dem ersten von zehn Büchern Entstehung, Entwicklung, Rechtsquellen und Grundbegriffe des Arbeitsrechts. Die folgenden Bücher erörtern das Arbeitsvertragsrecht und das Tarifrecht. Die weiteren sollen die Betriebsorganisation, das Arbeitsprozeßrecht, den Arbeiterschutz, die Arbeitsvermittlung und Arbeitsbeschaffung und die Arbeitslosenfürsorge behandeln. In den beiden letzten Büchern wird auch das Recht der Sozialversicherung und das Lohnsteuerrecht dargestellt werden.

Es mag auch auf die Einteilung hingewiesen werden, mit der Hedemann (Recht und Wirtschaft 1922 S. 247) den Stoff des Arbeitsrechts veranschaulichen will. Als erste Stoffschicht bezeichnet er das vertraglich geregelte Arbeitsverhältnis. Die zweite hat es nach ihm mit dem korporativen Zusammenschluß zu tun, in dem die gewerkschaftliche (Tarifgesetzgebung) und die betriebsmäßige (Betriebsrätegesetz, Arbeitsordnung u. dgl.) Strömung gegeneinander angingen und mit dem das Recht der gewerblichen Kämpfe eng verbunden sei. Die soziale Fürsorge jeder Art — soziales Schutzrecht im engeren Sinne, Reichsversicherungsordnung, Arbeitsnachweis und Erwerbslosenfürsorge — bilde die dritte Schicht. Dem behördlichen Apparat endlich sei die vierte und letzte gewidmet.

Der Grundriß des Arbeitsrechts von Matthaei (Mannheim/Berlin/Leipzig Bensheimer 1923) endlich erörtert das geltende Arbeitsrecht, indem er der Arbeitsverfassung (Koalitionsrecht, Arbeitsgemeinschaften, Gemeinwirtschaft, Betriebsverfassung) den Arbeitsvertrag (Tarifvertrag, Arbeitsordnung, Einzelvertrag, Arbeitsvermittlung), den Arbeiterschutz, besondere Arten von Arbeitsverhältnissen, die Arbeitskämpfe und die Arbeitsgerichtsbarkeit und schließlich das Internationale Arbeitsrecht folgen läßt.

---

[1]) Vgl. dazu Melsbach, Ein Handbuch des Arbeitsrechts, RABl 1922 S. 473*.

2. Nach dem zu 1. a) Ausgeführten ergibt sich folgendes

System eines Arbeitsgesetzbuches.

Erster Teil.

Vertrag und Arbeit.

Erstes Buch. Allgemeines Arbeitsvertragsgesetz.
Anhang 1: Schwerbeschädigtengesetz.
Anhang 2: Stillegungsgesetz.
Zweites Buch. Allgemeines Angestelltengesetz[1]).
Drittes Buch. Allgemeines Lehrlingsgesetz[2]).
Viertes Buch. Heimarbeitsgesetz[2]).
Fünftes Buch. Recht der Sonderarbeitsverträge[2]).

Zweiter Teil.

Vereinigung und Arbeit.

Sechstes Buch. Berufsvereinsgesetz (Arbeitsvereinsgesetz).
Anhang: Recht der Arbeitsgemeinschaften.
Siebentes Buch. Arbeitstarifgesetz (Arbeitsgesamtvertragsgesetz).
Anhang: Betriebsvertragsgesetz.
Achtes Buch. Arbeitskampfgesetz.

Dritter Teil.

Selbstverwaltung und Arbeit.

Neuntes Buch. Betriebsrätegesetz.
Zehntes Buch. Arbeitskammergesetz.
Elftes Buch. Arbeits- und Wirtschaftsrätegesetz.
Zwölftes Buch. Schlichtungsordnung.

Vierter Teil.

Staat und Arbeit.

Dreizehntes Buch. Arbeitsverwaltungsgesetz.
Vierzehntes Buch. Arbeitsnachweisgesetz.
Fünfzehntes Buch. Allgemeines Arbeitsschutzgesetz.
Sechzehntes Buch. Arbeitsgerichtsgesetz.
Siebzehntes Buch. Arbeitslosenversicherungsgesetz.

Fünfter Teil.

Völker und Arbeit.

Achtzehntes Buch. Internationales Arbeitsrecht.

Sechster Teil.

Neunzehntes Buch. **Übergangs- und Strafbestimmungen.**

---

[1]) Das Angestelltenrecht wird zweckmäßig nicht nach seinen einzelnen Rechtsgebieten (Arbeitsvertragsrecht, Arbeitsschutzrecht usw.) getrennt in den verschiedenen Teilen des Arbeitsgesetzbuchs behandelt, sondern im Interesse der praktischen Verwendbarkeit in einer abgeschlossenen Abteilung des Gesetzbuchs zusammengefaßt werden. Da das vertragsrechtliche Element überwiegen oder jedenfalls stets an erster Stelle zu erörtern sein wird, empfiehlt es sich wohl, sie in den Teil „Vertrag und Arbeit" einzufügen.

[2]) Hier gilt entsprechendes wie zu Anm. 1.

Zweiter Teil.

Einzelne Rechtsgebiete.

I. Vertrag und Arbeit.

1. Allgemeines Arbeitsvertragsgesetz.

A. Leitende Gesichtspunkte.

a) Der Einzelarbeitsvertrag als Schuldverhältnis.

Der Sinn der Arbeitnehmerbewegung ist (vgl. oben S. 16, 23) dahin zu umschreiben, daß im gedachten Zielpunkt der Entwicklung die Arbeit in einem Verpflichtungsverhältnis, Schuldverhältnis nach der Terminologie des BGB, zweier gleichstehenden Personen, im Unternehmervertrag also, geleistet wird. Ob das Ziel erreicht werden kann, ist für die Erkenntnis der Bedeutung dieses schuldrechtlichen Elements des Arbeitsrechts ohne Belang: Auch wenn, solange der Arbeitnehmer Arbeitnehmer ist, ein solches Schuldverhältnis nur — künstlich — auf der Stütze des Schutzrechts (Sozialrechts) sich aufbauen läßt, so ist die Gestaltung der Beziehungen zwischen Arbeitgeber und Arbeitnehmer auf der Grundlage des Schuldverhältnisses, wenn nicht selbstverständlich, dann deshalb erwünscht, weil nur so das personenrechtliche Element des Arbeitsrechts im oben (S. 29) behandelten Sinn zum Segen der Beteiligten und der Gesamtheit sich auswirken kann. Es heißt also den ephemeren Charakter der augenblicklichen Gestaltung der Verhältnisse und den Sinn des Arbeitsgesetzbuchs verkennen und ein rechtspolitisches Problem lediglich vom Standpunkte des Soziologen und Wirtschaftswissenschafters statt auch des Juristen betrachten, wenn man[1]) das Arbeitsverhältnis als ein „Organisationsverhältnis" oder ein „soziales Personenverhältnis"

---

[1]) Wie Potthoff, Arbeitsrecht, 1922, S. 208 ff., Plutus 1922, S. 162 ff. RABl 1922 S. 506 und Wesen und Ziel des Arbeitsrechtes, Berlin, Verlagsgesellschaft des Allgemeinen Deutschen Gewerkschaftsbundes 1922, insbesondere S. 11, 18, 32. Potthoff begründet seine Auffassung im wesentlichen damit, daß der Verfall patriarchalischer Klein-Arbeitsverhältnisse zu bedauern sei, die Disziplin und Arbeitsteilung im Großbetrieb eine Notwendigkeit darstelle, das schuldrechtliche, freivertragliche Element dem Gedanken der Gemeinwirtschaft widerspreche und ein Bedürfnis nach Zusammenfassung der Arbeitnehmerschaft bestehe. Diese ganz verschiedenartigen Gesichtspunkte sollen in der volkswirtschaftlich-sozialethischen Erwägung zusammenfließen, daß die Bedürfnisse des Betriebs und der Gesamtheit und die Pflichten beider Parteien gegen sie im Vordergrund stehen müßten. Es

bezeichnet, statt den Gedanken des Schuldverhältnisses zu betonen und in den Vordergrund zu stellen.

Ist somit der Einzelarbeitsvertrag ein Schuldverhältnis und soll er es auch für das Arbeitsgesetzbuch bleiben, so handelt es sich für dieses darum, das Recht des Bürgerlichen Gesetzbuchs unter Berücksichtigung der Erwägungen über das Wesen des Arbeitsvertrags (unten zu B. b)), soweit erforderlich (vgl. oben S. 25 und 28), nach der schutzrechtlichen (sozialrechtlichen) und der personenrechtlichen Seite abzuwandeln. Dabei werden diese beiden Elemente — ersteres als Mittel zum Zweck, letzteres als Folge der Entwicklung — die Gestaltung des Allgemeinen Arbeitsvertragsgesetzes weder in gesetzestechnischer Hinsicht bestimmen noch auch abweichend von jener Grundauffassung in sachlicher Hinsicht entscheidend beeinflussen können.

b) Einheitliches Arbeitsvertragsrecht.

Wie oben S. 15 ff. ausgeführt, haben die Arbeiten am Arbeitsgesetzbuch ihre Grundlage in der Bewegung, die zuerst die Angestelltenverbände die Vereinheitlichung und Neugestaltung des Angestelltenvertragsrechts hat fordern lassen, später zum Wunsche nach einem einheitlichen Arbeitsrecht ganz allgemein geworden ist und einen Niederschlag bereits in der bei der Verabschiedung des Bürgerlichen Gesetzbuchs im Dezember 1896 vom Reichstag angenommenen Entschließung gefunden hat, durch welche die Reichsregierung ersucht wurde, ein einheitliches Arbeitsvertragsrecht zu schaffen.

Die „Einheitlichkeit" dieses Rechts des Einzelarbeitsvertrags bedeutet dabei im Sinne des oben S. 33 Gesagten, daß ein Gesetz über das „Allgemeine" Arbeitsvertragsrecht insofern eine besondere Note tragen muß, als es nicht nur rein technisch die allgemeingültigen arbeitsvertragsrechtlichen Grundsätze zusammenstellen darf, sondern zugleich auch die

mag hier nur darauf hingewiesen werden, daß die Organisation der Arbeit, die Arbeitsteilung und die Schematisierung der Arbeitsbedingungen im Großbetrieb den Gedanken des Schuldverhältnisses nicht berührt (ebensowenig wie etwa die arbeitsteilige Massenfabrikation bis zum Fertigfabrikat den Gedanken des Kaufvertrags über das einzelne Arbeitsstück). Berührt wird er nur durch einen rechtlichen oder tatsächlichen Zwang zur Arbeit. Den rechtlichen Zwang kennen wir nicht. Den tatsächlichen, soweit er dem Sittengesetz widerspricht, zu beseitigen, dazu soll die Durchsetzung des schuldrechtlichen Elements beitragen. Das sozialethische Moment der Pflichterfüllung gegenüber dem Betrieb und der Gesamtheit andererseits wird solange der Arbeitsvertrag eine nur zeitige Bindung bedeutet — und das wird er wohl stets —, auf keiner Grundlage sicherer und gesunder verwirklicht, als auf derjenigen schuldrechtlicher Beziehungen freier, ihrer selbst bewußter Menschen.

Verwirklichung des Bemühens bedeuten muß, die Zahl der sonderarbeitsvertraglichen Bestimmungen auf das unumgänglich notwendige Maß zu beschränken. Entscheidend in dieser Beziehung wird sein, daß die Differenzierung und Komplizierung der Wirtschaft und der Kultur für einzelne Arten der Arbeit das Bedürfnis nach einer besonderen rechtlichen Behandlung stets erfordern werden, daß dadurch jedoch nicht den Ideen des Arbeitgebertums und des Arbeitnehmertums Abbruch geschehen darf.

c) Altes — neues Arbeitsvertragsrecht.

Die Notwendigkeit, neues Arbeitsvertragsrecht in vielfacher Beziehung zu schaffen, kann nicht die Erkenntnis verdunkeln, daß die Arbeit bis heute in vielen Vorschriften des geltenden Deutschen Rechts eine befriedigende Regelung ihrer Belange gefunden hat.

Es muß sich deshalb für ein Allgemeines Arbeitsvertragsgesetz zunächst darum handeln, aus den bisherigen Vorschriften das Nutzbare herauszuschälen und zu übernehmen. Vor allem gilt dies von dem Recht des Dienstvertrags„ des Werkvertrags und des Auftrags des BGB und von dem Arbeitsrecht des HGB und der GewO. Das Ergebnis wird sein, daß das Arbeitsvertragsrecht des HGB und der GewO zum größten Teil, soweit es sich dabei nicht um reines Angestelltenrecht handelt, ausgeschöpft ist. Das Recht des Dienstvertrags, des Werkvertrags und des Auftrags als solchen wird im BGB zu erhalten sein, da es (auch das Recht des Dienstvertrags) für die Tätigkeit, die nicht auf Grund eines „Arbeitsvertrags" geleistet wird, nach wie vor Bedeutung haben wird. (vgl. oben S. 20).

Andererseits ist ein solches Gesetz der Notwendigkeit anzupassen, daß ein neues Vertragsrecht in den wesentlichsten Punkten von der bisherigen Gestaltung der Rechtsverhältnisse abweichen und in vielfacher Hinsicht neuen Lebensverhältnissen und neuen Rechtsbedürfnissen Ausdruck geben muß, indem es Forderungen befriedigt, die in der Entwicklung der wirtschaftlichen Verhältnisse und sozialen Anschauungen der letzten Jahrzehnte, insbesondere der letzten Jahre, begründet sind. Hier liegen nach mancher Richtung hin sowohl Vorbilder der ausländischen Gesetzgebung vor als auch werden eine Reihe von Vorschlägen und Anregungen der Interessentenverbände und des Fachschrifttums zu berücksichtigen sein. Stets wird hierbei im Sinne des oben S. 26 Ausgeführten beachtet werden müssen, daß insoweit der Gesichtspunkt der organischen Fortentwicklung des geltenden Deutschen Arbeitsrechts in den Vordergrund zu stellen ist.

d) Systematisches Arbeitsvertragsrecht.

1. Ein Teil des ausländischen Rechts wie auch ein Teil der vorgeschlagenen Regelungen sucht das Arbeitsvertragsrecht zu erfassen, ohne daß dabei ein systematischer Aufbau erkennbar wäre.

Ein Allgemeines Arbeitsgesetz wird im Interesse der wissenschaftlichen Erörterung und der praktischen Brauchbarkeit das Arbeitsvertragsrecht in ein logisch durchdachtes und juristisch einwandfreies System bringen müssen. Hierfür läßt sich eine Gliederung des Stoffes in sechs Teile vorschlagen.

In den „Vorbestimmungen" würden sich die grundlegenden Vorschriften über die Begriffe des Arbeitgebers usw. und das Wesen des Arbeitsvertrags und seine Beziehungen zum Allgemeinen Recht finden. Der „Erste Abschnitt" behandelte die Schließung des Arbeitsvertrags, der „Zweite Abschnitt" den Inhalt des Arbeitsvertrags, der „Dritte Abschnitt" den Arbeitsvertrag in der Schwebe (die Arbeitsweigerung — vgl. unten S. 62) und der „Vierte Abschnitt" die Endigung des Arbeitsvertrags. In den „Schlußbestimmungen" endlich ließe sich außer den Formalien des Inkrafttretens usw. alles das zusammenstellen, was an Rechtsvorschriften in Beziehungen zum Allgemeinen Arbeitsvertragsrecht steht (z. B. notwendige Aenderungen anderer Gesetze und insbesondere die Regelung seiner Anwendbarkeit auf die Tätigkeitsverträge der Arbeitnehmerähnlichen Personen) und zweckmäßig gleichzeitig geordnet wird.

Der zweite und bedeutungsvollste, den Inhalt des Arbeitsvertrags behandelnde Abschnitt hätte dabei seine Bestimmungen etwa in die Unterabschnitte „Die Pflichten des Arbeitnehmers", „Die Pflichten des Arbeitgebers" und „Das Arbeitsergebnis" zu gruppieren.

Ein solches System würde vor allem das Verständnis des Aufbaus und der einzelnen Vorschriften erleichtern und vereinfachen. Beides erscheint gerade mit Rücksicht darauf von besonderer Bedeutung, daß das Arbeitsrecht mehr wie jedes andere Recht von den Beteiligten selbst gehandhabt werden soll.

2. Im übrigen wird das Gesetz über das Allgemeine Arbeitsvertragsgesetz zweckmäßig nicht nur das für alle Arbeitnehmer, Arbeiter und Angestellten, in Frage kommende Arbeitsvertragsrecht behandeln, sondern auch das Allgemeine Arbeitsvertragsrecht der Arbeiter einbegreifen.

Es rechtfertigt sich das aus der Erwägung, daß ein Fehlen dieses Rechtsgebiets das Allgemeine Arbeitsvertragsrecht in manchen Beziehungen lückenhaft lassen muß, wenn man nicht an Stelle der ausfallenden präzisierten Vorschriften unbestimmt gefaßte allgemeine Grundsätze treten lassen will. Werden dagegen diese Grundsätze auf die besonderen Verhältnisse der Arbeiter angewandt, so gewährleistet das die Einprägsamkeit der Vorschriften. Zugleich ermöglicht es auch der einen Arbeitnehmergruppe, den Arbeitern, einen lückenlosen Überblick über das gesamte sie betreffende Arbeitsvertragsrecht, während das Recht der anderen Arbeitnehmergruppe, der Angestellten, sich mühelos übersichtlich durch Verweisung auf die entsprechenden für die Arbeiter geltenden Bestimmungen in einem knappen besonderen Gesetz fassen läßt (vgl. unten S. 68).

B. Grundsätzliche Fragen.

a) Arbeitsvertragsrecht — Arbeitsschutzrecht.

Die Idee des Arbeitsschutzrechts im eigentlichen Sinn des Arbeitnehmerschutzes (vgl. unten S. 189), soweit Pflichten des Arbeitgebers gegenüber dem Arbeitnehmer in Frage stehen, ist, die Schließung und die Bedingungen da nicht der freien Vereinbarung (des Einzelarbeitsvertrags oder Mehrheitsvertrags) zu überlassen, wo es sich um gewisse Mindestforderungen im Interesse der Gesundheit usw. der Arbeitnehmer handelt und nach der Art der in Frage kommenden Arbeitnehmer, insbesondere ihrer wirtschaftlichen Schwäche, nicht die Gewähr besteht, daß die freie Vereinbarung diesen Mindestforderungen gerecht wird.

Arbeitsschutzrecht im weiteren Sinne begreift also sowohl den Arbeitsschutz durch Verbots- und Gebotsvorschriften des Bürgerlichen Rechts als auch den gesamten öffentlichrechtlichen Arbeitsschutz ein, Arbeitsschutzrecht im engeren Sinne ist dann gegeben, wenn nicht einmal die Unabdingbarkeit im Sinne zwingenden Vertragsrechts verbürgt, daß dieses Vertragsrecht eingehalten wird. Hier muß die Sicherheit durch arbeitspolizeiliche Überwachung und Strafbestimmungen erreicht werden. Außerdem begreift es eine Reihe reiner Polizeibestimmungen ein, die den Arbeitsvertrag nicht berühren (z. B. über Arbeitsbücher der Minderjährigen, §§ 107 bis 112 GewO).

In das Arbeitsvertragsrecht gehört jedenfalls das Arbeitsschutzrecht im weiteren Sinn, das, ohne Arbeitsschutzrecht im engeren Sinne zu sein, die Bedingungen des einzelnen Arbeitsvertragsverhältnisses regelt: In jedem Arbeitsvertragsgesetz wird es der Art des Rechtsgebiets, dem Schutzgedanken entsprechend einen breiten Raum einnehmen.

Es fragt sich, ob das Arbeitsschutzrecht im engeren Sinn, von den reinen Polizeibestimmungen abgesehen, ebenfalls in das Arbeitsvertragsrecht einzubeziehen ist. Unzweifelhaft besteht ein Bedürfnis, auch die aus den Vorschriften des Arbeitsschutzrechts im engeren Sinne sich ergebenden Pflichten des Arbeitgebers als Vertragsinhalt zu behandeln, soweit sie arbeitsvertraglichen Pflichten parallel laufen oder mit ihnen in Zusammenhang stehen[1]). Es ist also mehr eine gesetzestechnische Frage, ob man diese Vorschriften in einem besonderen „Allgemeinen Arbeitsschutzgesetz" mit den übrigen arbeitsschutzrechtlichen Bestimmungen zusammenfaßt oder sie in das Arbeitsvertragsrecht aufnimmt. Jedoch ist nicht zu verkennen, daß auch der materielle Inhalt der Bestimmungen durch die Momente der polizeilichen Überwachung und des Strafschutzes ein einheitliches Gepräge erhält.

Man wird sich mit Rücksicht auf diesen letzteren Gesichtspunkt der Besonderheit der Bestimmungen des Arbeitsschutzrechts im engeren Sinn und im Interesse der Übersichtlichkeit und praktischen Handhabung des Arbeitsrechts dafür entscheiden müssen, das Arbeitsschutzrecht im engeren Sinne, das Pflichten des Arbeitgebers gegenüber dem einzelnen Arbeitnehmer in sich schließt, auch insoweit in einem besonderen Gesetze zu regeln, und nur durch zusammenfassende Bestimmungen zum Vertragsinhalt zu stempeln (vgl. unten S. 192).

Daß dies geschieht, ist auch deshalb erforderlich, weil in untrennbarem Zusammenhang mit den Vorschriften des Arbeitsschutzrechts im erörterten engeren Sinn Schutzvorschriften stehen, die nicht Pflichten aus dem Arbeitsvertrag des einzelnen Arbeitnehmers sein können (z. B. Bestimmungen über verbotene Frauen-, Kinder- und Jugendlichenarbeit). Ferner auch deshalb, weil es neben dem dem Arbeitgeber obliegenden Arbeitsschutz einen Arbeitsschutz durch die Arbeitnehmer oder ihre Vertreter (z. B. die Sicherheitsmänner des Bergbaus), der noch des Aus-

---

[1]) Kaskel, Die rechtliche Natur des Arbeiterschutzes, Berliner Festgabe für Heinrich Brunner, München und Leipzig Duncker & Humblot 1914, S. 172, lehnt jede Beziehung zwischen Arbeitsvertragsrecht und öffentlichem Arbeitsschutzrecht ab. Vgl. jedoch § 62 HGB und unten S. 178. Jastrow, Was ist Arbeiterschutz? ArchRPhilos 4 S. 321, (zit. bei Kaskel S. 167) andererseits bezeichnet im Anschluß an Lotmar als „sedes materiae" des Arbeitsschutzrechts das Arbeitsvertragsrecht. Sinzheimer a. a. O. S. 10 hält eine Trennung des Arbeitsrechts in Privatrecht und öffentliches Recht für eine Scheidung innerlich zusammengehöriger Dinge (vgl. dazu jedoch auch unten S. 189).

baus bedarf, und einen Arbeitsschutz durch die Arbeitsbehörden gibt, die in systematischem Zusammenhange mit dem erstgenannten Arbeitsschutz stehen.

Die Beziehung zum Arbeitsvertragsrecht läßt sich in doppelter Weise herstellen.

Soweit es sich bei den Schutzvorschriften um Maßnahmen handelt, die der Arbeitgeber zur Sicherung der gefahrlosen Leistung der Arbeit zu treffen hat, wird man richtigerweise entsprechend dem System des BGB ebenso wie hinsichtlich der Frage der Stellung des „Arbeitssubstrats" durch den Arbeitgeber ganz allgemein keine Leistungspflicht des Arbeitgebers im vertragsrechtlichen Sinn annehmen[1]), sondern die Nichterfüllung der arbeitsschutzrechtlichen Pflichten vertragsrechtlich auf die Gedanken des Annahmeverzugs und der Unmöglichkeit der Arbeitsleistung abstellen[2]).

Es kommen jedoch Arbeitsverhältnisse vor, in denen eine Pflicht des Arbeitgebers zur Beschaffung der Arbeitsgelegenheit einschließlich der Beachtung der Schutzvorschriften besteht, die dann eine Art Sachentgelt oder auch Sachentgelt im üblichen Sinn darstellt (vgl. z. B. den Arbeitsvertrag des Kellners und die Pflicht zur Gewährung eines Wohn- und Schlafraums an den in der häuslichen Gemeinschaft tätigen und in die häusliche Gemeinschaft aufgenommenen Arbeitnehmer). Insoweit wie auch hinsichtlich der sonstigen Schutzbestimmungen, die Pflichten des Arbeitgebers unabhängig von der noch zu leistenden Arbeit feststellen, lassen sich Arbeitsvertragsrecht und Arbeitsschutzrecht durch eine zweite Generalklausel in Beziehung bringen, die diese Pflichten des Arbeitsschutzes als Pflichten aus dem Arbeitsvertrag bezeichnet.

Um zusammengehörige Bestimmungen nicht zu trennen, können im übrigen ausnahmsweise zum Arbeitsschutzrecht im erörterten engeren Sinne gehörende Einzelbestimmungen in das Arbeitsvertragsrecht aufgenommen werden (z. B. das Truckverbot des § 115 GewO).

---

[1]) So für das Arbeitssubstrat Kaskel, Lohnanspruch Arbeitswilliger bei Betriebsstockungen, NZfA 1922 Sp. 1, für die Schutzvorschriften Bewer, Fürsorgepflicht und Beschäftigungszwang, RABl 1922 S. 703.

[2]) Ich schließe mich im Ergebnis Adler, Annahmeverzug oder Betriebsgefahr, Arbeitsrecht 1922 Sp. 353, an. Vgl. jedoch auch Titze, Zur Risikofrage im Arbeitsverhältnis, JW 1922 S. 551, Potthoff, Das Tragen der Gefahr im Arbeitsverhältnis, JW 1922 S. 548, Oertmann, Verantwortlichkeit für den eigenen Geschäftskreis, Recht 1922 S. 5, und Lohnanspruch des Arbeitswilligen, NZfA 1922 S. 461, Hueck a. a. O. S. 89 und Matthaei a. a. O. S. 137.

b) Das Wesen des Arbeitsvertrags.

Unter Arbeitsvertrag ist derjenige Vertrag zu verstehen, durch den sich der Arbeitgeber dem Arbeitnehmer, Arbeit zu geben, der Arbeitnehmer dem Arbeitgeber, Arbeit zu nehmen, verpflichtet. Die Ausdrücke „Arbeitgeben" und „Arbeitnehmen" sind dabei in einem bisher ungebräuchlichen Sinne verwendet. Doch geben sie mit bezeichnender Kürze das Wesen des Arbeitsvertrags wieder.

Die Pflicht, Arbeit zu geben, verpflichtet den Arbeitgeber, dem Arbeitnehmer nach Maßgabe des Gesetzes die Verwertung seiner Arbeitskraft zu gewährleisten, die Pflicht, Arbeit zu nehmen, den Arbeitnehmer, dem Arbeitgeber nach Maßgabe des Gesetzes seine Arbeitskraft zur Verfügung zu stellen.

Arbeit in diesem Sinne kann sein:

entweder Arbeit auf Zeit, zu welcher im Zweifel auch die im Gedinge zu leistende Arbeit gehört;

oder die Herstellung von Werken oder die Besorgung von Geschäften in fortlaufender Beschäftigung;

oder die Herstellung eines einzelnen Werks oder die Besorgung eines einzelnen Geschäfts[1]).

1. In dieser Begriffsbestimmung liegt einerseits, daß die Merkmale, nach denen das Bürgerliche Recht sonst die Verträge, durch die eine Tätigkeit zugesagt wird, nach der Art der Tätigkeit unterscheidet, für das Arbeitsrecht grundsätzlich bedeutungslos sein sollen. Sie geht dabei davon aus, daß „Arbeit" im Sinn des Arbeitsgesetzbuchs jede irgend geartete menschliche Tätigkeit ist, sofern sie von einem Arbeitnehmer geleistet wird. Stellt man in diesem Sinn den Begriff des Arbeitsvertrags lediglich darauf ab, daß der eine Vertragschließende, der die vereinbarte Arbeit leisten soll, Arbeitnehmer ist, so kann der Arbeitsvertrag sowohl die Merkmale des Dienstvertrags als auch des Werkvertrags bzw. des Auftrags enthalten und die eine Tätigkeit zum Gegenstand habenden benannten (z. B. Mäklervertrag) und unbenannten Verträge umfassen.

Zugleich ist in jener Begriffsbestimmung der Versuch gemacht, die

---

[1]) Vgl. Melsbach, Vertragsbrüchige Streiks und Aussperrungen, Wiesbaden, Staadt 1912, S. 42 ff. und 59. In dem „Vertrag auf fortlaufende Beschäftigung" sehe ich jedoch nicht mehr einen „Vorvertrag zu einzelnen Werkverträgen". Auch ist meine Ansicht, der Arbeitswerkvertrag komme fast nur in der Heimindustrie vor, im Sinn der folgenden Ausführungen zu berichtigen.

„Arbeitsverträge" zu erfassen, die weder Dienstverträge noch Werkverträge oder Aufträge im bisher üblichen Sinne sind. Es handelt sich hier um solche Arbeitsverhältnisse, in denen jemand ohne die strengen Bande des Dienstvertrags und ohne Beschränkung auf ein einzelnes Werk oder ein einzelnes Geschäft auf Grund Vertrags Arbeit leistet und dabei nach der Verkehrsanschauung als „Arbeitnehmer" gilt (vgl. oben S. 18). Solche „Arbeitsverträge auf fortlaufende Beschäftigung" (mit Herstellung von Werken oder Besorgung von Geschäften), wie man sie nennen könnte, kommen offensichtlich im täglichen Leben in vielen Fällen vor. Ein typischer Fall ist die auf Dauer abgestellte Tätigkeit des Heimarbeiters. Auch das Vertragsverhältnis des Handlungsagenten, wie es in §§ 84 ff. HGB geregelt ist, ist eine „fortlaufende Beschäftigung" und wird in zahlreichen Fällen die eines Arbeitnehmers im Sinne der hier gegebenen Begriffsbestimmung sein. Fortlaufende Beschäftigung wird in diesen Fällen insbesondere dann als vereinbart gelten müssen, wenn die Erwerbstätigkeit des Arbeitnehmers dauernd ausschließlich oder vorwiegend von einem oder mehreren bestimmten Arbeitgebern in Anspruch genommen wird[1]).

2. Daß diese Einstellung richtig gewählt ist, wird von der Erfahrung

---

[1]) Folgende Beispiele mögen das Vorstehende belegen:

I. In den drei Fällen des oben (S. 19) gegebenen Beispiels des Juweliers ist die Arbeit völlig die gleiche. Sie wird von dem Fabrikanten auf Grund Werkvertrags (Unternehmerwerkvertrags) geleistet. Ebenso im Zweifel von den Kunstgewerblern jedenfalls, wenn es sich um ein einzeln honoriertes Kunstwerk handelt (Arbeitswerkvertrag). Denkbar ist bei ihnen, insbesondere dem Heimangestellten, auch ein Arbeitsvertrag auf fortlaufende Beschäftigung, während eine Anfertigung des Kunstwerks im Dienstvertrag wenig wahrscheinlich ist und auch wohl nur für den Betriebsangestellten in Betracht käme.

II. Ein Wasserleitungsrohr sei durch Frost zerstört. Der Hauseigentümer beauftragt in dem einen Falle mit der Ausbesserung einen Handwerksmeister, im anderen Falle ein von ihm mit allen möglichen Arbeiten ständig beschäftigtes Faktotum, im dritten Falle einen Gelegenheitsarbeiter.

Die Arbeit ist nach Ort, Art, Zeit und Direktion durch den Arbeitgeber auch hier ganz die gleiche. Im ersten und dritten Fall liegt ein Werkvertrag und im zweiten wohl ein Tätigwerden im Dienstvertrag, im ersten Fall ein Unternehmervertrag, im zweiten, aber auch im dritten Fall ein Arbeitsvertrag vor.

III. Eine Dame lasse ein Kleid durch eine Hausschneiderin herstellen. Während der Arbeit erkrankt die Schneiderin. Die Dame bittet die ihr verpflichtete Inhaberin eines Modengeschäfts, zur Fertigstellung eine ihrer Schneiderinnen zu schicken.

Dort ein Arbeitsvertrag — Werkvertrag, Vertrag auf fortlaufende Beschäftigung oder Dienstvertrag —, hier ein Unternehmervertrag — Werkvertrag oder Dienstvertrag.

des täglichen Lebens bestätigt. Sie bedeutet mit einer bestimmten Vertiefung der Problemstellung zugleich den Kern der Neuordnung des Arbeitsvertragsrechts.

Das Allgemeine Arbeitsvertragsgesetz kann nicht nur eine Anpassung von Bestimmungen des Bürgerlichen Rechts geltender Gesetze an die augenblicklichen Verhältnisse der Arbeit sein. Als wichtigster Teil des Arbeitsgesetzbuchs, der in das Leben von Millionen Menschen einschneidend eingreift, seine bedeutsamste Rechtsgrundlage bildet, muß es den Sinn der wirtschaftlich unselbständigen Arbeit und des Arbeitsvertrags erfassen und zugleich die Tendenzen der Entwicklung überschauen und richtunggebend beeinflussen. So verstanden, wird das Allgemeine Arbeitsvertragsgesetz sicherlich nicht das geringste Mittel zu der für unsere Zukunft entscheidenden Lösung der sozialen Frage des Arbeitnehmertums bilden.

Die Entwicklungslinie der wirtschaftlich unselbständigen Arbeit, deren Verkörperung das Allgemeine Arbeitsvertragsgesetz, soweit dies gesetzgebungspolitisch angängig ist sein muß, läßt sich übersehen. Die Entwicklung des auf Zeit abgeschlossenen Arbeitsvertrags vom Zeitlohn zum Gedingvertrag (vgl. unten S. 66) einerseits, der nicht nur das Fortschreiten der Leistungsfähigkeit des Einzelarbeitnehmers kennzeichnet, sondern auch mehr und mehr das Merkmal der höherwertigen Arbeit wird, und das in jedem seiner selbst bewußten Arbeitnehmer ruhende Streben nach Selbständigkeit zeigen die Richtung. Sie weisen daraufhin, daß überall dort, wo das Ziel einer Arbeitnehmerlaufbahn nicht das Aufsteigen in einer Hierarchie sein kann — hier wird stets der Zeitlohnvertrag die Regelform bilden können —, der unstillbare Drang nach Selbständigkeit die Möglichkeit offen finden muß, in dem Erwerb der materiellen Grundlagen für die selbständige Gestaltung des Lebens im übrigen oder die Begründung einer Unternehmerstellung oder aber in dem Erwerb der Selbständigkeit hinsichtlich der Gestaltung der Arbeit sich auszuwirken. Für die weitaus größte Masse der Arbeitnehmer trifft dies zu. Ein Arbeitsvertragsgesetz also, das sich auf die Regelung eines als Vertrag auf Leistung von Arbeit auf Zeit, als Dienstvertrag, verstandenen Arbeitsvertrags beschränkt, würde seinen Zweck offensichtlich in dessen wichtigsten Teilen verfehlen. Auch würde es den tatsächlichen Verhältnissen nicht gerecht werden, die nicht im Dienstvertrag tätige Arbeitnehmer seit jeher kennen und in der Vielgestaltigkeit des täglichen Lebens in neuen Spielarten immer wieder hervorbringen und also von vornherein veraltet sein.

Es ist auch der tiefere Sinn des Heimarbeitsvertrags, der stets fortlaufende Beschäftigung, wenn nicht Einzelwerkherstellung oder Einzelgeschäftsbesorgung zum Gegenstand hat, daß er dem Arbeitnehmer in bescheidenem Umfang eine dem Unternehmer ähnliche Stellung gibt, daß er einen Ansatz zum Unternehmervertrag, dem Ideal jeder Arbeit, bedeutet (vgl. unten S. 80, 93). In verstärktem Maß gilt dies von den Personen, die nicht mehr als Arbeitnehmer gelten können, die aber unter ähnlichen wirtschaftlichen Umständen wie die Arbeitnehmer tätig sind, die Arbeitnehmerähnlichen Personen (vgl. oben S. 24).

In diesem Sinn läßt sich feststellen, daß, wenn man dem Zeitlohnvertrag den Gedingvertrag, dem Gedingvertrag den Heimarbeitsvertrag, dem Heimarbeitsvertrag den Vertrag der Arbeitnehmerähnlichen Personen und dem Vertrag der Arbeitnehmerähnlichen Personen den Unternehmervertrag gegenüberstellt, dies eine klar erkennbare *Reihe des Aufstiegs* bedeutet,[1]) dessen wesentlichstes Kennzeichen die immer stärkere *Betonung des werkvertraglichen Elements* ist.[2])

Das Allgemeine Arbeitsvertragsgesetz kann an dieser Tatsache nicht vorübergehen. Neben den *Vertrag auf Leistung von Arbeit auf Zeit* mit seinen Arten, dem Zeitlohn- und dem Gedingvertrag, ist der *Vertrag auf Herstellung von Werken oder Besorgung von Geschäften in fortlaufender Beschäftigung* und der *Vertrag auf Herstellung eines einzelnen Werks oder Besorgung eines einzelnen Geschäfts* zu stellen. Die Arbeitsverträge der Arbeitnehmer höherwertiger Arbeit, die nicht in einer Hierarchie aufsteigen, müssen in der Richtung tendieren, die vom Gedingvertrag zur fortlaufenden Beschäftigung und von der fortlaufenden Beschäftigung zur Einzelwerkherstellung und Einzelgeschäftsbesorgung führt.

Diese Entwicklungslinie ist im übrigen auch insofern von Bedeutung, als das „*Recht auf Arbeit*" in den genannten Arten des Arbeitsvertrags eine ganz verschiedene Ausprägung erfahren hat oder erfahren muß. Für den Zeitarbeitsvertrag, der im allgemeinen den Arbeitnehmer nur das Recht auf Entgeltszahlung durch Arbeitsleistung erwerben läßt, wird im Zweifel ein Recht, tätig zu werden, lediglich dann anzunehmen

---

[1]) Das Erfolgsentgelt — die Provision — kennzeichnet eine Zahlungsart, nicht eine Vertragsart. Es kann sowohl für den Zeitarbeitsvertrag — dann handelt es sich um eine Art Gedingvertrag — wie für die fortlaufende Beschäftigung wie die Einzelwerkherstellung und -Geschäftsbesorgung bedungen werden.

[2]) Das berücksichtigen meines Erachtens Sinzheimer a. a. O. S. 17, Hueck a. a. O. S. 15 und Matthaei a. a. O. S. 70 nicht, wenn sie meinen, daß der Arbeitsvertrag ein Dienstvertrag des BGB sei. Jacobi a. a. O. S. 49 stellt (ohne nähere Ausführung) fest, daß der Dienstvertrag nicht der einzige Typ des Arbeitsvertrags sei.

sein, wenn sonst eine Minderung der Leistungsfähigkeit eintreten oder Rechte und Anwartschaften entgehen würden. Für den Arbeitsvertrag auf fortlaufende Beschäftigung dagegen läßt sich darüber hinaus ein Recht, zu arbeiten, dann unterstellen, wenn für den Arbeitgeber die wirtschaftliche Möglichkeit die Arbeit zuzulassen, besteht[1]). Bei Einzelwerkherstellung und -Geschäftsbesorgung endlich steht das Recht auf Arbeit (Abnahmepflicht des Arbeitgebers vorbehaltlich Kündigungsrecht) — wie bei dem Unternehmervertrag — im Vordergrund.

Sache des Gesetzgebers des Allgemeinen Arbeitsvertragsgesetzes wird es sein:

1. die rechtlichen Möglichkeiten, die von dem Wort Arbeitsvertrag umschlossen werden, klar herauszuschälen;
2. die rechtlichen Eigenarten der verschiedenen Arten von Arbeitsverträgen sorgsam abzuwägen;
3. die Regelung im einzelnen nach den oben erörterten entwicklungsgeschichtlichen Gesichtspunkten abzustimmen.

3. In der oben gegebenen Begriffsbestimmung des Arbeitsvertrags wird im übrigen zum Ausdruck gebracht, daß es für den Begriff ohne Belang ist, ob die Arbeit „gegen Entgelt" oder „unentgeltlich" geleistet wird. Dabei ist nicht verkannt, daß schon der Kreis der Personen, aus denen sich die Arbeitnehmer rekrutieren, regelmäßig die Zahlung eines Entgelts als selbstverständlich erscheinen lassen wird. Es sollen aber mit der Einbeziehung der unentgeltlich geleisteten Arbeit die Lebensverhältnisse erfaßt werden, in denen „Arbeitnehmer" zwar unter der Voraussetzung „do ut des", aber ohne, daß das Zahlen eines Bar- oder Sachentgelts Gegenstand des Vertrags geworden wäre (Gefälligkeitsverhältnisse, Volontärvertrag, Auftrag usw.), Arbeit leisten.

4. Grundsätzlich jedoch wird der Arbeitsvertrag als gegenseitiger Vertrag aufgefaßt: Der Pflicht, Arbeit zu nehmen, steht die Pflicht, Arbeit zu geben, gegenüber. Das entspricht einem sittlichen Gesetz, hier betont dadurch, daß der Arbeitgeber der „wirtschaftlich Selbständige" und deshalb im allgemeinen der wirtschaftlich Überlegene und Stärkere ist.

Die Pflicht, Arbeit zu geben, ist dabei dahin zu verstehen, daß der Arbeitgeber Entgelt zahlt oder die Arbeitsleistung zuläßt oder Fürsorgepflichten erfüllt oder alles dies gleichzeitig leistet. Damit ist, da die Fälle unentgeltlicher Arbeitsverträge, die nicht die Verpflichtung, die Arbeit zuzulassen oder Fürsorgepflichten enthalten, nur theoretisch denkbar sind, eine allgemeingültige Pflicht, Arbeit zu geben, festgestellt.

[1]) Bewer, a. a. O. S. 704, nimmt — wohl zuweitgehend — für das geltende Recht in solchem Fall eine Beschäftigungspflicht ganz allgemein an.

c) Willkürliche Arbeitsweigerung.

1. Der Arbeitsvertrag hat sein charakteristisches Merkmal darin, daß die Arbeitskraft des Arbeitnehmers in aller Regel sein einziges Gut darstellt. Soll daraus keine tatsächliche Gebundenheit des Arbeitnehmers an seinen Arbeitsplatz sich ergeben, so kann der Gedanke des Bürgerlichen Rechts, daß eine Zurückhaltung mit der Erfüllung den Vertrag verletzt, falls nichts anderes vereinbart ist oder besondere Umstände es rechtfertigen, in das Arbeitsvertragsrecht nicht ohne weiteres übertragen, der Arbeitnehmer also nicht schlechthin vor die Unmöglichkeit gestellt werden, bei Zurückhaltung seiner Arbeitsleistung die Gefahr des Verlusts seiner Existenz zu laufen.

Dieses Problem hat die arbeitsrechtliche Wissenschaft seit längerem beschäftigt. Man hat es positiv auf die Formel gebracht, daß dem Arbeitgeber nicht die Möglichkeit willkürlicher Kündigung offenstehen können sollte[1]). In gleicher Richtung sind die Bestrebungen verlaufen, die zu §§ 84 bis 89 (90) BetrRG geführt haben.

Von anderer Seite ist unter Berücksichtigung der Notwendigkeit, den Gedanken der Gleichberechtigung von Arbeitgeberschaft und Arbeitnehmerschaft auch im Arbeitsvertragsrecht völlig durchzuführen, und mit Rücksicht auf die außerordentliche praktische Bedeutung, die die Frage der Unterbrechung der Arbeit in der Ausprägung der Arbeitskämpfe hat, der Gesichtspunkt der willkürlichen Kündigung auch auf die mißbräuchliche Arbeitsweigerung des Arbeitnehmers ausgedehnt worden[2]).

Im Hinblick auf diese Erwägungen und vor allem auf jene praktische,

---

[1]) Vgl. insbesondere Flesch, Zur Kritik des Arbeitsvertrags, Jena 1901, 2. Aufl., in Flesch-Potthoff, Privatangestellte und Arbeitsrecht, Industriebeamten-Verlag Berlin 1912, S. 31 ff. und SozPra 1910 Sp. 25 u. 449.

[2]) So Elster, Lexikon des Arbeitsrechts, Jena Fischer 1910, S. 119, für das künftige Recht. Desgleichen auch für das geltende Recht, Melsbach, SozPra 1910 Sp. 1234 und Vertragsbrüchige Streiks und Aussperrungen, S. 23 ff. Den letzteren Ausführungen schließt sich Potthoff, Probleme des Arbeitsrechts, Jena Diederichs 1912/1920, S. 119 ff., grundsätzlich an, indem er von den schweren Schädigungen der Volkswirtschaft durch Ausstände und Aussperrungen und der Erwägung ausgeht, daß das Arbeitsrecht diesen Schädigungen nicht ohne Stellungnahme zusehen könne. Insbesondere stimmt er auch (S. 121) der Erwägung zu, daß der Mißbrauch der wirtschaftlichen Macht die Anwendung des § 826 BGB für beide Vertragsteile des Arbeitsvertrags zur Folge haben müsse und erwähnt in diesem Zusammenhang besonders den Mißbrauch durch Ausübung des Koalitionsrechts. In der weiteren Folge seiner Bemerkungen verläßt er dann allerdings seinen Standpunkt insofern, als er (S. 123) die Anwendung des Begriffs der guten Sitten auf das Gebiet des Arbeitskampfs als

insbesondere wirtschaftspolitische Bedeutung der Frage rechtfertigte es sich — abweichend von der sonstigen Gliederung bürgerlichrechtlicher Rechtsgebiete —, die Frage der Arbeitsweigerung, des „Arbeitsvertrags in der Schwebe", geschlossen an einer Stelle des Allgemeinen Arbeitsvertragsgesetzes zusammenzufassen und eindrucksvoll als besonderen Teil des Gesetzes zu behandeln.

2. Wie zu 1. ausgeführt, müssen die Fälle des täglichen Lebens von dem Allgemeinen Arbeitsvertragsgesetz erfaßt werden, in denen die Arbeitsweigerung einen Mißbrauch der Macht, das Arbeitsverhältnis zu beendigen, bedeutet. Soweit dieser Mißbrauch unter Verletzung der ausdrücklichen Bestimmungen erfolgt, bedarf es keiner besonderen Maßnahmen. Anders, wenn sie sich als formell unantastbare Kündigung darstellt.

Zunächst wird hier zu erwägen sein, ob nicht das Gesetz den Gedanken des § 84 BetrRG entsprechend dem Grundsatz der Parität auch auf die „willkürliche Arbeitsweigerung" des Arbeitnehmers erstrecken und zugleich die Zahl der Fälle des § 84 BetrRG durch Aufnahme einer (paritätisch anzuwendenden) Generalklausel[1]) und durch Einfügung eines Katalogs anderer Fälle erweitern sollte, die der paritätischen Gestaltung die durch die tatsächlichen Verhältnisse der wirtschaftlich unselbständigen Arbeit bedingte Ergänzung zugunsten des Arbeitnehmers geben würden.

Sodann aber bedarf eingehender Prüfung, ob entsprechend dem Aufbau der in Frage kommenden Bestimmungen des BetrRG (vgl. insbesondere § 86/III) der Arbeitsvertrag im Fall der willkürlichen Arbeitsweigerung endigen soll oder ob man nicht nur praktischen Bedürfnissen (vgl. das unter 3. zur Frage der Arbeitskämpfe Ausgeführte), sondern auch unabweisbaren rechtlichen Folgerungen gerecht werden würde, wenn man den Arbeitsvertrag im Fall der willkürlichen Arbeitsweigerung fortbestehen ließe. In letzterer Hinsicht ist zweierlei zu berücksichtigen:

Die Pflicht aus § 242 (§ 157) BGB, den Arbeitsvertrag nach Treu und Glauben mit Rücksicht auf die Verkehrssitte zu erfüllen, enthält zugleich die Pflicht, nicht gegen Treu und Glauben ihn zu lösen, anders ausgedrückt, jedes Kündigungsrecht ist durch § 242 (§ 157) be-

bedenklich, die Überwindung des Paritätsgedankens als Voraussetzung für ein Fortschreiten auf diesem Gebiet und als Ziel einer Kündigungsbeschränkung die Beseitigung der für den Arbeitgeber bestehenden Möglichkeit mißbräuchlicher Entlassung des Arbeitnehmers bezeichnet.

[1]) Diese Generalklausel würde den Mißbrauch ganz allgemein darauf abstellen müssen, daß die Arbeitsweigerung gegen Treu und Glauben mit Rücksicht auf die Verkehrssitte, gegen die besonderen Bedürfnisse der wirtschaftlich unselbständigen Arbeit (§§ 157, 242 BGB) oder in der Absicht der Schadenszufügung gegen die guten Sitten (§ 826 BGB) erfolgt.

grenzt[1]). Das gleiche gilt aber auch für § 826 BGB: Eine deliktisch rechtswidrige Kündigung kann nicht vertraglich rechtmäßig sein, die Rechtswidrigkeit nur im Sinn einer einheitlich den Tatbeständen ihren Stempel aufdrückenden Rechtsfigur verstanden werden[2]).

Ließe man allerdings den Arbeitsvertrag nicht endigen, so würde sich die Notwendigkeit ergeben, das Recht des Einspruchs, die Möglichkeit, die Klarstellung der tatsächlichen Unterlagen der Willkürlichkeit und die Festlegung der Rechtsfolgen durch das liquide Mittel eines besonders gearteten Rechtswegs zu erreichen, auch dem Vertragsteil zu geben, der die Arbeit weigert. Dies in der Form, daß der Weigernde der unabsehbaren Fortsetzung eines unhaltbar gewordenen Arbeitsverhältnisses durch die Herbeiführung einer Art bedingten Urteils vorbeugen könnte, in dem die Bedingungen festgelegt würden, bei deren Erfüllung durch ihn der Arbeitsvertrag endigte. Im übrigen ist zu beachten, daß in Fällen willkürlicher Arbeitsweigerung — von Ausstand und Aussperrung abgesehen — regelmäßig der Wille des Weigernden, den Arbeitsvertrag zu beendigen zu vermuten ist, auch wenn eine Kündigung nicht ausdrücklich ausgesprochen[3]) ist. Im Zweifel sind also die etwaigen Kündigungsfristen in Lauf gesetzt und der Vertrag endigt, sobald die „Willkür" weggefallen ist.

3. Der praktisch wichtigste Fall der willkürlichen Arbeitsweigerung ist wenn sie zum Zweck des Arbeitskampfs, in Gestalt eines Ausstands oder einer Aussperrung[4]) also, erfolgt. Für sie gilt in doppelter Hinsicht Besonderes.

Beide sind einerseits schlechthin ihrer regelmäßigen Natur nach vorübergehende Zustände. Weder kann der streikende Arbeitnehmer auch nur eine längere Spanne Zeit seine einzige Existenzmög-

---

[1]) Vgl. Melsbach, SozPra 1910 Sp. 1235 und Vertragsbrüchige Streiks und Aussperrungen S. 27 u. 28; Grundsätzlich zustimmend Potthoff, Probleme des Arbeitsrechts S. 121, neuerdings auch Bewer a. a. O. S. 704 und Groh, Koalitionsrecht, Mannheim/Berlin/Leipzig Bensheimer 1923, S. 100.

[2]) Vgl. Melsbach, SozPra 1910 Sp. 1238 und Vertragsbrüchige Streiks und Aussperrungen S. 35. Zustimmend Bewer a. a. O., der dies hinsichtlich des Arbeitnehmers auch aus § 84/I Nr. 4 BetrRG folgert (vgl. auch Bewer, das Recht auf Beschäftigung, NZfA 1921 Sp. 37), und Groh a. a. O. Zu demselben Ergebnis führte folgerichtig die Auffassung von einem in § 826 liegenden allgemeinen Kontrahierungszwang, vgl. Nipperdey, Kontrahierungszwang, Jena Fischer 1920, S. 53 und die dort S. 62 angeführten Entscheidungen.

[3]) Vgl. auch RGZ 62, 66.

[4]) Über die Begriffe vgl. Melsbach, Vertragsbrüchige Streiks und Aussperrungen, S. 3 ff. und unten S. 160.

lichkeit auszunutzen unterlassen noch ist der ausgesperrte Arbeitnehmer auf die Dauer ersetzbar. Die Absicht also, sowohl der Ausständigen wie der Aussperrenden, ist in aller Regel von vornherein, die Unterbrechung der Arbeit zu einer möglichst kurzen zu machen, und es ist, wenn es sich bei Ausstand und Aussperrung um die Durchsetzung von Wünschen handelt, die vom Gegner erfüllt werden sollen, der Wille des Angreifers zu vermuten, nach Erfüllung der Wünsche mit dem Gegner das Arbeitsverhältnis fortzusetzen, den Arbeitsvertrag also nicht zu beendigen.

Das Bedürfnis, klaren Rechtszuständen gegenüberzustehen, andererseits verlangt nicht zwingend, daß der bestehende Arbeitsvertrag zunächst einmal sein Ende finde, um bei Wiederaufnahme der Arbeit oder Wiedereinstellung des Arbeitnehmers in einem neuen Arbeitsvertrag erneuert zu werden. Vielmehr würde es dem nach dem soeben Ausgeführten zu vermutenden Wunsch der Beteiligten und dem dringenden Bedürfnis, nicht alle die Rechtsbeziehungen, die in mittelbarer Verknüpfung mit dem Arbeitsvertrag stehen[1]), ohne Not oder gar völlig zwecklos zu zerreißen, entsprechen, wenn man de lege ferenda den Arbeitsvertrag bei Ausstand und Aussperrung unter bestimmten Kautelen nicht endigen, sondern, ohne daß der Vertrag verletzt würde, in der Schwebe bleiben ließe. Diese Kautelen würden auf die Formel zu bringen sein, daß alle Erfordernisse einer rechtsgültigen Kündigung gegeben sein müßten, es also lediglich an dem Willen des Angreifers fehlte, diese Kündigung auch ausdrücklich auszusprechen (vgl. auch unten S. 165).

Hier nun hätte einerseits das besondere Arbeitskampfrecht einzusetzen, das Arbeitskämpfe unter bestimmten Voraussetzungen würde zu verhindern suchen müssen (vgl. unten S. 164): Ein „verbotener" Arbeitskampf könnte auch keine rechtsgültige Kündigung bedeuten. Andererseits ergäbe sich die Notwendigkeit, die formell unantastbare Kündigung (und also die formell unantastbare Arbeitskampfansage) dann nicht zuzulassen, wenn sie einen Mißbrauch der tatsächlichen Machtverhältnisse im zu 2. erörterten Sinn bedeutete.

d) Die Berücksichtigung der Bedürfnisse der Arbeit.

Die Entwicklung der Rechtsanschauungen bedingt für die Verhältnisse der Arbeit eine Ergänzung der in §§ 138, 157, 162, 242, 320, 815,

---

[1]) Z. B. Sozialversicherung, Entgelts- und Werkswohnungen, Arbeitslosenfürsorge bzw. -Versicherung usw.

817, 826 BGB geschehenen Anerkennung von „Treu und Glauben“ und den „guten Sitten“ als rechtlich bedeutsamer Faktoren. Das Allgemeine Arbeitsvertragsgesetz wird diesen Gesichtspunkt wie für die Regelung der „willkürlichen Arbeitsweigerung“ (vgl. oben S. 62) so auch sonst verwerten müssen, indem es die Regeln der §§ 157 und 242 BGB ganz allgemein dahin ergänzt, daß es nicht nur die Forderungen von Treu und Glauben, sondern auch diejenigen der „besonderen Bedürfnisse der wirtschaftlich unselbständigen Arbeit“ für die Auslegung des Inhalts und Umfangs des Arbeitsvertrags und die Beurteilung der Art seiner Erfüllung entscheidend werden läßt.

e) Das Gedinge[1]).

Die Arbeit im Gedinge (Stücklohn, Akkord) sichert dem Arbeitgeber eine stetige und angespannte Tätigkeit des Arbeitnehmers besser als die Arbeit im Zeitlohn. Zugleich gestattet sie dem Arbeitnehmer, durch Aufbieten seines Könnens das Mögliche zu leisten. Beides macht das Gedinge zur bevorzugten Arbeitsform qualifizierter Arbeit. Für das Allgemeine Arbeitsvertragsgesetz muß sie deshalb ein Gegenstand besonderer Aufmerksamkeit werden (vgl. auch oben S. 59)[2]).

Daß Arbeit im Gedinge geleistet wird, bedeutet, daß das Arbeitsentgelt nach dem „lohnmessenden“ — entsprechend der von Lotmar[3]) vorgeschlagenen Bezeichnung — Arbeitsergebnis gezahlt wird. Nach der richtigen und herrschenden Ansicht ist dabei die Gedingarbeit, wenn nicht anderes vereinbart ist, Arbeit auf Zeit. Sie verpflichtet nicht zur Herstellung von Werken oder Besorgung von Geschäften, sondern geht auf die Arbeitsleistung in einer bestimmten Zeit. Lediglich die Berechnung des Entgelts ist auf das Arbeitsergebnis abgestellt, in dem Sinn, daß dem Arbeitnehmer ein bestimmtes Zeitentgelt gesichert ist, sofern er eine bestimmte Anstrengung leistet, und daß die Vereinbarung der Vergütung jeweils nur für die einzelne Menge der im Gedinge zu leistenden Arbeit erfolgt[4]).

Während also grundsätzlich alle für die Arbeit auf Zeit zu treffenden

---

[1]) Vgl. Melsbach, Vertragsbrüchige Streiks und Aussperrungen, S. 44/5.

[2]) Vgl. den Entwurf Wölbling GewKaufmG 1910, Heft 12 („Vorschläge zur Abänderung des VII. Titels der Gewerbeordnung zwecks Regelung der Gedingearbeit“).

[3]) Der Arbeitsvertrag, Leipzig Duncker & Humblot 1902/1908.

[4]) Ähnlich Wölbling: Der Akkordvertrag und der Tarifvertrag, Berlin Guttentag 1908, S. 99. Vgl. auch Wölbling, Zum Recht der Akkordarbeit, RABl 1922 S. 543*.

Vorschriften auch für die Arbeit im Gedinge gelten, soweit sie nicht die Entgeltberechnung nach Zeit betreffen, ist andererseits Vorsorge zu treffen, daß die Entgeltberechnung im Gedinge die Arbeitnehmer nicht schädigt. Dem Arbeitgeber ist die Möglichkeit, sich von einem Gedinge freizumachen, das er in der irrigen Voraussetzung bestimmter Fähigkeiten des Arbeitnehmers geschlossen hat, durch § 119/II BGB (Anfechtung wegen Irrtums) gewährleistet. Entsprechendes gilt für einen Irrtum des Arbeitnehmers. Das Gesetz wird abweichend hiervon Rechtsbehelfe vorzusehen haben, die eine Endigung des Arbeitsvertrags in diesen Fällen entbehrlich machen (Fortbestehen des Arbeitsvertrags als Zeitentgeltsvertrag — Änderung des Gedinges). Darüber hinaus aber muß der Arbeitnehmer dagegen geschützt werden, daß ein Arbeitsergebnis, wie es erwartet war und erwartet werden durfte, nicht erzielt wird, obwohl er unter Anspannung seiner Kräfte und hinsichtlich der Art der Arbeit wie vereinbart oder üblich tätig gewesen ist. Es wird vorzusehen sein, daß in diesem Falle von dem Arbeitgeber das vereinbarte Entgelt zu zahlen ist. Gegebenenfalls ließe sich erwägen, statt dessen die Zahlung eines bestimmten „Grundlohns" festzulegen. Daß die Gedingberechnung selbst angemessen ist, dafür wird der Gesetzgeber (über den Fall der Anfechtung wegen Irrtums hinaus) nicht sorgen können. Das ist Sache der Entschließungen der Vertragsparteien und der Tarifverträge.

Da die Arbeit im Gedinge ihrem Wesen nach Arbeit auf Zeit ist, endigt der Arbeitsvertrag nach den Regeln des Zeitarbeitsvertrags. Kann jedoch nach der Art der Arbeit das Gedingentgelt für einen Teil der Arbeit nicht gesondert, sondern erst dann festgestellt werden, wenn die ganze Arbeit, für die das Gedinge vereinbart ist, geleistet ist, so wird es eine Frage der Auslegung sein, ob der Arbeitsvertrag in diesem Fall nicht erst nach völliger Ausführung der betreffenden Arbeit endigt. Die Pflicht zur Fertigstellung begonnener Arbeitsstücke kann (mit zeitigen Kautelen) daneben festgelegt werden.

Das Gedinge wird häufig mit einer Mehrheit von Arbeitnehmern vereinbart (Gruppengedinge, Kolonnenakkord). Hier ist das Moment des in der Gedingarbeit verkörperten Aufstiegs des Arbeitnehmers (vgl. oben S. 59) besonders charakteristisch betont. Für dieses Gruppengedinge bedarf es Bestimmungen, die die Beziehungen der Mitglieder der Gruppen regeln (Gesellschaft) und die ein bestimmtes Vertretungsrecht des Gruppenführers und die Möglichkeit von Veränderungen in der Zusammensetzung der Gruppe vorsehen.

Ein Arbeitsvertrag kann im übrigen sowohl ausschließlich auf Gedingarbeit eingestellt sein als auch Geding- und Zeitentgeltarbeit (nach Bedarf, Bestimmung des Arbeitgebers oder Wahl des Arbeitnehmers) umfassen. Im ersteren Falle ergeben sich einzelne Besonderheiten, die zum Teil zweckmäßig gesetzlich zu regeln sind.

C. Anhang.

Schwerbeschädigte; Einstellung und Entlassung; Betriebsabbrüche und Stillegungen.

Das Gesetz zur Änderung des Gesetzes über die Beschäftigung Schwerbeschädigter vom 6. 4. 1920 (RGBl S. 458) vom 23. 12 1922 ist RGBl S. 972 veröffentlicht, der Entwurf eines Gesetzes über den Abbruch und die Stillegung gewerblicher Betriebe und über die Streckung der Arbeit (Stillegungsgesetz), das an die Stelle der Verordnungen vom 12. 2. 1920 (RGBl S. 218) und vom 8. 11. 1920 (RGBl S. 1901) treten soll, RABl 1922 S. 599 abgedruckt. Beide Gesetze — das letztere, soweit es von dauerndem Gehalt ist — werden in das Arbeitsgesetzbuch, und zwar richtig wohl buchtechnisch als Anhänge zum Allgemeinen Arbeitsvertragsgesetz, aufzunehmen sein.

2. Allgemeines Angestelltengesetz.

A. Leitende Gesichtspunkte.

a) Notwendigkeit eines Angestelltengesetzes.

Die Sondervorschriften für Angestellte des Arbeitsgesetzbuchs werden nicht zahlreich sein (vgl. das oben S. 34 Ausgeführte). Gleichwohl ergibt sich aus der sozialen Tatsache der Gliederung der Arbeitnehmerschaft in Arbeiter und Angestellte und der besonders gearteten physiologischen und psychologischen Einwirkungen der Angestelltenarbeit auf die körperliche Verfassung dieser Arbeitnehmer notwendig das Bedürfnis, in einzelnen Beziehungen sonderarbeitsrechtliche Bestimmungen zu treffen.

1. Die soziale Gliederung der Arbeitnehmerschaft ist bisher für die Gestaltung des Arbeitsrechts maßgebend gewesen und wird dies grundsätzlich auch in Zukunft bleiben müssen, soweit nicht die Notwendigkeit, einheitliches Arbeitsrecht in dem oben S. 33 ff. behandelten Sinne zu schaffen, hier zu Korrekturen gegenüber der bisherigen rechtlichen Gestaltung und zu einer in grundsätzlicher Beziehung neuen Einstellung gegenüber dem Problem des Angestelltenrechts zwingt. Der Gesichtspunkt der besonderen physiologischen und psychologischen Auswirkung der Angestelltenarbeit jedoch ist in der bisherigen Gesetzgebung stiefmütterlich behandelt worden.

Allerdings ist nicht zu verkennen, daß eine Reihe von Sondervorschriften für Angestellte im geltenden Arbeitsrecht letzten Grundes auf die Berücksichtigung insbesondere der besonderen physiologischen Wirkungen zurückzuführen ist (vgl. z. B. § 139a GewO, §§ 2, 7 der VO über die Regelung der Arbeitszeit der Angestellten während der Zeit der wirtschaftlichen Demobilmachung vom 18. 3 1919). Für die Neuregelung des Angestelltenrechts wird diesem Moment entscheidende Bedeutung beizumessen sein. Es leuchtet schon dem Sachunkundigen ein, daß die Handarbeit, die typische Arbeit des Arbeiters, dem natürlichen Bedürfnis des Körpers nach Bewegung adäquat ist, während die Kopfarbeit, die typische Angestelltenarbeit, soweit sie, wie das normalerweise der Fall ist, in sitzender Lebensweise ausgeübt wird und deshalb diesem Bedürfnis nicht genügt, den Körper ungünstig beeinflussen muß. Ebenso, daß die einseitige Beanspruchung des Muskelsystems oder aber des Gehirns physiologisch[1]) und die Beschäftigung mit körperlichen Dingen oder aber mit abstrakten Gedankengängen psychologisch jeweils ganz verschiedene Wirkungen äußern muß.

2. Damit ist zugleich das Erfordernis eines besonderen Angestelltengesetzes dargetan. Es läßt sich zwar theoretisch die Möglichkeit behaupten, in einem Allgemeinen Arbeitsvertragsrecht und einem Allgemeinen Arbeitsschutzrecht (vgl. auch oben S. 49 Anm. 1) zugleich die für Arbeiter und Angestellte verschieden zu behandelnden Bestimmungen zu treffen. Durchführbar ist es nicht. So würde es offensichtlich sozial unmöglich sein, daß ein und dasselbe Gesetz den Angestellten einen bestimmten Urlaub zusicherte und den Arbeitern nicht oder daß Unterschiede in der Urlaubsbemessung gemacht würden. Eine Übersicht über die tarifliche Regelung zeigt, daß den Angestellten erheblich längere Urlaubszeiten als dem Arbeiter zugestanden werden[2]). Mit Rücksicht auf die physiologisch ungünstigen Wirkungen der Angestelltenarbeit zu Recht. Das läßt sich von dem Gesetzgeber wohl übersehen. Der einzelne Arbeiter aber muß die Gegenüberstellung in zwei aufeinanderfolgenden Paragraphen als aufreizend empfinden.

Daß es andererseits auch nötig wäre, ein besonderes „Arbeitergesetz“ zu schaffen, ist wie hinsichtlich des Allgemeinen Arbeitsvertragsrechts (oben S. 53) bereits ausgeführt ist, zu verneinen. Vielmehr dürfte der Weg der richtige sein, in dem Allgemeinen Arbeitsvertragsrecht (-Schutzrecht) zugleich auch das (Allgemeine) Arbeitervertragsrecht(-Schutzrecht) mit zu regeln, wie dies oben des näheren erörtert ist.

---

[1]) Vgl. Hellpach, Die Ernährung bei geistiger Arbeit, Roter Tag 23. 9. 1922.

[2]) Vgl. RABl 1921 S. 1079.

b) Einheitliches Angestelltenrecht.

Ein Allgemeines Angestelltengesetz wird für alle Arten von Angestellten — horizontal gegliedert gedacht — einheitliches Recht geben müssen.

Bei dieser Forderung ist keineswegs unberücksichtigt geblieben, daß große Teile der Angestellten, sei es auf Grund historischer Entwicklung, sei es mit Rücksicht auf innere Verschiedenheiten der sozialen Stellung, der Art der Tätigkeit usw. oder sei es endlich rein äußerlich, sich als besondere Gruppen und Arten von Angestellten betrachten, wie dies auch bisher in einer einschneidenden Differenzierung des Rechts zum Ausdruck gekommen ist. Es ist dabei auch nicht verkannt, daß eine solche Differenzierung des Rechts und die dadurch mitbedingte Absonderung der einzelnen Arten der Angestellten psychologische Momente von nicht zu unterschätzender Tragweite insofern bedeuten, als sie geeignet sind, einen Wetteifer zwischen den einzelnen Arten und das Bestreben derjenigen Gruppen, die sich zurückgesetzt fühlen, hervorzurufen, die Gleichstellung mit den höher qualifizierten Gruppen durch gleichwertige Leistungen usw. zu rechtfertigen.

Die Entwicklung der wirtschaftlichen Verhältnisse hat es jedoch mit sich gebracht, daß die den Begriff der Angestelltenschaft verkörpernden Teile der Bevölkerung, was die horizontale Gliederung betrifft, weitgehend hinsichtlich der Vorbildung, der Art und Wertung der Arbeit, der Höhe der gezahlten Vergütungen und der sozialen Stellung einander angenähert worden sind. Diese Tatsache kommt in der im wesentlichen einheitlichen und geschlossenen Angestelltenbewegung zum Ausdruck. Es ist auch weder in den tatsächlichen Verhältnissen noch in einer verschiedenen gedanklichen Einstellung der Beteiligten heute noch begründet, daß z. B. die kaufmännischen Angestellten in den für den Wettbewerb nach beendigtem Arbeitsvertrag geltenden Bestimmungen anderes Recht als die technischen Angestellten haben, und es kann auch nicht mehr als gerechtfertigt erscheinen, daß die Angehörigen der (in den Spezialgesetzen) nicht benannten Berufe der Regelung der §§ 611ff. BGB unterstehen, während die historisch älteren Gruppen von Angestellten mit heute im wesentlichen gleichliegenden Arbeitsverhältnissen eine bis ins einzelne spezialisierte Berücksichtigung gefunden haben.

Die neuere Reichsgesetzgebung hat deshalb mit Recht bereits in dem Versicherungsgesetz für Angestellte vom 20. 12. 1911 (RGBl S. 989) bewußt den Weg einer einheitlichen Behandlung aller Arten von Angestellten beschritten und diesen Gesichtspunkt betont in den seit Kriegsende erlassenen Gesetzen usw. zum Ausdruck gebracht. Ebenso wird also die Einheitlichkeit der Idee des Angestelltentums (und damit zusammenhängend auch die Notwendigkeit der praktischen Gestaltung des Rechts) fordern, daß das kommende Angestelltenrecht ein einheitliches Recht ist.

Eine solche Vereinheitlichung des Angestelltenrechts schließt naturgemäß nicht aus, daß einzelne Bestimmungen, je nach den Verhältnissen des betreffenden Berufs, auf bestimmte Arten von Angestellten rein tatsächlich keine Anwendung finden werden (vgl. z. B. die Vorschriften über das Erfinderrecht, das Verbot des Wettbewerbs bei laufendem Arbeitsvertrag und das Kinderarbeitsschutzrecht). Dadurch wird jedoch nicht gerechtfertigt, insoweit ein Sonderrecht für bestimmte Berufe zu schaffen. Dies schon aus der Erwägung heraus, daß die Anwendbarkeit derartiger Berufsbestimmungen auch auf die Arbeitsverhältnisse der übrigen Angestellten immerhin meist im Bereich der Möglichkeit liegt und vorhandenes Recht nicht schädlich ist, soweit die tatsächlichen Verhältnisse nicht die Notwendigkeit ergeben, von ihm Gebrauch zu machen. Andererseits bedeutet eine Vereinheitlichung des Angestelltenrechts naturgemäß nicht, daß nicht in Sonderarbeitsgesetzen technisch notwendige Sondervorschriften getroffen werden können.

B. Grundsätzliche Fragen.

a) Der Begriff des Angestellten.

In dem Angestellten ist derjenige Arbeitnehmer zu sehen, der ausschließlich oder vorwiegend Kopfarbeit leistet. Es ist dies des Näheren oben S. 19 behandelt. Dort ist auch ausgeführt, daß eine Stelle zu schaffen sein wird, die zur Entscheidung von Zweifeln über die Angestellteneigenschaft ausschließlich zuständig ist.

b) Allgemeines Angestelltenrecht — Recht der Leitenden Angestellten.

Wie zu A. b) erörtert, ergibt eine Prüfung der Verhältnisse der verschiedenen Arten von Angestellten, daß, soweit ihre horizontale Gliederung in Frage steht, ein Sonderrecht für bestimmte Arten von Angestellten nicht in Betracht kommen kann.

Anderes gilt jedoch für die sogenannten „Leitenden Angestellten“. Hier stehen sich innerhalb der Kreise der Beteiligten zwei Ansichten gegenüber. Die Vereinigung der Leitenden Angestellten in Handel und Industrie E. V. (Berlin) geht von dem Gedanken der sozialen Dreischichtung des Arbeitnehmertums aus: Arbeiter, Ausführendtätige Angestellte, Leitende Angestellte. Danach sind Leitende Angestellte (vgl. Schäfer, Deutsche Bergwerkszeitung vom 4. 1. 1922 Nr. 3): „Arbeitnehmer, welche unter persönlicher Verantwortung für eigene Arbeit und für die Arbeit unterstellter Arbeitnehmer auf Grund besonderer geistiger Befähigung und besonderer beruflicher Ausbildung ein in der Hauptsache von eigenem Entschlusse und selbständigem Urteil abhängende, leitende, anweisende, planmäßig entwerfende oder wissenschaftlich prüfende Tätigkeit ausüben, aber auf Grund des Anstellungsverhältnisses kein Verfügungsrecht hinsichtlich der Verwaltung der Produktionsmittel und der Verteilung des Produktionsergebnisses der anstellenden Unternehmen haben". Die gegenteilige Ansicht sieht in dem Leitenden Angestellten den Arbeitnehmer mit Arbeitgeberfunktionen. Danach sind Leitende Angestellte (vgl. Höfchen, Arbeitsrecht 1921, Heft 11): „Arbeitnehmer, welche entweder als gesetzliche Vertreter eines Unternehmens dessen Leitung verkörpern oder sonst an der Leitung eines Unternehmens mit beschließender Stimme beteiligt sind oder als Leiter selbständiger Abteilungen eines Unternehmens (wie Tochtergesellschaften, Filialen) oder in anderer Dienststellung derart Arbeitgebertätigkeit ausüben, daß sie, von Ausnahmefällen abgesehen, über Auswahl der zu beschäftigenden Arbeitnehmer, über Arbeitsbedingungen und Entlohnungshöhe nach eigenem Ermessen zu entscheiden oder mit zu entscheiden haben, also in einer Person sowohl Arbeitnehmer wie Arbeitgeber sind".

Nach der ersteren Auffassung ist das gesamte Arbeitsrecht im Interesse der Leitenden Angestellten auf die Notwendigkeit von Sondervorschriften für diese nachzuprüfen. Nach der Gegenansicht muß lediglich da, wo die Arbeitgeberfunktionen der Leitenden Angestellten die Gefahr einer Beeinträchtigung der Interessen der übrigen Arbeitnehmer begründen, in deren Interesse Vorsorge getroffen werden, daß die Leitenden Angestellten nicht mit den übrigen Arbeitnehmern vermischt werden.

Jene fordert neben wenigen arbeitsvertrags- und arbeitsschutzrechtlichen Sonderbestimmungen (insbesondere hinsichtlich der Arbeitszeit), insbesondere eigene Betriebsvertretungen und arbeitsgerichtliche und schlichtungsrechtliche Gremien. Die Gegenansicht wünscht lediglich die Leitenden Angestellten aus den Betriebsvertretungen auszuschalten und in Arbeitsgericht und Schlichtungsamt auf Arbeitgeberseite zu sehen, lehnt dagegen im übrigen ein Sonderrecht für Leitende Angestellte ab.

1. Man wird das Vorhandensein einer Gruppe von Arbeitnehmern, für die als „Leitende Angestellte" jeweils Sondervorschriften erforderlich

sind, in dem Sinne anerkennen[1]) müssen, daß die Ausübung von Arbeitgeberfunktionen einen wertvollen Beurteilungsmaßstab bildet, daß aber das Wesen des Leitenden Angestellten in der Ausübung einer für die Verfolgung der Zwecke des Betriebs entscheidenden Tätigkeit auf Grund seiner besonderen Befähigung oder Vorbildung oder aus sonstigen Gründen zu erblicken ist. Wie der Kreis dieser Leitenden Angestellten abzugrenzen ist und inwieweit Sondervorschriften für sie nötig sind, wird vielfach noch der Praxis zu überlassen sein. Dabei wird erhebliches Gewicht der Tatsache beigemessen werden müssen, daß die Entwicklung, namentlich hinsichtlich der soziologischen Anerkennung der Leitenden Angestellten als einer besonderen Arbeitnehmergruppe, so klar erkennbar ihr Lauf auch zutage liegt, vorerst noch nicht abgeschlossen ist. An Sondervorschriften lassen sich zur Zeit solche hinsichtlich der Anstellung auf Probe, der Arbeitsordnung, der Arbeitszeit, der Kündigung des Arbeitsvertrags, des Arbeitsschutzrechts, Arbeitstarifrechts, Betriebsvertretungsrechts, Schlichtungsrechts und Arbeitsgerichtsrechts denken.

2. Der Gedanke des § 12/II BetrRG insbesondere wird nach zwei Richtungen hin der Erörterung bedürfen.

Einerseits sind unter den „Betriebsleitenden Angestellten" alle Stellvertreter des Arbeitgebers einzubegreifen. Es führte dies etwa zu folgender Begriffsbestimmung:

„Betriebsleitende Angestellte sind die Vorstandsmitglieder und gesetzlichen Vertreter von juristischen Personen und Personengesamtheiten des öffentlichen und privaten Rechts und diejenigen Leitenden Angestellten, die auf Grund einer vom Arbeitgeber erteilten Ermächtigung den übrigen Arbeitnehmern gegenüber ganz oder teilweise die Stellung des Arbeitgebers einnehmen, indem sie zur selbständigen Einstellung oder Entlassung der übrigen Arbeitnehmer des Betriebs oder der Betriebsabteilung oder zur selbständigen Leitung ihrer Tätigkeit bestellt sind."

Andererseits ist der Grundsatz festzulegen, daß die Betriebsleitenden Angestellten von allen Arbeitnehmervertretungen ausgeschlossen sind — von Ausnahmen für Arbeitsgerichte und Schlichtungsstellen insoweit abgesehen, als es sich um Streitigkeiten handelt, in denen nicht Untergebene der Betriebsleitenden Angestellten beteiligt sind. Dabei sind die Vorstandsmitglieder und gesetzlichen Vertreter von juristischen Personen

[1]) So wohl auch Hedemann, Grundzüge des Wirtschaftsrechts, S. 23. Vgl. übrigens Spengler, Der Untergang des Abendlandes, Bd. II, München Beck 1922, S. 618.

usw. als Betriebsleiter kraft eigenen, die übrigen als Betriebsleiter kraft fremden Rechts gedacht[1]).

3. Spätere Sorge kann es dann sein, ob das Sonderrecht für die Leitenden Angestellten bei den einzelnen in Frage kommenden Vorschriften der Allgemeinen Bestimmungen jeweils besonders geregelt, oder aber in einem Teil des Angestelltengesetzes zusammengefaßt wird. Man wird richtig den letzteren Weg wählen, teils der Übersichtlichkeit wegen, teils weil damit auch der Bedeutung dieser Führer unserer Wirtschaft äußerlich Ausdruck gegeben wird.

3. Allgemeines Lehrlingsgesetz.

A. Die Fragestellung.

Eine gesetzliche Regelung des Verhältnisses des in der Ausbildung begriffenen beruflichen Nachwuchses zu den Personen, die ihn zum Zwecke der Ausbildung beschäftigen, ist bisher lediglich in der GewO für die gewerblichen Lehrlinge (§§ 126—132a), und zwar vor allem für die Lehrlinge des Handwerks (§§ 129—132a), und im HGB (§§ 76—82) für die Handlungslehrlinge enthalten — von einzelnen Sonderbestimmungen in anderen Gesetzen und Verordnungen abgesehen.

Aus diesem Grunde und weil die Umgestaltung der Wirtschaft im Zeitalter der Maschine den weitaus größten Teil dieses Nachwuchses zum Nachwuchs des Arbeitnehmertums hat werden lassen, weil hier also dessen Geschicke für die nächste Generation mit entschieden werden, drängt die Frage des Lehrlingswesens wie wenig andere zu einer umfassenden Regelung und Neuregelung. Daß eine gesetzliche Regelung Teil des Arbeitsgesetzbuchs werden muß, liegt in dem zweiten Gesichts-

---

[1]) Einer besonderen Behandlung bedarf die Frage der Betriebsleiter kraft eigenen Rechts noch insofern, als seitens der „Direktoren" der Gedanke vertreten wird, daß ihr Vertragsverhältnis zu den juristischen Personen, deren gesetzliche Vertreter sie sind, nicht auf einem Arbeitsvertrag beruhe, sondern ein zwischen zwei wirtschaftlich Selbständigen vereinbartes Tätigkeitsverhältnis bedeute. Die Entwicklung ist auch hier noch nicht abgeschlossen. Allein, wenn man nicht die Entscheidung auf die Größe des Unternehmens abstellen will, weil dieser Beurteilungsmaßstab zu unsicher ist (der Leiter einer großen Aktiengesellschaft kann allerdings eine von der des Geschäftsführers einer kleinen Gesellschaft m. b. H. tatsächlich sehr verschiedene Stellung einnehmen), so kann auch hier nur entscheiden, ob die Verkehrsanschauung das Verhältnis in abstracto als Arbeitsverhältnis betrachtet. Diese Frage dürfte zur Zeit zu bejahen sein (vgl. Reichsfinanzhof NZfA 1922 Sp. 582).

punkt begründet. Daß damit gleichzeitig die Ausbildung eines Hauptteiles des Nachwuchses des Unternehmertums erfaßt wird, wird diesem nicht zum Schaden gereichen.

In dem Kampf der Meinungen über die Art der Regelung lassen sich drei äußerlich scharf getrennte Ansichten unterscheiden. Der überwiegende Teil der Arbeitgeberschaft sieht in dem Lehrvertrag den Erziehungsvertrag, die Arbeitnehmerschaft im allgemeinen dagegen den Arbeitsvertrag, während eine sich auf der Mittellinie bewegende Ansicht (in der Hauptsache die der Nichtbeteiligten, aber auch eines Teils der großbetrieblichen Arbeitgeber und der kleinbetrieblichen Arbeitnehmer) in ihm sowohl einen Erziehungsvertrag als auch einen Arbeitsvertrag erkennt und dann das Hauptgewicht bald auf das eine, bald auf das andere legt.

Diese Verschiedenartigkeit der Standpunkte liegen zum Teil in Weltanschauungen und begreiflichen Egoismen begründet. Zum Teil ist der Grund aber auch darin zu suchen, daß man auf der einen Seite mehr den Kleinbetrieb im Auge hat, wie er früher die ausnahmslose Regel bildete, in dem der Unternehmer selbst der Lehrmeister ist und in seine Ausbildung alle die unwägbaren Momente persönlicher und erzieherischer Einwirkung legen kann, die für den jüngeren Menschen besonders wertvoll sind, und daß man auf der anderen Seite ganz auf die unpersönliche, rein sachlich wertvolle Ausbildung im Großbetrieb eingestellt ist.

Diese anscheinend tiefgreifenden Meinungsverschiedenheiten und tatsächlichen Unterschiede konnten es als zweifelhaft erscheinen lassen, ob eine gesetzliche Regelung in einem umfassenden Allgemeinen Lehrlingsgesetz überhaupt in Frage kommen kann.

Allein so notwendig es ist, den verschiedenartigen Bedürfnissen der einzelnen Berufe und Gewerbe und auch der Groß- und Kleinbetriebe, sei es durch ausdrückliche Vorschriften, sei es, indem der Landesgesetzgebung, der Arbeitsselbstverwaltung und der Freiheit der Selbstregelung durch die Beteiligten Spielraum gelassen wird, gerecht zu werden, so können doch eine Reihe von Regeln allgemeiner Gültigkeit für das gesamte Lehrlingswesen zwingend oder dispositiv gegeben werden (z. B. Schriftform des Lehrvertrags, Ausbildungspflichten und Erziehungsrecht des Lehrmeisters, Dauer der Lehrzeit, Berufs- und Fachschulpflicht, häusliche Gemeinschaft, zuständige Organe der Selbst- und der Staatsverwaltung usw.). Vor allem aber muß die Notwendigkeit, einheitliches Arbeitsrecht zu schaffen, auch hier betont werden.

Der Gegensatz der Ansichten zudem ist nicht mehr so unüberbrückbar, wie es scheinen möchte.

Der in Verfolg der Beschlüsse des zehnten Kongresses der freien Gewerkschaften Deutschlands in Nürnberg vom Juli 1919 ins Leben getretene „Ausschuß zur Regelung des Lehrlingswesens" hat am 7. 1. 1920 als eines der Ergebnisse der Beratungen seines Unterausschusses I (Gesetzgebung) festgestellt, daß der Lehrvertrag in erster Linie nicht Arbeits-, sondern Erziehungsvertrag sein müsse[1]). Ähnlich hat der von der Zentralarbeitsgemeinschaft der industriellen und gewerblichen Arbeitgeber und Arbeitnehmer auf Antrag der Gewerkschaften mit der Ausarbeitung von Leitsätzen zur Neuordnung des Lehrlingswesens beauftragte Ausschuß am 11. 2. 1921 den Grundsatz aufgestellt, der Lehrvertrag begründe kein reines Arbeitsverhältnis[2]).

In der gleichen Richtung der Verständigung bewegt sich die Entschließung II 4/II des 22. Deutschen Handwerks- und Gewerbekammertags vom 27. bis 29. 3. 1922 in Braunschweig[3]), wonach die paritätische Regelung des Lehrlingswesens in Übereinstimmung mit den auf der dritten Vollversammlung des Reichsverbands des Deutschen Handwerks zu Bayreuth 1921 aufgestellten Grundsätzen den Berufskammern als deren Hauptaufgabe zu überweisen ist. (Die letzteren sollen nach der Entschließung II, 3 aus den Handwerks- und Gewerbekammern und den Gesellenkammern, die der „Entwurf eines Gesetzes über die Berufsvertretung des Handwerks und Gewerbes" des genannten Reichsverbandes in Vorschlag bringt, auf paritätischer Grundlage gebildet werden.)

B. Leitende Gesichtspunkte.

a) Ein Allgemeines Lehrlingsgesetz.

Es wird somit zunächst festgestellt werden können, daß die gesetzliche Regelung des Lehrlingswesens von dem Gedanken eines „Allgemeinen Lehrlingsgesetzes" ausgehen muß.

1. Das ist einmal in der Weise zu verstehen, daß die berufliche Ausbildung schlechthin, soweit sie im Beschäftigungsverhältnis stattfindet, Gegenstand der Regelung sein wird. Grundsätzlich sind somit auch alle die Verhältnisse zu erfassen, für die bisher Vorschriften nicht bestanden haben, also einschließlich z. B. der Landwirtschaft und des Hausgehilfenverhältnisses. Wo die Dinge noch nicht reif dazu zu sein scheinen, könnten entsprechende Übergangsbestimmungen vorgesehen und der Landesgesetz-

---

[1]) Vgl. Niederschrift aus der Sitzung des Ausschusses vom 7. 1. 1920 S. 2.

[2]) Vgl. Wirtschaftliche Nachrichten aus dem Ruhrbezirk 1921 S. 651.

[3]) Vgl. Das badische Handwerk 1922 Nr. 15.

gebung, der Selbstverwaltung und der Selbstregelung der Beteiligten die Einzelheiten überlassen werden.

Nicht dagegen sollte Gegenstand des Allgemeinen Lehrlingsgesetzes auch das Beschäftigungsverhältnis der „Jugendlichen Arbeitnehmer" sein. Hier handelt es sich nicht um einen Ausbildungsvertrag, sondern um einen reinen Arbeitsvertrag. Es fehlen alle die Besonderheiten, die das Wesen des Lehrvertrags ausmachen (vgl. unten b). Der Eigenart der Jugendlichenarbeit muß das Allgemeine Arbeitsvertragsgesetz und insbesondere das Allgemeine Arbeitsschutzgesetz gerecht werden. Vorsorge ist allerdings zu treffen, daß die Bestimmungen des Allgemeinen Lehrlingsgesetzes nicht durch Abschluß eines Jugendlichenarbeitsvertrags umgangen werden. Zu diesem Zwecke ist treffend vorgeschlagen worden, eine Bestimmung in dieses Gesetz aufzunehmen, wonach angeordnet werden kann, daß Jugendliche Arbeitnehmer, falls sie länger als etwa sechs Monate in demselben Betrieb beschäftigt sind, als Lehrlinge — unter Anrechnung der bisherigen Tätigkeit als Lehrzeit — gelten.

2. Auf der anderen Seite bedeutet der Gedanke eines Allgemeinen Lehrlingsgesetzes, daß nicht nur gesetzestechnisch die allgemeinen für alle Lehrverhältnisse gültigen Bestimmungen zusammengestellt werden, sondern daß auch alle für die Sonderarbeitsverhältnisse zu erwägenden Sondervorschriften nach jeder Richtung daraufhin geprüft werden müssen, ob sie nicht entsprechend dem Grundsatz möglichster Vereinheitlichung des Arbeitsrechts entbehrt oder aber verallgemeinert werden können.

Ob die dann übrigbleibenden Bestimmungen für Sonderarbeitsverhältnisse in das Allgemeine Lehrlingsgesetz oder aber in das Recht dieser Arbeitsverhältnisse aufzunehmen sind, ist eine erst in zweiter Linie zu erörternde Frage. Entsprechend der für das Allgemeine Arbeitsvertragsgesetz, das Allgemeine Angestelltengesetz und das Allgemeine Arbeitsschutzgesetz vertretenen Ansicht (vgl. S. 51, 53, 71, 191) wird der letzteren Auffassung der Vorzug zu geben und werden Sondervorschriften in dem Allgemeinen Lehrlingsgesetz nur dann zu regeln sein, wenn ein in sich abgeschlossenes Recht des betreffenden Sonderarbeitsverhältnisses nicht geschaffen wird.

b) Der Lehrvertrag als Ausbildungs- und Erziehungsvertrag.

Sein entscheidendes Merkmal erhält der Lehrvertrag durch das Ausbildungs- und das Erziehungsmoment. Das hat zunächst die Bedeutung, daß der Lehrling ein unfertiger Arbeitnehmer bzw. Unternehmer und ein unfertiger Mensch ist, der um seiner selbst und der Volksgesamtheit willen unterwiesen werden soll und von dem Leistungen erst nach und nach erwartet werden können. In Verbindung mit der Idee der Entwicklung der wirtschaftlich unselbständigen Arbeit und derjenigen der Bewegung des Arbeitnehmertums aber enthält jenes Moment seine besondere und ganz eigenartige Bedeutung: Wenn irgendwo, dann muß in den Nachwuchs der Samen der Gedanken gestreut werden, die der Arbeit wieder ihre Ethik geben und sie damit zur festesten Grundlage unserer volklichen Zukunft machen sollen. Dieses Moment der Ausbildung muß deshalb mit allen Mitteln gesichert werden. Es ist zu begrüßen, daß die Beteiligten, wie oben A. dargelegt, sich zu verständigen beginnen. Ist diese Verständigung auf der Grundlage der Erkenntnis jenes Moments erfolgt, so besteht für den Staat kein Bedürfnis mehr, einzugreifen, statt dies der Arbeitsselbstverwaltung und auch der Selbstregelung der Beteiligten zu überlassen (vgl. unten c).

Daß daneben der Lehrvertrag auch arbeitsrechtliche, vor allem arbeitsvertragsrechtliche (z. B. Anspruch auf Sachentgelt) und arbeitsschutzrechtliche (z. B. Arbeitszeit) Momente enthält, kann niemand leugnen[1]). Insoweit werden die allgemeinen Grundsätze unmittelbar oder entsprechend Anwendung zu finden haben.

c) Lehrlingswesen und Arbeitsselbstverwaltung.

Die Eigenart des Lehrverhältnisses im erörterten Sinne bedingt die Notwendigkeit, den Lehrling und den Lehrvertrag dem unmittelbaren Kampf der Meinungen, wie sie der Ausgleich der Interessen des Arbeitgebertums und des Arbeitnehmertums mit sich bringt, insoweit zu entziehen, als dadurch diese Eigenart, insbesondere also hinsichtlich des Merkmals der Ausbildung und Erziehung, gefährdet werden müßte.

Andererseits ist festzustellen, daß Arbeitgebertum und Arbeitnehmertum ein gleiches großes Interesse an dem Werden des Nachwuchses haben. Die Regelung des Lehrlingswesens kann deshalb nur auf paritätischer Grundlage erfolgen.

Beide Gesichtspunkte führen folgerichtig zu dem Schluß, daß die gegebenen Stellen für die Regelung nur Behörden der Arbeitsselbstverwaltung sein können. (In Frage würde in erster Linie die Arbeitskammer und für die Regelung im großen und als Rechtsmittelinstanz

---

[1]) Wenn man den Lehrvertrag dieserhalb als Arbeitsvertrag bezeichnet (so z. B. Hueck a. a. O. S. 236, Jacobi a. a. O. S. 49), so verkennt man nach dem Gesagten das Wesen des Lehrvertrags.

der Bezirksarbeits- und -wirtschaftsrat kommen — vgl. unten S. 178). Im Rahmen der von ihnen gegebenen Vorschriften und Richtlinien wird es dann Sache der Einzel-, Betriebs- und Tarifverträge sein, den Sonderwünschen der Beteiligten gerecht zu werden.

4. Heimarbeitsgesetz.

A. Leitende Gesichtspunkte.

a) Heimarbeit und Betriebsarbeit.

Das Arbeitnehmertum ist, wie oben S. 23 ausgeführt, grundsätzlich in die beiden großen Gruppen der Betriebsarbeitnehmer und Heimarbeitnehmer[1]) zu gliedern. Die Bedeutung der in diesen Bezeichnungen zusammengefaßten Arbeitnehmermassen hat sich im Laufe der Jahrzehnte verschoben, dergestalt, daß je länger je mehr mit der Entwicklung des Großbetriebs und Rückgang des Kleinbetriebs das Schwergewicht sich nach der Seite des Betriebsarbeitnehmertums geneigt hat. Allerdings sind mit der Veränderung und Verfeinerung der wirtschaftlichen und gesellschaftlichen Verhältnisse täglich neue Kreise von Heimarbeitnehmern geschaffen worden, wobei allerdings vielfach nur mit Schwierigkeiten eine Grenze nach den zahlreichen Gruppen der „Arbeitnehmerähnlichen Personen" gezogen werden kann (vgl. oben S. 24), auf deren Rechtsverhältnisse nur einzelne Teile des Arbeitsrechts — gewohnheitsrechtlich oder durch ausdrückliche gesetzliche Bestimmung — anzuwenden sind. Die Erkenntnis von den Schädigungen, die der Industrialismus in rassenbiologischer und kultureller Hinsicht mit sich gebracht hat, läßt jedoch für die Zukunft — im Zusammenhang mit jener Verfeinerung der Wirtschaft — erwarten, daß dem Heimarbeitnehmertum wieder erheblich größere Bedeutung zukommen wird, ja es läßt sich die Auffassung vertreten, daß von der Stellung, die man der Heimarbeit gegenüber einnimmt, zu einem nicht geringen Teil Werden und Gedeihen unserer Volksgemeinschaft abhängen wird.

Ist dies richtig, so muß auch das neue Heimarbeitsgesetz, das das bescheidene Hausarbeitgesetz vom 20. 12. 1911 (RGBl S. 976) ersetzen wird, die Merkmale der Größe dieser neuen Aufgaben tragen, wenn nicht die Entwicklung in falsche Bahnen gelenkt werden soll. Es wird sich dann bei ihm nicht darum handeln, in dem Rahmen des alten Gesetzes, wenn auch vielleicht mit Einbeziehung des Vertragsrechts der Heimarbeiter,

---

[1]) Über den Begriff des Heimarbeitnehmers vgl. das unten S. 85 Ausgeführte.

weiter zu arbeiten: Grundlage und Tendenz des Gesetzes müssen völlig anders, neu geschaffen werden[1]).

Zu dieser neuen Einstellung gegenüber der Frage der Heimarbeit zwingt, wenn man sie ohne Beschränkung auf die Heimhandarbeit und nicht nur vom wirtschaftspolitischen und sanitären Standpunkt aus betrachtet, sondern auch das ethische, das bevölkerungs- und siedlungspolitische und das rassenhygienische Moment dabei berücksichtigt.

Es ist eine Binsenwahrheit, daß die Heimhandarbeit mit den schwerstwiegenden Mißständen behaftet ist. Das folgt teils aus ihrer Natur als der Arbeit vorwiegend der wirtschaftlich Schwächsten, teils daraus, daß die Arbeit „zuhause" mehr oder weniger einer wirksamen Kontrolle nur in der Selbstkontrolle des aufgeklärten Heimarbeiters unterliegt. Die Heimarbeit bedarf also in vielen Beziehungen, vor allem hinsichtlich der durch sie möglichen Gefährdung der öffentlichen Gesundheitspflege, der Gesundung. Aber die Fragestellung darf nicht lauten: Soll die Beseitigung der Mißstände durch Abbau der Heimarbeit an sich und gegebenenfalls ihre Überleitung in die Fabrik erfolgen? sondern stets nur so: Wie beseitigt man die Mißstände unter Beibehaltung der Heimarbeit[2])? und, soweit Mißstände nicht in Frage stehen: Wie kann man das Verständnis für die Idee der Heimarbeit verbreiten und wie und wo läßt sich ihre Verwirklichung fördern? Für die Heimkopfarbeit sind diese Mißstände bei weitem nicht von der gleichen Bedeutung und in der Hauptsache nur auf unzureichende Vergütung zurückzuführen. Von einer Beseitigung kann deshalb hier noch weniger die Rede sein.

Wo bisher Heimhandarbeit bestand und sie sich in unserm Zeitalter der Mechanisierung bis heute erhalten hat, und wo heute Heimkopfarbeit geleistet wird, da ist ein Bedürfnis gegeben: Nicht nur die nackte Not hatte die Menschen Heimarbeiten gelehrt. In unzähligen Fällen ist es ein dem Menschen innewohnender Drang gewesen, der sie dazu führte, diese Form der Arbeit zu wählen. Jede Heimarbeit ist eine Form selbständiger Arbeit (vgl. das oben S. 60 Ausgeführte), ländliche Heimarbeit bereits vorhandene Siedlung — sicher nicht immer in der Vollkommenheit, zumal in der gegenwärtigen Gestaltung der Heimhandarbeit, aber immerhin als wertvolle Ansätze jeder Arbeit; weibliche Heimarbeit endlich

[1]) Vgl. Melsbach, Zum kommenden Heimarbeitgesetz, SozPra 1920 Sp. 1066.

[2]) Was ein Einschreiten gegen den einzelnen Heimarbeitnehmer und den Ersatz bestimmter Arten der Heimarbeit durch andere natürlich nicht ausschließt.

ermöglicht allein in unzähligen Fällen der Frau, ihre Pflicht und ihren — von der rechten Frau tief innerlich erfaßten — Beruf, Gattin und Mutter zu sein, zu erfüllen[1]).

Will man im Ernst daran denken, diese beiden Tatbestände der Not und der Neigung, die es geben wird, so lange Menschen leben, auf dem Papier eines Gesetzes oder einer Verwaltungsmaßnahme aus der Welt zu schaffen? Und das, obwohl das Recht des einzelnen, seine Persönlichkeit selbst, individuell zu ihrem Optimum zu entwickeln, heute mehr denn je in den Vordergrund gestellt wird? Obwohl tagtäglich auf das erschütterndste der Hunger der Tausende nach Arbeit vor Augen tritt, die der Krieg und seine Folgeerscheinungen zu proletarischen Existenzen gemacht hat, und die wirtschaftliche Not des Landes danach schreit, daß jede Möglichkeit, durch Arbeit Werte zu schaffen, ergriffen wird, also auch, indem man vorhandene Heimindustrien ausbaut und — wie so oft in der Geschichte! — neue Heimarbeitsberufe der Handarbeit und Kopfarbeit schafft, soweit die vorhandenen nicht mehr ausbau- und aufnahmefähig sind? Gewiß gilt das Gleiche für die Arbeit in geschlossenen Betrieben. Aber einerseits werden sie, wenn die Hochkonjunktur der Valutakrise in einzelnen Industrien einmal endigt, nicht in der Lage sein, die verfügbaren Arbeitskräfte aufzunehmen, schon wegen der zeitigen Unmöglichkeit, neue Fabriken usw. zu bauen, andererseits wird es sich um Unzählige handeln, die — nach verfügbarer Zeit oder nach körperlicher Eignung — als halbe Kräfte oder, weil sie zwar arbeiten, aber nicht in geschlossenen Betrieben arbeiten wollen, für diese Beschäftigungsart nicht in Frage kommen, und endlich sollte, wo die Wahl Betriebs- oder Heimarbeit offensteht, grundsätzlich die letztere vorgezogen werden. Weshalb?

Man will heute siedeln. Wie Turnen und Sport die natürliche Reaktion der Bedürfnisse des Körpers auf die Vergewaltigung durch vorwiegend geistige oder einseitige körperliche Arbeit sind, so sind Bodenreform und Siedlungsgedanken die notwendige Folge der Erkenntnis der biologischen Schädigungen des Menschentums durch das Zusammenströmen in den Steinwüsten der Städte.

Siedlung als Lebensform unserer Zukunft als Volk ist aber nicht möglich ohne engen Zusammenhang mit der Heimarbeit. Nicht nur, weil Siedlung zugleich Landwirtschaft bedeutet und Landwirtschaft nicht jedermanns Sache ist, sondern manches Gehirn nach anderer Tätigkeit

[1]) Vgl. Arndt, Die wirtschaftliche und soziale Bedeutung der Heimarbeit, Jena Fischer 1922, insbesondere S. 21.

verlangt. Siedeln bedeutet vielmehr auch in jedem Fall eine weitgehende Zersplitterung des Grundbesitzes: Der Siedler baut im wesentlichen nur für den eigenen Bedarf. Unsere Volkswirtschaft ist nicht in der Lage, diese „Eigenbrödelei" zu ertragen. Entweder fordert sie rationelle und intensive Bodenbewirtschaftung — dazu ist im allgemeinen nur der landwirtschaftliche Großbetrieb in der Lage —, um die Bewohner der Städte zu ernähren, oder aber sie verlangt, daß der Siedler sich auch sonst volkswirtschaftlich nützlich erweise und Werte schaffe. Dabei ist die Heimarbeit, in erster Linie naturgemäß die Heimhandarbeit, des Siedlers und seiner Familie nicht zu entbehren. Eine Verpflanzung von Fabrikindustrien auf das Land wird stets — mangels Verkehrsmittel, infolge Notwendigkeit der Konzentration in Zentren und weil Fabrikbevölkerung meist nach der Stadt tendiert — nur in beschränktem Umfang möglich sein. Und auch dabei sollte im übrigen, wenn die Bedürfnisse der Wirtschaft es gestatten, d. h. wenn nicht die Entwicklung unzweifelhaft in absehbarer Zeit ganz allgemein zur Überleitung der betreffenden Heimarbeit in den geschlossenen Betrieb führen wird und nur durch diese Überleitung schwere Nachteile wirtschaftlicher, vor allem gesundheitlicher Art vermieden werden können, die Wahl zwischen geschlossenem Betrieb und Heimarbeit zugunsten der Heimarbeit ausfallen. Das letztere aus folgender Erwägung:

Der größere Teil der neuen zwei Drittel der Bevölkerung Europas, die sich in den letzten hundert Jahren etwa verdreifacht hat, und ein wesentlicher Teil jenes ersten Drittels — ist „Proletariat". Ursache dieser außerordentlichen Vermehrung und zugleich Schuld an der proletarischen Existenz des Bevölkerungszuwachses ist im wesentlichen der Industrialismus, dessen Begleiterscheinung überall das Entstehen von Fabrikgroßstädten und Industrierevieren ist.

Die Ausstrahlungen und Auswirkungen der seelischen und körperlichen Not dieses Proletariats durchleben wir handgreiflich: Der Mensch empört sich dagegen, daß die in seiner Natur begründeten Rechte mißachtet werden und daß nicht nur er, sondern auch seine Nachkommen darunter leiden: Er muß als Lebewesen der Trennung von seinen natürlichen Lebensbedingungen und der Aufzwingung künstlicher Lebensbedingungen in der Großstadt widerstreben. Er muß sich andererseits gegen den unerträglichen Zwang zu mechanischer Arbeit, die ihn ebenfalls seelisch verarmen, körperlich entarten und schon in ihren Anlagen verkümmerte Nachkommen erzeugen läßt, aufbäumen.

Wie ihm helfen? Wir können das Rad der Geschichte nicht rückwärts drehen, nicht die Maschine, die Fabrik beseitigen — ganz abgesehen davon, daß mit ihnen der Fortschritt der Kultur in vielen Beziehungen verknüpft ist. Aber was wir können und müssen, das ist, die Menschen, vor allem diese neuen Millionen, wieder zu den natürlichen Grundlagen ihres Menschentums zurückführen, wieder in Fühlung mit der Natur bringen, die Großstadt als Wohnstadt verlassen, die Industrien nach Möglichkeit auf das Land verpflanzen, und da, wo die Bedürfnisse der Wirtschaft nicht den geschlossenen Betrieb als technische oder finanzielle Notwendigkeit verlangen, vor allem also, wo es sich nicht um Massenarbeit, sondern um Wertarbeit handelt, die industrielle und sonstige Arbeit zur Arbeit des Siedlers machen.

Ausbau der Heimarbeit also, der städtischen Heimarbeit mit der Maßgabe, daß, wenn irgend möglich, ihre Verpflanzung auf das Land erfolgt (Siedlung), nicht Abbau.

Die vorhandenen Mißstände, namentlich der Handheimarbeit, in sanitärer, kultureller und wirtschaftlicher Hinsicht werden sich beseitigen lassen. Das ist, soweit nicht einzelne Arten ungesunder Heimarbeit durch andere zu ersetzen sind, vor allem eine Frage der Bezahlung angemessener Entgelte (bzw. ihrer unabdingbaren Festsetzung), des Zusammenschlusses zu Berufsvereinen und der Aufklärung und Erziehung (auch der Erziehung zur Selbsthilfe), der „Fürsorge".

b) Fürsorge.

Bisher hat sich die Gesetzgebung fast ausschließlich mit dem Arbeitsrecht der gewerblichen Heimarbeiter befaßt (Hausarbeitgesetz, § 119 GewO, aber auch Kinderschutzgesetz vom 20. 3. 1903, RGBl S. 113). Die geistige Heimarbeit (vgl. oben S. 23) in ihren einfachsten Formen, Schreibarbeit, nichtkritische Berichterstattung, Lohnschriftstellerei ohne wissenschaftlichen und künstlerischen Wert, und die höhere geistige, von Arbeitnehmern nicht im Betrieb geleistete Arbeit sind, soweit nicht allgemeinrechtliche oder urheberrechtliche Grundsätze Anwendung finden, von der Sozialpolitik nicht beachtet worden. Eine wichtige Aufgabe des Arbeitsgesetzbuchs wird es sein, hier Abhilfe zu schaffen und auch das bisher lediglich in Arbeitsschutzrecht bestehende Arbeitsrecht der Handheimarbeit systematisch auszubauen.

Bei diesem neuen Heimarbeitsrecht wird es sich darum handeln, die besonderen Bedingungen der Heimarbeit klarzustellen und gesetzgeberisch zu erfassen. Dabei ist der Gesichtspunkt des Arbeitsschutzes in der besonderen Ausprägung als staatlicher „Fürsorge" in den Vordergrund zu stellen. Insofern besteht ein grundlegender Unterschied zwischen Betriebsarbeitnehmern und Heimarbeitnehmern sowohl, wenn es sich um Handheimarbeit, Arbeit von Heimarbeitern, als auch, wenn es sich um solche von Heimangestellten handelt, wenn auch hier der Natur der Sache nach weniger ausgeprägt und von geringerer praktischer Bedeutung: Für die Heimarbeit an sich ist die Fürsorge das Gegebene.

Das bedeutet:

Ziel jeder Sozialpolitik ist, ihre Objekte zur Selbsthilfe zu ertüchtigen. Je weiter dies vorgeschritten ist, um so mehr nimmt die soziale Arbeit das Wesen polizeilicher Maßnahmen und das Recht dispositiven Charakter an. Dies trifft für die Betriebsarbeitnehmer heute in weitem Umfange zu, zum Teil auch bereits für die Heimarbeitnehmer. Anderes gilt jedoch für die Heimarbeit im ganzen.

Soziale Arbeit im eigentlichen Sinne (die nicht schon polizeilichen Charakter angenommen hat) ist „Fürsorge". In der Fürsorge ist das soziale Moment entsprechend der Hilfsbedürftigkeit der in Frage kommenden Personen betont. Sie ist die Hilfe für diejenigen, die sich aus eigener Kraft nicht helfen können — unmittelbar, indem sie sich mit dem einzelnen befaßt, ihn schützt, aufklärt, unterrichtet, ihm beisteht und ihn überwacht, mittelbar, indem sie durch gesetzgeberische, Verwaltungs- und polizeiliche Maßnahmen die Lebensbedingungen der einzelnen Gruppen von Hilfsbedürftigen zu verbessern sucht.

Eine Aufgabe gesetzgeberischer und praktischer Sozialpolitik, die des Schweißes der Edlen wert ist, nicht nur wegen ihres hohen Zieles, sondern auch deshalb, weil die Lösung nicht leicht sein wird. Denn einerseits sind die Probleme der Heimarbeit nach den einzelnen Berufszweigen, der örtlichen Lage und den Lebensbedingungen grundverschieden: Hier handelt es sich um Arbeit „halber Kräfte" oder verschämter Armut, dort um eine organisatorisch durchdachte, fest ausgebaute Form der Arbeit bestimmter Berufe, hier um Entgelts-, Wohn- und Gesundheitsverhältnisse schlimmer Art, dort um die Tätigkeit auskömmlich lebender, aus eigener Landwirtschaft ernährter Kleinbauern oder Siedler und in günstiger oder doch zufriedenstellender materieller Lage arbeitender Intellektueller. Und regelmäßig wird andererseits die Sozialpolitik Zustände vorfinden, in denen sie nicht mit einer Selbsthilfe der Heimarbeiter zur Beseitigung von Mißständen rechnen kann, ihre Maßnahmen also nicht einen wesentlich polizeilichen Charakter tragen dürfen. Meist wird es sich vielmehr wie gesagt um soziale Arbeit im engsten Sinne, um „Fürsorge" handeln müssen.

Diese Fürsorge ist in weitem Umfange hinsichtlich der Armen-, Kranken-, Wochen-, Kinder- und Jugendpflege vor allem von der kommunalen

Wohlfahrtspflege bereits in die Tat umgesetzt. Soweit die beruflichen Lebensbedingungen in Frage stehen, ergibt sich die Notwendigkeit dahinzielender Fürsorge in der Heimarbeit daraus, daß die Natur der Heimarbeit immer einer Organisation widerstreben wird, soweit die Heimarbeit die Form der Arbeit der wirtschaftlich Schwachen und Hilfsbedürftigen ist, aber auch daraus, daß die Heimarbeit ein Abseitsstehen, ein Eigenewegegehen begünstigt. Es wird sich nur darum handeln, Vorsorge zu treffen, daß für die Fälle von Heimarbeit, die in dieser Entwicklung sich zur Selbsthilfe hindurchgearbeitet hat, etwa indem sie den Charakter einer Industrie oder eines geschlossenen Berufs angenommen hat, nicht überflüssiger- und vielleicht auch schädlicherweise Fürsorge getrieben wird.

Dem Bedürfnis nach Fürsorge in der Heimarbeit, soweit insbesondere die Handheimarbeit in Frage steht, haben bisher weder die Gewerbeaufsicht noch die Fachausschüsse des Hausarbeitgesetzes entsprochen. Erstere im allgemeinen wegen ihres vorwiegend polizeilichen Charakters und auch wegen des zahlenmäßig ungenügenden und ohne genügende Rücksicht auf die Bedürfnisse der Heimarbeit ausgewählten Personals. Der Fachausschuß wegen der mehr theoretisch-akademischen Art seiner Aufgaben, die eine Kleinarbeit am einzelnen Heimarbeiter nicht vorsehen. Fürsorge hat bisher vielmehr im wesentlichen nur die Liebestätigkeit gütiger Menschen zur Tat werden lassen. Die Ansätze zur Selbsthilfe sind noch nicht alt und haben bisher noch nicht zu einer Organisation in größerem Umfange geführt.

Soll es hierbei belassen oder soll nicht auch dieses Ziel in das Programm der behördlichen Aufgaben aufgenommen werden?

Die Frage ist entsprechend der Tendenz, die die Entwicklung der deutschen Staatsidee, vor allem in Preußen seit jeher und betont im Reich in der letzten Zeit, gehabt hat, unzweifelhaft zu bejahen. Wie dem entsprochen werden sollte, wird nach unten B. b) und d) zu erörtern sein.

B. Grundsätzliche Fragen.

a) Heimarbeitnehmer — Zwischenmeister.

1. Der grundsätzliche Unterschied zwischen Betriebsarbeitnehmern und Heimarbeitnehmern ist nicht allein der, daß auf Grund Arbeitsvertrags die ersteren „im Betrieb des Arbeitgebers", die letzteren „zuhause" tätig werden: Zuhause wird auch der detachierte „Außenarbeiter" und „Außenangestellte" tätig, der in seinen eigenen Räumen vorübergehend oder auch dauernd von dem Arbeitgeber beschäftigt wird

(etwa weil die Verhältnisse im Betriebe vorübergehend oder dauernd die Beschäftigung dort aus irgendwelchen Gründen nicht gestatten), ohne daß jedoch hinsichtlich des Beginns oder Endes der Arbeit, der Arbeitspausen oder Art der Arbeit usw. und hinsichtlich der Überwachung seitens des Arbeitgebers in allen diesen Beziehungen eine unterschiedliche Behandlung gegenüber derjenigen der Betriebsarbeitnehmer stattfände.

Das entscheidende Moment ist vielmehr, daß der „Heimarbeitnehmer" Zeit, Dauer, Ort und Art seiner Arbeit grundsätzlich nach eigenem Ermessen bestimmt, daß also die Arbeitsleistung bei ihm schlechthin auf das Arbeitsergebnis abgestellt wird, ohne daß er — von dem Tag der Ablieferung und Direktiven für die Beschaffenheit des fertigen Arbeitsergebnisses etwa abgesehen — den Weisungen des Arbeitgebers unterliegt[1]). In das Rechtliche übersetzt: Während der „zuhause" arbeitende „Außenarbeitnehmer" wie der „Betriebsarbeitnehmer" im allgemeinen im Arbeitsvertrag auf Zeit tätig ist, hat der Arbeitsvertrag des Heimarbeitnehmers im allgemeinen mehr oder weniger ausgeprägten werkvertraglichen Charakter, sei es, daß es sich um einen Arbeitsvertrag auf fortlaufende Beschäftigung oder aber um einen reinen Werk-(oder Geschäftsbesorgungs-)arbeitsvertrag handelt (vgl. oben S. 57 ff.).

Die Grenzen sind flüssig. Auch hier wird die Verkehrsanschauung den maßgebenden Gesichtspunkt für die Beurteilung eines Arbeitsverhältnisses als eines „Heimarbeitsverhältnisses" bilden, indem sie sich im allgemeinen darauf einstellt, inwiefern der Arbeitnehmer in seiner Arbeit Ordnungsvorschriften des Arbeitgebers, ähnlich derjenigen im Betrieb, nicht unterliegt.

In der bisherigen Gesetzgebung herrscht in dieser Hinsicht eine weitgehende Unklarheit, obwohl die Praxis des täglichen Lebens die maßgebenden Ausdrücke (z. B. Heimarbeiter, Zwischenmeister) mit großer Sicherheit handhabt, ohne allerdings offensichtlich damit eine klare begriffliche Vorstellung zu vereinigen[2]).

---

[1]) Ebenso Grundzüge der Deutschen Sozialversicherung, Berlin Hobbing 1922, S. 41, die allerdings die Heimarbeitnehmer als „Hausgewerbetreibende" bezeichneten, unter welchem Ausdruck sie gleichzeitig wohl auch die Arbeitnehmerähnlichen Personen (vgl. S. 24 und 88) einbegreifen, und die detachierten Außenarbeiter „Heimarbeiter" nannten. Abweichend z. B. Matthaei a. a. O. S. 208.

[2]) **Begriffliches der Heimarbeit nach geltendem Recht.**

A. Heimarbeitnehmer:

1. Gewerbliche Arbeit im Auftrage und für Rechnung anderer Gewerbetreibenden:

   a) GewO:

   bei oder ohne Lieferung der Roh- und Hilfsstoffe durch diese:

Man wird feststellen müssen, daß Heimarbeitnehmer Personen sind, die Arbeit nehmen

a) zuhause, und zwar nicht nur aus besonderen Gründen vorüber-

---

aa) „Hausgewerbetreibende" (selbständig) mit oder ohne fremde Hilfspersonen, §§ 119 b, 125 GewO, vgl. auch § 162 (§§ 165 Nr. 6, 735, 1229 Nr. 2) RVersO: OVerwG 25, 345.

bb) „Heimarbeiter" (unselbständig) = gewerbliche Arbeiter: RGSt 9, 351; 32, 224; GewKaufmG 6, 127, 9, 226.

cc) „Außenarbeiter" (vorübergehend „detachierte" gewerbliche Arbeiter): RVersAmt Revisionsentscheidung Amtl. Nachr. 1891, 181.

b) § 5 GewGG:
Hausgewerbetreibende
und Heimarbeiter (vgl. Urteil LG I Berlin ZK 8 vom 21. 9. 1909, RABl 1910, 704) bei Lieferung der Rohstoffe und Halbfabrikate durch die Arbeitgeber.

c) §§ 3, 11 Nr. 2 BetrRG.
(In § 3 BetrRG ist nicht berücksichtigt, daß § 119 b GewO nur die „Hausgewerbetreibenden" im Auge hat.)
aa) Hausgewerbetreibende und Heimarbeiter, sofern sie
bb) keine Arbeitnehmer selbst beschäftigen.

2. Gewerbliche Arbeit im Auftrage und für Rechnung anderer Gewerbetreibenden **oder** für eigene Rechnung:

a) § 1 HausAG, § 1 TabakHausABO (§ 4/II AusfBO z. HausAG vom 18. 6. 1914, RGBl. S. 221):
„Hausarbeiter",
1 a) die nur Familienmitglieder beschäftigen **und** diese Familienmitglieder, oder die
1 b) in ungeleiteten Betrieben arbeiten.

b) § 162 RVersO
Hausgewerbetreibende, wenn nur vorübergehend für eigene Rechnung arbeitend.

B. **Zwischenmeister** (Ausgeber, Faktoren, Fergen):

1. § 119 GewO.
2. § 13/I Nr. 1, II HausAG, § 6/II AusfBO HausAG: **Ausgeber, Faktoren, Fergen.**
Personen, die
a) ohne selbst eine Arbeitsstätte zu besitzen,
b) für Gewerbetreibende außerhalb deren Arbeitsstätte Arbeit an Hausarbeiter übertragen.
3. § 13/I Nr. 1 HausAG, § 6/III AusfBO z. HausAG; **Zwischenmeister.**
Personen, die
aa) selbst in eigenen Betriebsstätten eine oder mehrere Personen **gegen Lohn** beschäftigen und
bb) zugleich für Gewerbetreibende außerhalb deren Arbeitsstätte Arbeit an Hausarbeiter übertragen.

gehender Art statt in einem geschlossenen Betrieb, sondern in grundsätzlich und als dauernd beabsichtigten Gegensatz zu der Arbeit im geschlossenen Betrieb,

b) unter Selbstbestimmung von Art, Ort, Zeit und Dauer der Arbeit,

c) jedenfalls, ohne Ordnungsvorschriften des Arbeitgebers (im Sinne der „im Betrieb" maßgeblichen) zu unterliegen,

d) in enger Verbindung der Arbeitsräume mit den Wohnräumen, vielfach, namentlich soweit es sich um Heim(hand)arbeiter handelt, ohne eine Arbeitsstätte im gebräuchlichen Sinne zu besitzen, und

e) zum Teil, ohne zur Übernahme von Arbeit verpflichtet zu sein.

Danach ergeben sich folgende Arten von Heimarbeitnehmern:

A) Solche, die heimarbeiten:

a) grundsätzlich, ohne zur Übernahme von Arbeit verpflichtet zu sein,

b) mit oder ohne Selbstbeschaffung der Roh- und Hilfsstoffe und wenn auch vorübergehend für eigene Rechnung,

c) allein oder

d) mit Familienmitgliedern und — oder

e) mit fremden Hilfspersonen (Betriebsarbeitnehmern[1])).

Man könnte diese Heimarbeitnehmer „gehobene Heimarbeitnehmer" nennen.

Bei entsprechendem Umfang des Betriebs des Heimarbeitnehmers kann dieser als Gewerbetreibender im Sinne von § 14 GewO erscheinen. Meist wird es sich jedoch bei Betrieben größeren Umfangs nicht mehr um solche von Arbeitnehmern, sondern um solche von Arbeitnehmerähnlichen Personen handeln (vgl. oben S. 21), für die man die Bezeichnung „Heimgewerbetreibende" verwenden könnte.

---

4. Nach Erlaß der Preuß. Ministerien für Handel und Gewerbe und des Innern vom 20. 12. 1911 und vom 16. 3. 1912 (HMBl S. 94), ergänzt durch Erlaß vom 24. 7. 1914 (HMBl S. 435), gelten auch solche Personen als Zwischenmeister, die

a) in ihren Werkstätten ausschießlich zur Familie gehörige Personen beschäftigen, ohne daß ein gewerblicher Arbeitsvertrag vorliegt oder die Beschäftigten „gewerbliche Arbeiter" sind, wenn sie

b) zugleich ... (wie 3bb) ... (sie sind dann zugleich „Hausarbeiter" im Sinne des § 1 Nr. 1 HausAG).

[1]) Diese fremden Hilfspersonen werden in einzelnen Beziehungen, z. B. Heimarbeitsschutz und Entgeltsregelung, den Heimarbeitnehmern gleichbehandelt werden müssen.

B) Solche, die heimarbeiten wie a), jedoch zur weiteren Arbeit verpflichtet sind, in letzterer Hinsicht dafür aber auch entsprechende Rechte haben[1]).

C) die Familienmitglieder der zu a—b Genannten.

Für das künftige Heimarbeitsgesetz würde somit der Begriff des Heimarbeitnehmers dahin zu bestimmen sein, daß Heimarbeitnehmer Personen sind,

„die in eigenen Arbeitsräumen als Arbeitnehmer[2]), ohne Ordnungsvorschriften des Arbeitgebers zu unterliegen, tätig werden, und zwar auch dann, wenn sie in ihren Arbeitsräumen Familienmitglieder oder Arbeitnehmer beschäftigen, wenn sie die Roh- und Hilfsstoffe selbst beschaffen oder wenn sie vorübergehend für eigene Rechnung arbeiten, und die von diesen Personen in deren Arbeitsräumen beschäftigten Familienmitglieder."

2. Ähnlich unsicher ist die Beurteilung der Zwischenmeister, die zwischen Arbeitgebern und Arbeitnehmern eingeschaltet sind. Als wirtschaftliche Erscheinung sind sie dadurch bedingt, daß die räumliche Trennung zwischen der Arbeitsstätte des Arbeitgebers und der des Heimarbeitnehmers und auch die Art der Bedingungen, unter denen die Heimarbeitnehmer „zu Hause" tätig werden, in vielen Fällen die Vermittlerrolle von Zwischenpersonen notwendig machen oder sonst Gründe der Arbeitsteilung diese Vermittlerrolle, mitunter entbehrlicherweise, nahelegen. Dies mit der Maßgabe, daß sie meist nicht die Schließung von Arbeitsverträgen zwischen Heimarbeitunternehmer und Heimarbeitnehmer vermitteln oder diese Verträge schließen, sondern daß sie selbst und sie allein die Arbeitgeber der Heimarbeitnehmer sind. Teils handelt es sich bei ihnen um Gewerbetreibende, deren Betrieb einen solchen Umfang hat, daß sie als Unternehmer betrachtet werden müssen (Großzwischenmeister), teils — dies ist für die Mehrzahl der Fälle zu unterstellen — ähneln ihre wirtschaftlichen Verhältnisse denjenigen der von ihnen beschäftigten Heimarbeitnehmer derart, daß sie selbst als Arbeitnehmer der Heimarbeitunternehmer betrachtet werden müssen (Klein-

---

1) Vgl. OVerwG 25, 345.

2) Daraus folgt, daß die Umstände, unter denen ihre Tätigkeit erfolgt, die Merkmale der wirtschaftlichen Unselbständigkeit verkörpern müssen, daß es sich also nicht um Arbeitnehmerähnliche Personen oder Unternehmer handeln darf. Damit ist der Kreis der Heimarbeitsbetriebe gegen alle größeren Betriebe abgegrenzt. Gleichgültig ist dagegen grundsätzlich, ob die Heimarbeiter für einen oder mehrere Arbeitgeber tätig sind (a. M. Sinzheimer, Grundzüge des Arbeitsrechts, S. 5).

zwischenmeister). Das praktisch entscheidende Merkmal wird, sofern der Zwischenmeister selbst am Stück mitarbeitet, insoweit durchweg sein, ob der Zwischenmeister den größeren Teil des Verdienstes durch Weitergabe der Arbeit (und — oder die Arbeit seiner Betriebsarbeitnehmer) oder aber durch eigene Mitarbeit an dem Stück erzielt[1]).

Zwischenmeister sind danach Personen, die

a) ihnen von einem oder mehreren Unternehmern übertragene Arbeit an Heimarbeitnehmer „weiter" (also nicht als die eigentlichen Unternehmer und nicht in eigener Werkstätte) geben,

b) diese Weitergabe als Unternehmer oder als Arbeitnehmer besorgen,

c) gleichzeitig — aber nicht notwendig — selbst Heimarbeitnehmer sind,

d) Arbeitgeber der Heimarbeitnehmer, an die sie die Arbeit weitergeben, oder Mäkler im Sinn des § 652 BGB sind,

e) gleichzeitig — aber nicht notwendig — selbst für die Zwecke der Heimarbeit Betriebsarbeitnehmer beschäftigen.

Für das Heimarbeitsgesetz würden somit Zwischenmeister diejenigen Personen sein

„die im Unternehmervertrag oder im Arbeitsvertrag ihnen von Dritten übertragene Arbeit als Arbeitgeber oder Mäkler an Heimarbeitnehmer weitergeben, und zwar ohne Rücksicht darauf, ob sie selbst zugleich Heimarbeitnehmer sind oder auch Betriebsarbeitnehmer beschäftigen."

b) Heimarbeitspolizei und Heimarbeitsschutz.

Die Heimarbeit, insbesondere die Heimhandarbeit, ist sehr vielfach eine primitive Form der Arbeit und eine Arbeit, die zum großen Teil noch nicht aus der Macht- in die Rechtssphäre getreten ist. Daraus ergibt sich das Bedürfnis, über den Rahmen hinaus, den die Betriebsarbeit sonst erfordert, und in anderen Formen Arbeitspolizei und Arbeitsschutz zu treiben, und zwar Arbeitsschutz auch in der Form der unmittelbaren Hilfe für den einzelnen Arbeitnehmer, der oben erörterten Fürsorge (vgl. S. 78).

Die Arbeitspolizei hat hinsichtlich der Heimarbeit einerseits den Interessen der Allgemeinheit, andererseits denjenigen der Heimarbeitnehmer selbst gerecht zu werden.

Die Interessen der Allgemeinheit — Arbeitspolizei im engeren Sinne — werden im wesentlichen unmittelbar nur insoweit berührt,

[1]) So der Vorschlag des Gewerkvereins der Heimarbeiterinnen, Die Heimarbeiterin 1919, S. 51. Vgl. im übrigen § 17 a/I Nr. 1, 2 des Entwurfs des Heimarbeiterlohngesetzes (unten S. 92).

als die Mißstände der Heimarbeit eine Gefährdung der öffentlichen Gesundheitspflege bedeuten. Dies gilt vor allem, soweit die Heimhandarbeit Nahrungs- und Genußmittel verarbeitet. Andererseits ist nicht zu verkennen, daß solche Heimarbeit, z. B. die Tabakheimarbeit, eine Lebensnotwendigkeit für die Bevölkerung einzelner Landesteile darstellt. In solchen Fällen, aber auch aus den oben A. a) erörterten Gründen, wird ein etwaiges Verbot der Heimarbeit, von der grundsätzlichen Erwägung ausgehen müssen, daß eine Beseitigung bestehender Heimarbeit von irgendwelcher Bedeutung, wenn irgend möglich, nur dann erfolgen sollte, falls diese Heimarbeit durch eine anders geartete Heimarbeit (oder ausnahmsweise, wenn dies unmöglich, durch sonstige gewerbliche Arbeit) ersetzt werden kann, und es muß gleichzeitig das Bestreben in die Tat umgesetzt werden, den Mißständen in der Heimarbeit auf andere Weise (durch Festsetzung auskömmlicher Entgelte, Erziehungs- und Aufklärungsarbeit und strafendes und polizeiliches Eingreifen gegen den einzelnen Heimarbeiter) zu begegnen. Im übrigen aber sind die Bestimmungen in § 7/I, II des Hausarbeitgesetzes zu beachten, wo ein Einschreiten gegen Mißstände im einzelnen Heimarbeitsbetrieb, soweit aus ihnen sich Gefahren für die öffentliche Gesundheit ergeben können, vorgesehen ist. Es dürfte angebracht sein, in dieser Hinsicht den bisherigen Zustand fortbestehen zu lassen.

Soweit die Arbeitspolizei die Interessen der Heimarbeiter wahrzunehmen hat, d. h. soweit sie Arbeitsschutz bedeutet, wird ihnen das alte Hausarbeitgesetz im wesentlichen gerecht. Eine grundsätzliche Ausdehnung auf die Heimangestellten, eine Stellungnahme zum Achtstundentag und eine mehr ins einzelne gehende Berücksichtigung des Frauenarbeitsschutzes entsprechend §§ 137 ff. GewO ist zu erwägen. Auch könnte als zweckmäßig erscheinen, die Arbeitsschutzbestimmungen der Tabakhausarbeitsverordnung vom 17. 11. 1913 (RGBl S. 751) und der Lumpen- usw. Hausarbeitsverordnung vom 21. 4. 1920 (RGBl S. 563) in das Heimarbeitsgesetz aufzunehmen.

Um aber die Mißstände in der Heimarbeit an der Wurzel erfassen zu können, muß der Gedanke der Fürsorge im oben erörterten Sinn in dem Gesetz zum Ausdruck kommen. Dazu ist ein Doppeltes erforderlich: einmal muß der Lebensstand der Heimarbeitnehmer, vor allem der Heimarbeiter, durch einschneidende und durchgreifende Maßnahmen gehoben werden, indem die Entgeltsregelung der Willkür, soweit sich die unentwickelte Selbsthilfe der Heimarbeitnehmer ihrer noch nicht erwehren kann, entzogen und zu diesem Zwecke einerseits der Abschluß von Entgeltsabkommen und Tarifverträgen nach Kräften gefördert und soweit ihr Zustandekommen nicht zu erreichen ist (die Möglichkeit der Festsetzung wird einen heilsamen Druck ausüben!) die unabdingbare Entgeltsfestsetzung durch Stellen mit behördlicher Autorität vorgesehen wird[1]). Ebenso wichtig ist aber, daß soziale Kleinarbeit am einzelnen Heimarbeitnehmer, insbesondere am einzelnen Heimarbeiter, praktische Fürsorge getrieben wird[1]). Alles mit dem Ziele, nicht nur dem hilfsbedürftigen Heimarbeitnehmer zielbewußt, rasch und durchschlagend zu helfen, sondern auch ihn, wenn irgend möglich, in den Stand zu setzen, sich selbst zu helfen und einen Abbau der Fürsorge eintreten zu lassen, sobald und soweit die Selbsthilfe sich durchgesetzt hat (Entgeltfestsetzungen z. B. also nur, soweit keine tarifliche Einigung) und vor allem, um die Arten von Heimarbeit, die lebensfähig sind, insbesondere also individuell geartete und hochwertige, Heimarbeit herauszuschälen, zu fördern und zu sichern.

Für den Zweck der Entgeltsregelung wird ein Ausbau der Fachausschüsse des Hausarbeitgesetzes in Erwägung zu ziehen sein (s. unten S. 90), wie dies der Entwurf eines Heimarbeiterlohngesetzes (vgl. Reichsratsdrucksache Nr. 369, ältere Fassung auch RABl 1922 S. 209) vorschlägt[2]).

Im übrigen könnte naheliegen, mit der praktischen Fürsorge die Organe der Arbeitspolizei, die Gewerbeaufsichtsbeamten bzw. Arbeitsaufsichtsbeamten (s. S. 85 und 207) zu betrauen. Allein die soziale Arbeit im engeren Sinne, wie sie die Fürsorge in der Heimarbeit bedeutet, hat

---

[1]) Vgl. oben S. 83 Entgeltsregelung und Fürsorge sind grundsätzlich übrigens auch auf die Kleinzwischenmeister auszudehnen (s. auch Begr. z. Heimarbeiterlohngesetz S. 14).

[2]) Wenn Arndt a. a. O. S. 27 die Produktivitätstheorie Dietzel's (Das Produzenteninteresse der Arbeit und die Handelsfreiheit, Jena Fischer 1903, S. 86 ff., zit. bei Arndt) auf die Heimarbeit anwendet und deshalb die Wirkungsmöglichkeit der „Lohnämter“ ungünstig beurteilt, so berücksichtigt er die Eigenart der Heimarbeit, soweit sie der Typ der unorganisierten Arbeit mit aller ihrer Hilflosigkeit ist, nicht ausreichend. Eine praktische Synthese der „Elendstheorie“ (Ausbeutungstheorie) und der Produktivitätstheorie (Lohn steigt und fällt mit der Produktivität) erscheint als das Gegebene, d. h. eine vorsichtige Handhabung der Entgeltsfestsetzung unter Berücksichtigung aller Umstände, die für die Bemessung des Mindestmaßes des Entgelts grundsätzlich nur die Wahrung der Lebensnotwendigkeiten der Heimarbeitnehmer im Auge hat. Die Ansichten über Notwendigkeit und Zweckmäßigkeit der Entgeltsregelung sind auch sonst geteilt — vgl. die Zusammenstellung bei Arndt, Die Heimarbeit im rhein-mainischen Wirtschaftsgebiet, Jena Fischer 1913, Bd. 3 S. 658. Vielleicht werden die Wirkungen des Heimarbeiterlohngesetzes der befürwortenden Mehrheit recht geben. Über die Lohnämter des Auslands vgl. Gaebel, Die Heimarbeit, Jena Fischer 1913, S. 130 ff., über die Wirkungen des englischen Lohnämtergesetzes SozPra 1922 Sp. 1244.

bisher der Gewerbeaufsicht an sich ferngelegen, wie denn auch mit der praktischen Wohlfahrtspflege, die insbesondere in den Kommunen sich entwickelt hat, nicht die Organe der örtlichen Polizei, sondern besondere Wohlfahrtsorgane betraut worden sind.

Die Heimarbeitsorgane dagegen sind, schon nach den ihnen durch das Hausarbeitgesetz zugewiesenen Aufgaben, jedenfalls aber auch nach dem Tätigkeitskreis, der ihnen bei einer Neuordnung des Heimarbeitsrechts zuzuweisen sein wird (s. unten S. 95), die Stellen, deren Zuständigkeit für alle das Problem der Heimarbeit berührenden Fragen eine natürliche ist. Da diese Organe überdies jedenfalls, wie sie auch gestaltet sein werden, eine ständige Geschäftsstelle für die Erledigung der laufenden Geschäfte besitzen müssen, sind zugleich die Stellen gegeben, denen diese Aufgaben der praktischen Fürsorge übertragen werden können. Es wird sich in dieser Beziehung darum handeln, neben Persönlichkeiten, die die Fragen der Heimarbeit grundsätzlich und nach wissenschaftlichen Methoden studieren und bearbeiten, für die praktische Kleinarbeit ehrenamtlich und hauptberuflich tätige Personen, Fürsorger und Fürsorgerinnen, zu finden, die unter Leitung des Vorsitzenden dieser Organe und nach den von ihm gegebenen Richtlinien die Fürsorge praktisch verwirklichen, etwa wie dies bisher bereits von den Wohlfahrtsbeamten und -beamtinnen der kommunalen Wohlfahrtspflege geschehen ist. Sofern allerdings die Heimarbeitsorgane als Arbeitsselbstverwaltungsbehörden errichtet werden sollten (vgl. unten S. 17 und 186), würde die eigentliche Arbeitsaufsicht auch hinsichtlich der Heimarbeit den Arbeitsaufsichtsämtern (vgl. unten S. 184) vorzubehalten sein.

c) Heimarbeitsvertragsrecht.

Es darf nicht verkannt werden, daß, wie jede andere in der Entwicklung begriffene Form der Arbeit, auch die Heimarbeit die Tendenz zeigt, ihre Belange im Weg der Selbsthilfe durch vertragliche Vereinbarung auf der Grundlage wirklicher Gleichberechtigung zu regeln. Der Heimarbeitsvertrag, der bereits in ausgedehntem Maße praktische Bedeutung erlangt hat, weist Besonderheiten bestimmter Art auf, die je länger, je mehr eine gesetzliche Regelung erforderlich machen. Mit diesem Problem hat sich bisher die Gesetzgebung (sieht man von § 119b GewO ab) nicht befaßt.

Dem gegenwärtigen Stand der Entwicklung der Heimarbeit und vor allem ihrer zu erwartenden und wünschenswerten Entwicklung in der nächsten Zukunft wird jedoch das Heimarbeitsgesetz nur gerecht werden, indem es ausführlich, wenn auch, soweit die Dinge noch im Fluß zu sein scheinen, mit Vorsicht, zu den Fragen des Heimarbeitsvertragsrechts Stellung nimmt.

In dieser Beziehung ist zunächst erforderlich, daß die für das Vertragsrecht (und übrigens für das Heimarbeitsrecht ganz allgemein) erforderlichen Begriffe der Heimarbeiter, Heimangestellten und Zwischenmeister zweifelsfrei klargestellt werden.

Legt man die oben S. 85 ff. gegebenen Vorschläge für die Fassung der Begriffe zugrunde, so zeigt sich, daß die in der Heimarbeit tätigen Personen abgesehen von den „Heimgewerbetreibenden und den fremden Hilfspersonen (Betriebsabnehmern)" sich im großen und ganzen in vier Gruppen gliedern, deren Arbeitsverträge die erheblichsten Verschiedenheiten aufweisen:

1. gehobene Heimarbeitnehmer,
2. sonstige Heimarbeitnehmer,
3. Zwischenmeister.

1. Die Arbeitsverträge der Heimarbeitnehmer sind nur, soweit die Hilfspersonen in Frage kommen, unter die üblichen Arbeitsverträge einzugliedern. Der Vertrag der gehobenen und sonstigen Heimarbeitnehmer dagegen weist eine Mischung dienstvertraglicher und werkvertraglicher Normen auf, die ihn zu einer eigenartigen und offensichtlich bereits am festesten umrissenen Form des Arbeitsvertrags auf fortlaufende Beschäftigung (vgl. oben S. 58 ff.) stempelt. Der Unterschied zwischen den Verträgen der „gehobenen" Heimarbeitnehmer und denjenigen der anderen läßt sich dabei in Kürze dadurch kennzeichnen, daß die ersteren mehr Werkvertrag als Dienstvertrag, die letzteren mehr Dienstvertrag als Werkvertrag sind.

Entscheidend in dieser Hinsicht ist, daß der gehobene Heimarbeitnehmer kein Recht und keine Pflicht zur dauernden Tätigkeit hat. Doch ist nicht zu erkennen, daß auch hier Bestrebungen im Gange sind, das dienstvertragliche Element zu betonen. Zum Beispiel fordert der Gewerkverein der Heimarbeiterinnen für die Heimarbeiterinnen schlechthin bezahlte Ferien, eine Forderung, die naturgemäß vor allem im Rahmen dienstvertraglicher Gedanken einleuchtet. Auch ist die Frage des Streiks und der Aussperrung bereits für die Heimarbeit ganz allgemein praktisch geworden. Es setzt dies ebenfalls voraus, daß im einzelnen Falle das Moment der Dauer des Arbeitsvertragsverhältnisses in den Vordergrund gestellt worden ist.

Für den Vertrag der übrigen Heimarbeitnehmer wird dagegen in aller Regel anzunehmen sein, daß er den Heimarbeitnehmer zur dauernden Arbeitsleistung verpflichtet und berechtigt. Das bedeutet, daß zur Lösung seines Vertrags möglicherweise eine Einhaltung von Kündigungsfristen erforderlich ist[1]) (vgl. auch §§ 3, 11/II und 84, 85 BetrRG), daß Ausstand und Aussperrung im allgemeinen Sinne und auch die Verwirklichung des Gedankens des bezahlten Urlaubs ohne weiteres denkbar sind. Gleichwohl ist zu beachten, daß auch dieser Vertrag kein reiner Dienstvertrag ist, sondern als wesentliches werkvertragliches Moment enthält, daß nach der Auffassung der Praxis auch diese Heimarbeitnehmer die Gefahr des zufälligen Untergangs des Arbeitsgegenstandes tragen (§§ 644, 645 BGB).

Im übrigen gilt für den Vertrag des gehobenen und des sonstigen Heimarbeitnehmers, daß der persönliche Charakter der Dienste, wie er in § 613 BGB festgelegt ist, kein integrierender Bestandteil sein dürfte und daß die Fragen der Arbeitszeit, der Form (Grundlohn?), der Berechnung, der Höhe und der Zahlungszeit des Entgelts, der Lieferung der Herstellungsmittel und vielleicht auch der Fürsorge hinsichtlich Urlaub, Erkrankung, unverschuldetem Unglück und Wohlfahrtseinrichtungen für beide Arten von Heimarbeitsverträgen gleichmäßig zu behandeln sind.

2. Ebenso wie begriffliche Zweifel die rechtliche Erfassung des Heimarbeitsvertrags erschweren, ist auch die rechtliche Beurteilung des Zwischenmeistervertrags abhängig von der zweifelsfreien Bestimmung des Zwischenmeisterbegriffs.

Unterlegt man den oben S. 85 vorgeschlagenen Begriff, so erhellt, daß der Zwischenmeister entweder Arbeitsverträge im Sinne des § 652 BGB und der §§ 84, 93 HGB „vermittelt" oder aber — der typische Zwischenmeister der Großheimindustrie — selbst Arbeitsverträge als Arbeitgeber mit den Heimarbeitnehmern abschließt. Der Zwischenmeistervertrag ähnelt auch im letzteren Fall dem Vertrag der Handlungsagenten nach § 84 HGB und kann, wie ausgeführt, je nach der Stellung des Zwischenmeisters Unternehmervertrag oder Arbeitsvertrag sein.

d) Heimarbeitsorgane.

Die bisher den Fachausschüssen des Hausarbeitgesetzes (§ 19) obliegenden Aufgaben müssen in das neue Heimarbeitgesetz unter grundsätzlicher Ausdehnung auf die Heimangestellten übernommen werden. Als neue

[1]) Ein Merkmal des Arbeitsvertrags auf fortlaufende Beschäftigung wird sonst die jederzeitige Auflösbarkeit sein.

Aufgaben der zu schaffenden Heimarbeitsorgane treten hinzu die oben erörterten Aufgaben der Entgeltsfestsetzung und der praktischen Fürsorge.

Zugleich werden sie die gegebenen Stellen für die Lösung der Frage der Nutzbarmachung der Heimarbeit für die Zwecke der Rassenhygiene, der produktiven Erwerbslosenfürsorge, des Siedlungswesens und der Bekämpfung der Landflucht sein (vgl. das oben S. 80 Ausgeführte). Das Heimarbeitsgesetz wird dafür Vorsorge treffen müssen, daß diese Fragen auf das eingehendste studiert und die Heimarbeit da, wo dies nach dem Ergebnis dieser Prüfung möglich ist, gefördert, neugeschaffen und propagiert wird.

Es erscheint als zweckmäßig, alle diese Aufgaben einem einheitlichen Heimarbeitsorgan zu übertragen. Dabei ist zu beachten, daß der Grundsatz des Hausarbeitgesetzes, wonach die Errichtung der Fachausschüsse fakultativ ist, in das neue Heimarbeitsgesetz zu übernehmen sein wird, und zwar mit der Maßgabe, daß dieser Grundsatz auch für das Tätigwerden der Heimarbeitsorgane im Interesse der beiden großen Gruppen von Heimarbeitnehmern (Heimarbeiter und Heimangestellte) und deren einzelne Arten gelten muß.

Es fragt sich nun, welcher Art die Heimarbeitsorgane in dem vorerörterten Sinne sein sollen. Zwei Gesichtspunkte werden hierfür maßgebend sein: Einerseits, daß diese Heimarbeitsorgane sich in die in irgendeiner Form zu errichtenden Arbeitsbehörden einzufügen haben werden (vgl. unten S. 186) andererseits, daß ihre Errichtung den organischen Ausbau der Fachausschüsse des Hausarbeitgesetzes bedeuten muß.

Idee, Aufgabe und Organisation der Heimarbeitsorgane, die man wie bisher „Fachausschüsse" oder aber „Heimarbeitsämter" nennen kann, lassen sich dahin zusammenfassen:

Sie werden für die Bezirke der Heimarbeit errichtet und sich etwa wie folgt gliedern müssen:

a) Leiter ein Beamter, dem (gleichfalls beamtete) Referenten für die einzelnen Berufszweige des betreffenden Bezirks zur Seite stehen: zur Erfüllung der reinen Verwaltungsaufgaben und für den Vorsitz in den Kollegien zu b).

b) Je ein Kollegium aus gewählten Arbeitgeber- und Arbeitnehmervertretern einerseits und sozialpolitisch interessierten Persönlichkeiten als Beisitzern andererseits für jeden Berufszweig: zur Entgeltsregelung (gegebenenfalls in Form von Vorschlägen an die Landes- oder Reichsstelle, siehe unten), für die Aufgaben der Fachausschüsse des Hausarbeitgesetzes, soweit sie nicht durch diese

Schaffung eigentlicher Heimarbeitsorgane gegenstandslos geworden sind, und als Schlichtungsamt.

c) Fürsorger und Fürsorgerinnen: als Organe der praktischen Fürsorgetätigkeit (einschließlich der praktischen Arbeitsaufsicht).

Das Naheliegende ist, diese Stellen ähnlich ihren Vorläufern, den Fachausschüssen, als Organe der Arbeitsselbstverwaltung zu errichten (vgl. unten S. 186). Es wird dies allerdings davon abhängen, ob die Fachausschüsse nach dem Inkrafttreten des Heimarbeiterlohngesetzes den in sie gesetzten Erwartungen besser als bisher entsprechen. Zu verkennen ist nicht, daß die Eigenart der Heimarbeit — Hilfsbedürftigkeit, Eigenewegegehen — und die mangelnde Klärung des allgemeinen Urteils über ihre Bedeutung das Entstehen der geistigen Atmosphäre, die eine förderliche Selbstverwaltung erwarten läßt, erschweren. Es könnte sich deshalb auch die Notwendigkeit ergeben, die Belange der Heimarbeit, jedenfalls vorerst, von Behörden der Staatsverwaltung wahrnehmen zu lassen.

Entsprechendes gilt für die übergeordneten Organe. Dabei ist der Gedanke der übergeordneten Organe dahin gedacht, daß sie auch die widerstreitenden Interessen verschiedener Heimindustrien auszugleichen und im übrigen die Interessen der Heimarbeit an sich zu vertreten haben. Es setzt dies voraus, daß sie nicht für bestimmte Heimindustrien, sondern für Bezirke — etwa die der Bezirksarbeits- und -wirtschaftsräte oder der größeren Einzelstaaten — geschaffen werden.

5. Recht der Sonderarbeitsverträge.

A. Überblick.

Soweit die besonderen Verhältnisse eines Berufs (Beruf im Sinn von „Gewerbe des Arbeitnehmers") Sonderarbeitsrecht erfordern (vgl. oben S. 34), wird dieses Sonderrecht in in sich abgeschlossenen Teilen des Arbeitsgesetzbuchs möglichst umfassend zusammenzuziehen sein. Der überwiegende Teil jedes dieser Sonderrechte wird stets das Arbeitsvertragsrecht (mit Einschluß des Arbeitsschutzrechts im weiteren Sinne des zwingenden Rechts) sein und deshalb Platz in dem das Recht des Arbeitsvertrags behandelnden Ersten Teil des Arbeitsgesetzbuchs finden müssen (vgl. auch oben S. 49 Anm. 1). Jede Aufnahme von sonderarbeitsrechtlichen Vorschriften in Teile des Gesetzbuchs, die Allgemeines (Arbeits-) Recht geben, erschwert nicht nur den unmittelbar Beteiligten den Überblick über das für sie geltende Sonderrecht, sondern belastet auch den

Benutzer des Allgemeinen Rechts mit Dingen, die für ihn zunächst ohne Belang sind.

Inwieweit Sonderarbeitsrechte nach diesen Maßgaben vorzusehen sein werden, läßt sich noch nicht abschließend feststellen. Jedenfalls werden solche für den Bergbau, die Landwirtschaft, die Seeschiffahrt, den Hausdienst in Frage kommen. Auch für die Luftfahrt ist dies zu erwägen.

Der Regierungsentwurf eines Hausgehilfengesetzes ist in der Reichsratsdrucksache Nr. 379 enthalten (vgl. auch ältere Fassung RABl 1921 S. 809).

Über Bergarbeitsrecht, Landarbeitsrecht, Luftarbeitsrecht und Seearbeitsrecht wird im folgenden einiges auszuführen sein.

B. **Bergarbeitsgesetz**[1]).

a) Die Neuordnung des geltenden Bergarbeitsrechts.

Die Gesetzgebung hinsichtlich des Bergbaus ist bisher formell eine Angelegenheit der Einzelstaaten gewesen. Tatsächlich hat jedoch eine weitgehende Einheitlichkeit bereits bestanden. Einerseits hatten sich die Rechte verschiedener Einzelstaaten an das „Allgemeine Berggesetz für die Preußischen Staaten" vom 24. 6. 1865 angeschlossen, teils weil die darin getroffene Regelung als mustergültiges Vorbild galt[2]), teils weil man bewußt nach Möglichkeit ein allgemeines Deutsches Bergrecht schaffen wollte. Dies trifft z. B. bei dem Berggesetz für Braunschweig vom 15. 4. 1867, dem Berggesetz für das Königreich Bayern vom 20. 3. 1869 (neugefaßt in dem bayerischen Berggesetz vom 13. 8. 1910), dem württembergischen Berggesetz vom 7. 10. 1874, dem anhaltischen Berggesetz vom 30. 4. 1875 und dem badischen Berggesetz vom 22. 6. 1890 zu. Das Allgemeine Berggesetz für das Königreich Sachsen vom 16. 6. 1868 wich allerdings in wesentlichen Punkten von dem PrAllgBergG ab, doch ist sein Arbeitsrecht durch das G vom 12. 2. 1909 fast völlig dem des PrAllgBergG entsprechend gestaltet worden (vgl. §§ 95 bis 139 des SächsAllgBergG vom 31. 8. 1910). Andererseits war eine Rechtseinheit gerade hinsichtlich des Arbeitsrechts in wichtigen Beziehungen durch die Reichsgesetzgebung herbeigeführt worden. Das Reichsrecht hatte hier und da seine Wirksamkeit ausdrücklich auch

---

[1]) Vgl. Melsbach, Das künftige Bergarbeitsrecht, ZBergR 63 (1922), 86.

[2]) Vgl. z. B. Motive zum württembergischen Berggesetz vom 7. 10. 1874, ZBergR 15, 425.

für das Bergwesen festgelegt[1]). Auch hatte, soweit eine solche ausdrückliche Erstreckung der Geltung des Reichsrechts auf das Bergwesen nicht erfolgt war, sein Vorgehen die Landesgesetzgebung veranlaßt, in wesentlichen Punkten das Landesrecht dem Reichsrecht anzupassen[2]).

Die Grundlage für ein einheitliches Bergarbeitsrecht, wie dies die Art. 7 Nr. 9, 16 und 157/II der RVerf vom 11. 8. 1919 vorsehen, ist somit in weitem Umfange gegeben.

Solange die beteiligten Arbeitgeber und Arbeitnehmer sich zu der Frage der Gestaltung des künftigen Arbeitsrechts noch nicht geäußert haben werden, können dessen Umrisse nur insoweit festgelegt werden, als klargestellt wird:

a) welche Bestimmungen der Landesgesetzgebungen durch das neuere Reichsrecht überholt sind;
b) welche Teile der landesrechtlichen Berggesetze durch die Eingliederung des Bergarbeitsrechts in das geplante Arbeitsgesetzbuch entbehrlich werden;
c) welche rechtlichen Gesichtspunkte des bisherigen Bergrechts unbedenklich in das neue Bergarbeitsrecht zu übernehmen sind;
d) in welchen Beziehungen das Bergarbeitsrecht der Überprüfung, der Abänderung und der Ergänzung bedarf.

Vorher sei noch festgestellt, daß außer den bereits genannten Einzelstaaten (Bayern, Sachsen, Württemberg, Baden, Anhalt, Braunschweig) Hessen, Oldenburg, Sachsen-Weimar-Eisenach, Mecklenburg-Schwerin, Mecklenburg-Strelitz, Sachsen-Altenburg, Sachsen-Meiningen, Sachsen-Coburg-Gotha, Schwarzburg-Rudolstadt, Schwarzburg-Sondershausen, Reuß ä. und j. L., Lippe-Detmold, Schaumburg-Lippe, Waldeck-

[1]) Vgl. § 6/I S. 2 GewO in Verbindung mit §§ 105 b/I, 105 c, 105 d, 105 f, 105 h — Sonntagsruhe — und § 154 a, §§ 115—119 — Trucksystem usw. —, § 119 a — Lohneinbehaltung —, § 134/II — Lohnzettel —, §§ 135—139 a — Kinder- und Frauenarbeit —, § 139 aa — Anwendbarkeit der §§ 121—125 bzw. 126—128 —, § 139 b — Aufsicht bezüglich §§ 105 b/I, 105 c—h, 134/II—139 aa —, §§ 152 und 153 — Koalitionsrecht —; vgl. ferner Nr. I der Anordnung über die Regelung der Arbeitszeit gewerblicher Arbeiter vom 23. 11. 1918 (RGBl S. 1334), Nr. II der VO, betr. den Bergbau, vom 18. 1. 1919 (RGBl S. 64), letztere geändert durch § 104 Nr. VIII des BetrRG vom 4. 2. 1920 (RGBl S. 147) und das Gesetz über die Arbeitszeit im Bergbau unter Tage vom 17. 7. 1922 (RGBl S. 628).

[2]) Vgl. z. B. § 80/II PrAllgBergG und § 134/I GewO, §§ 80 a—80 e und 80 g—80 i PrAllgBergG und §§ 134 a—134 g GewO.

Pyrmont und Hamburg, Bremen und Lübeck Gesetze bzw. Verordnungen bergrechtlichen Inhalts erlassen haben und daß außer den bereits erwähnten reichsgesetzlichen Bestimmungen (GewO, Anordnung vom 23. 11. 1918, VO vom 18. 1. 1919 G vom 17. 7. 1922, BetrRG und RVerf) noch folgende reichsrechtliche Bestimmungen, die für den Bergbau von Bedeutung sind, vorliegen:

Reichshaftpflichtgesetz vom 7. 6. 1871 (RGBl S. 207);

GewGG vom 29. 7. 1890 (RGBl S. 141);

V, betr. Ausnahmen von dem Verbote der Sonntagsarbeit im Gewerbebetriebe, vom 5. 2. 1895 (RGBl S. 12);

G, betr. Kinderarbeit in gewerblichen Betrieben, vom 30. 3. 1903 (RGBl S. 113);

B, betr. Beschäftigung von Arbeiterinnen auf Steinkohlenbergwerken, Zink- und Bleierzbergwerken im Regierungsbezirk Oppeln, vom 24. 11. 1911 (RGBl S. 956);

B, betr. die Beschäftigung jugendlicher Arbeiter auf Steinkohlenbergwerken in Preußen, Bayern, Sachsen und Elsaß-Lothringen, vom 7. 3. 1913 (RGBl S. 125);

VO über Tarifverträge, Arbeiter- und Angestelltenausschüsse und Schlichtung von Arbeitsstreitigkeiten, vom 23. 12. 1918 (RGBl S. 1456);

VO über Errichtung von Arbeitskammern im Bergbau vom 8. 2. 1919 (RGBl S. 202);

VO über die Regelung der Arbeitszeit der Angestellten während der Zeit der wirtschaftlichen Demobilmachung vom 18. 3. 1919 (RGBl S. 315)[1]);

G, betr. Regelung der Kohlenwirtschaft, vom 23. 3. 1919 (RGBl S. 342);

VO über Erweiterung der Fortbildungsschulpflicht für die Zeit der wirtschaftlichen Demobilmachung vom 28. 3. 1919 (RGBl S. 354)[1]);

G, betr. Regelung der Kaliwirtschaft, vom 24. 4. 1919 (RGBl S. 413);

VO über die Errichtung eines Ausschusses zur Prüfung der Arbeitszeit im Bergbau des Ruhrgebiets vom 18. 6. 1919 (RGBl S. 579);

Friedensvertrag von Versailles vom 28. 6. 1919 (RGBl S. 687) Teil VII Anlage V und Teil XIII;

---

[1]) Geltungsdauer bis 31. 3. 1923 verlängert durch G vom 26. 10. 1922 (RGBl S. 802).

Vorschriften zur Durchführung des G über die Regelung der Kaliwirtschaft vom 18. 7. 1919 (RGBl S. 663);

G, betr. .... Abänderung des G über die Regelung der Kaliwirtschaft vom 19. 7. 1919 (RGBl S. 661);

VO über die Einstellung und Entlassung von Arbeitern und Angestellten während der Zeit der wirtschaftlichen Demobilmachung vom 12. 2. 1920 (RGBl S. 218)[1];

G über die Beschäftigung Schwerbeschädigter vom 6. 4. 1920 (RGBl S. 458);

VO, betr. Maßnahmen gegenüber Betriebsabbrüchen und -stillegungen, vom 8. 11. 1920 (RGBl S. 1901)[1];

Von diesen letztgenannten Gesetzen und Verordnungen, soweit sie nach dem November 1918 ergangen sind, greifen lediglich die VO vom 18. und 28. 3. 1919, 12. 2. 1920 und 8. 11. 1920 sowie das G vom 6. 4. 1920 in das konkrete Arbeitsverhältnis ein[2]).

b) Das Arbeitsrecht des preußischen Allgemeinen Berggesetzes.

Als grundlegend für die bisherige Gestaltung des Bergrechts ist das PrAllgBergG von 1865[3]) anzusehen. Wie bereits erwähnt, haben die meisten bergbautreibenden Einzelstaaten ihre Berggesetze usw. in mehr oder weniger enger Anlehnung an dieses Gesetz geschaffen.

Das Arbeitsrecht — nach dem Stand der Novellen vom 14. 7. 1905, 28. 7. 1909 und 18. 12. 1920 — findet sich in folgenden Teilen:

Dritter Titel.

Von dem Bergwerkeigentume.

Zweiter Abschnitt.

Von dem Betrieb und der Verwaltung.

§§ 67, 73—76.

Dritter Abschnitt.

Von den Bergleuten und Betriebsbeamten.

§§ 80—93e.

---

[1]) Vgl. S. 100 Anm. 1.

[2]) Vgl. auch insbesondere § 4 der VO vom 18. 2. 1919, wonach Angelegenheiten, die die Arbeitsverhältnisse einzelner Betriebe betreffen, nicht in die Tätigkeit der Arbeitskammern eingeschlossen werden dürfen.

[3]) Es wird unterstellt, daß das Recht des Bergschulwesens — G wegen Verwaltung der Bergbauhilfskassen vom 5. 6. 1863 (GS S. 305) und G über die Bergschulvereine vom 12. 1. 1921 (GS S. 228) — ebenso wie das Recht des Berufsschulwesens ganz allgemein nicht Arbeitsrecht im Sinne des zu schaffenden Arbeitsgesetzbuchs ist.

Neunter Titel.

Von der Bergpolizei.

Erster Abschnitt.

Von dem Erlasse bergpolizeilicher Vorschriften.

§§ 196—203, insbesondere § 197.

Zweiter Abschnitt.

Von dem Verfahren bei Unglücksfällen.

§§ 204—206.

(Das Recht der Knappschaftsvereine, das sich früher im Titel 7 des PrAllgBergG befand, ist auf Grund der Novelle vom 3. 6. 1912 aus diesem Gesetz ausgeschieden und in dem Knappschaftsgesetze vom 17. 6. 1912 zusammengefaßt worden[1].)

1. Von dem Betrieb und der Verwaltung.

Die Vorschriften des zweiten Abschnitts im dritten Titel „Von dem Betrieb und der Verwaltung" haben nur insoweit arbeitsrechtlichen Charakter, als sie die Sicherheit der Arbeit im Bergbau gewährleisten wollen und zu diesem Zweck fordern, daß der Betrieb nur auf Grund eines genauen Betriebsplanes und von sachverständigen Personen geführt werden darf. Der betriebspolizeiliche Gesichtspunkt dürfte überwiegen und die Regelung dieses Teils des künftigen Bergrechts im Zusammenhang mit den sonstigen technischen Einzelheiten des Bergbaues in dem geplanten Reichsberggesetz, nicht in dem Arbeitsgesetzbuch, rechtfertigen.

2. Von den Bergleuten und den Betriebsbeamten.

Das eigentliche **bergbauliche Arbeitsrecht** enthält der dritte Abschnitt im dritten Titel des PrAllgBergG, der „von den Bergleuten und den Betriebsbeamten" handelt.

A. Dieser dritte Abschnitt gliedert sich wie folgt:

a) Arbeitsvertrag im allgemeinen: § 80;

b) Arbeitsordnung: §§ 80a—80k;

c) Kündigung: §§ 81—83r;

d) Zeugnis: §§ 84—85a;

e) Arbeitsbuch: §§ 85—85h;

---

[1]) Vgl. Entwurf eines Reichsknappschaftsgesetzes Reichstagsdrucksache Nr. 4394 (Reichstag, 1. Wahlperiode 1921/22), auch Reuß SozPra 1922 Sp. 1052.

f) Verleitung zum Vertragsbruch usw.: § 86;
g) Fortbildungsschulzeit: § 87;
h) Betriebsbeamte, Techniker usw.: §§ 88—91;
i) Geldstrafen: § 92;
k) Liste der Arbeiter: § 93;
l) Arbeitszeit: §§ 93a—93c.

B. Von diesen Bestimmungen ist durch das neuere Reichsrecht bereits § 80b Nr. 1 des PrAllgBergG insofern überholt, als die Anordnung über die Regelung der **Arbeitszeit** gewerblicher Arbeiter vom 23. 11. 1918 und das Gesetz über die Arbeitszeit im Bergbau unter Tage vom 17. 7. 1922 der Vertragsfreiheit hinsichtlich der Festsetzung der Arbeitszeit und der Berechnung der Pausen nur beschränkten Spielraum läßt.

(Auch sieht die VO vom 28. 3. 1919 gegenüber § 87 eine Erweiterung der **Fortbildungsschulpflicht** während der Zeit der wirtschaftlichen Demobilmachung vor.)

C. Aus dem Sonderarbeitsrecht der Bergleute des geplanten Arbeitsgesetzbuchs ist alles das auszunehmen, was unter dem **Allgemeinen Arbeitsrecht** (Arbeitsvertragsrecht, Arbeitsschutzrecht, Betriebsvertragsrecht) dort zu behandeln ist.

Unter diesem Gesichtspunkte werden die nachstehenden Teile des PrAllgBergG einer Aufnahme in das künftige Bergarbeitsrecht nicht bedürfen:

a) Geltungsbereich des Vertragsrechts des Bergbaus: § 80/I; diese Bestimmung kann wegfallen, da sie sich aus dessen Eingliederung in das Arbeitsvertragsrecht ohne weiteres ergibt;
b) Lohnverwirkung: § 80/II (vgl. §§ 119a/I, 124b, 134/I GewO);
c) Arbeitsordnung: §§ 80a—80e, 80g und 80h — mit Ausnahme des § 80b Nr. 1 zweite Hälfte, 2, 3, 7, der §§ 80c und 80d/I dritter Halbs. und II S. 2—4 — auch § 80k (vgl. §§ 134a—134g GewO) und §§ 66 Nr. 5 und 78 Nr. 3 BetrRG)[1];
d) Kündigung: §§ 81—83a — außer § 82 Nr. 4 — (vgl. §§ 122—124 GewO);
e) Zeugnis: §§ 84 und 85a (vgl. §§ 113, 114 GewO, § 620 BGB, § 73 HGB);
f) Arbeitsbuch: §§ 85b—85h (vgl. §§ 107—112 und 114 GewO);
g) Verleitung zum Vertragsbruch usw.: § 86 (vgl. §§ 125, 139aa, 154a GewO);

---

[1] Dabei ist vorausgesetzt, daß die Arbeitsordnung für Betriebe mit etwa fünf Arbeitern vorgesehen wird.

h) Fortbildungsschulzeit: § 87 (vgl. § 120 GewO, § 76 HGB und VO über die Erweiterung der Fortbildungsschulpflicht für die Zeit der wirtschaftlichen Demobilmachung v. 23. 3. 1919);

i) Betriebsbeamte, Techniker usw.: §§ 88—90b — mit Ausnahme der Begriffsbestimmung im § 88 und von §§ 89 Nr. 4 und 90 Nr. 3 — und § 91 (vgl. §§ 133a—133e — 125 — GewO, §§ 614, 616, 617, 622 BGB, §§ 63, 64 HGB; s. auch die VO über die Regelung der Arbeitszeit der Angestellten während der Zeit der wirtschaftlichen Demobilmachung vom 18. 3. 1919 und §§ 78 ff. BetrRG).

D. Nach Ausscheidung der zu B. und C. genannten Bestimmungen des PrAllgBergG bleiben somit noch die Vorschriften des § 80b Nr. 1 zweite Hälfte, 2, 3, 7, der §§ 80c, 80d/I S. 2 dritter Halbs. und II S. 2—4, der §§ 80k, 82 Nr. 4, 85, 89 Nr. 4, 90 Nr. 3, 90a, 90b, 92—93c.

Hiervon werden — vorbehaltlich eines Ausbaus oder einer Abänderung (vgl. unten E.) — in das neue Bergarbeitsrecht übernommen[1]) werden können:

a) § 80b Nr. 1 zweite Hälfte. Die hier über das Verfahren von Nebenschichten und die Arbeit unter Tage und die im

b) § 80b Nr. 2, 3, 7, § 80c und § 80k über die Festsetzung des Schichtlohns, den Abschluß und die Abnahme des Gedinges und die Ausführung der Lohnberechnung in der Praxis getroffenen Bestimmungen ergeben sich aus den besonderen Bedürfnissen des Bergbaus und sind auch nicht als durch die Bestimmungen des § 78 Nr. 2 BetrRG überholt anzusehen. Als erforderlich erscheint nur, daß die Mitwirkung der Betriebsräte in dieser Beziehung festgelegt wird. Auch muß § 80b Nr. 7 in Beziehung zu § 115/II S. 3 (§ 154a) GewO gebracht werden.

c) §§ 82 Nr. 4, 89 Nr. 4, 90 Nr. 3. Die Kündigungsbestimmungen, die in diesen Vorschriften enthalten sind, nehmen Rücksicht auf die besonderen Betriebsverhältnisse des Bergbaus. Ihre Beibehaltung ist deshalb geboten.

d) § 85. Die Vorschriften des § 85, wonach eine Annahme von großjährigen Bergleuten zur Arbeit erst nach Vorlage des letzten Zeugnisses (Abkehrscheins) erfolgen darf, bedingt eine weitgehende Einschränkung der persönlichen Freiheit, ist aber vielleicht mit Rück-

---

[1]) Hinsichtlich der gleichzeitigen Erörterung von Arbeitsvertragsrecht und Arbeitsschutzrecht vgl. oben S. 49, Anm. 1.

sicht auf die Bedürfnisse des Bergbaus und die Fluktuation der Arbeiter nicht zu entbehren, soweit sie mit einer Sachkunde und berufliche Zuverlässigkeit erfordernden Bergarbeit beschäftigt werden.

e) § 88 — §§ 73, 74 —. Die Kennzeichnung der wichtigsten Gruppen der Bergangestellten ist auch für das neue Recht von Bedeutung.

f) § 80d/I S. 2 dritter Halbs., II S. 2—4, § 92. Die Bestimmung, daß Geldstrafen wegen unzulässiger Beladung von Fördergefäßen nur in bestimmter Höhe verhängt werden dürfen (§ 80d/I S. 2 dritter Halbs.), daß die Strafgelder der Arbeiter unter Umständen in eine Unterstützungskasse (§ 80d/II Satz 2—4) und die gegen die Arbeitgeber festgesetzten Geldstrafen in die Knappschaftskasse des betreffenden Werks fließen sollen (§ 92), können unbedenklich bestehenbleiben. Die letztgenannte Bestimmung läßt sich vielleicht dahin erweitern, daß Gleiches für den verwirkten Lohn (§ 80b Nr. 6) und die Strafgelder ganz allgemein (§ 80d) bestimmt wird.

g) § 93. Die Liste der Arbeiter der Bergwerksbetriebe usw. (§ 93) in der bisherigen Form in das neue Recht zu übernehmen, unterliegt ebenfalls keinen Bedenken.

h) §§ 93a—93e. Die dort für die unter Tage arbeitenden Steinkohlenbergleute hinsichtlich der Arbeitszeit gegebenen Schutzbestimmungen sind nach den Verhältnissen des Bergbaus gerechtfertigt und deshalb (unter Ausdehnung auf die Untertagearbeit) ganz allgemein — vgl. unten III. 1. c).

E. Über die durch die Forderung einer zeitgemäßen Ausgestaltung des Arbeitsrechts im Bergbau notwendig werdenden Ergänzungen des bisher geltenden Bergarbeitsrechts werden sich die Sachverständigen aus den Kreisen der Arbeitgeber und Arbeitnehmer im einzelnen zu äußern haben. Das gleiche gilt für die Frage, inwieweit etwa die zu D. erörterten Bestimmungen heute noch den Anforderungen entsprechen oder einer Abänderung bedürfen. Schon jetzt läßt sich (vgl. weiter auch das zu III. 1., 3. und IV. Ausgeführte) sagen:

a) Die Fassung der Bestimmungen in §§ 110—142 des Berggesetzes für Schaumburg-Lippe vom 28. 3. 1906 wird zu berücksichtigen sein. Die Begründung dieses Gesetzes (vgl. ZBergR 47, 602) bemerkt dazu, daß der Standpunkt des PrAllgBergG, stets den Bergwerksbesitzer als denjenigen, der als Vertragschließender des Dienstvertrags den Bergleuten und Angestellten des Bergwerks gegenüberstehe, zu bezeichnen und ihm als solchem soziale Verpflichtungen aufzuerlegen, nicht mehr als zutreffend anzuerkennen sei. Es sei ein häufiger Fall, daß Bergwerksbetriebsarbeiten nicht vom Bergwerksbesitzer, sondern von dritten Unternehmern ausgeführt würden. Dadurch habe sich in Preußen der Mißstand ergeben, daß der Bergwerksbesitzer unter Umständen gezwungen sei, soziale Maßnahmen gegenüber Arbeitnehmern zu treffen, mit denen er in keinem Vertragsverhältnis stehe. Das schaumburgische Gesetz führe deshalb den „Arbeitgeber" an Stelle des „Bergwerksbesitzers" in das Gesetz ein.

Aus ähnlichen Erwägungen heraus nennt das SächsAllgBergG vom 31. 8. 1910 statt des Bergwerksbesitzers in §§ 81ff. den Bergwerksunternehmer.

b) Die Einrichtung der Sicherheitsmänner, die in das PrAllgBergG (§§ 80f—80fc, 80fg—fh, 80fk—fr) durch die Novelle vom 14. 7. 1905 eingeführt und durch die Novelle vom 28. 7. 1909 ausgebaut worden war, hatte sich, trotzdem vielfach ein Nachlassen des Interesses der Bergarbeiter an dieser Einrichtung festzustellen war, wohl bewährt. Die Novelle vom 18. 12. 1920 zum Allgemeinen Berggesetz kam zu ihrer Beseitigung aus der Erwägung, daß den Ländern nach Art. 12/I S. 2 RVerf mit Rücksicht auf die Bestimmung des Art. 165/VI ebendort die Befugnis fehle, den Aufgabenkreis der Betriebsvertretungen etwa im Hinblick auf die bisher den Sicherheitsmännern obliegenden Aufgaben zu erweitern, daß andererseits aber ein Nebeneinandertätigwerden beider Organe (vgl. §§ 66 Nr. 8, 78 Nr. 6 BetrRG) überflüssig und unerwünscht sei (vgl. Begründung in ZBergR 62, 163).

Die Beibehaltung der Sicherheitsmänner in dem neuen Bergarbeitsrecht scheint deshalb gerechtfertigt zu sein. Die genannten früheren Bestimmungen des PrAllgBergG bedürfen jedoch einer Anpassung an die durch das Inkrafttreten des BetrRG geschaffene Sachlage. Die Aufgaben der Sicherheitsmänner werden künftig zweckmäßig dem Betriebsausschuß, in Ermangelung eines solchen den beiden Vorsitzenden des Betriebsrats bzw. dem oder den Betriebsobmännern zu übertragen sein (vgl. §§ 2, 26, 27, 66 Nr. 8, 78 Nr. 3, 6 BetrRG und die „Richtlinien für die Betriebsräte im Bergbau", SozPra 1920, Sp. 1046). Es handelt sich hier um einen der bedeutungsvollsten Fälle des Arbeitsschutzes durch die Arbeitnehmer selbst. Hierüber wird später (vgl. unten S. 193) Näheres auszuführen sein.

3. Von der Bergpolizei.

Der neunte Titel des PrAllgBergG „Von der Bergpolizei" enthält insofern arbeitsschutzrechtliche Bestimmungen, als nach § 196 a. a. O. sich die polizeiliche Aufsicht der Bergbehörde auch auf die Sicherheit der Baue und der Oberfläche, die Sicherheit des Lebens und der Gesundheit der Arbeiter und die Aufrechterhaltung der guten Sitten und des Anstands durch die Einrichtung des Betriebs erstreckt.

Nach § 197 insbesondere sind die Oberbergämter im Rahmen des § 196 verpflichtet, zu prüfen, ob mit Rücksicht auf die den Gesundheitszustand der Arbeiter beeinflussenden Betriebsverhältnisse eine Festsetzung der Dauer, des Beginns und des Endes der täglichen Arbeitszeit geboten ist, und gegebenenfalls die zur Durchführung erforderlichen Anordnungen zu erlassen.

Mit Rücksicht auf den vorwiegend arbeitsrechtlichen Charakter dieser Bestimmungen erscheint es als erforderlich, sie — ebenso wie die das Verfahren bei Fällen der Gefahr und bei Unglücksfällen betreffenden Vorschriften der §§ 198—205 — in das Bergarbeitsrecht des Arbeitsgesetzbuchs zu übernehmen. In Anbetracht der außerordentlichen Bedeutung, die der Frage der Arbeitszeit gerade hinsichtlich des Bergbaus entsprechend der Erörterung arbeitsrechtlicher Probleme in den letzten Jahren beizumessen ist, wird zu erwägen sein, ob den Oberbergämtern in der Weise, wie dies § 197 PrAllgBergG bisher vorgesehen hat, freie Hand gelassen werden kann oder ob nicht die Entscheidung anderen Instanzen, wesentlich selbstverwaltenden Charakters -- etwa den Bezirksarbeits- und -wirtschaftsräten (vgl. unten S. 178) und nur, solange diese nicht gebildet sind, dem Reichsarbeitsministerium — zu übertragen ist.

Die formellen Vorschriften über die Ausübung der Bergpolizei können unbedenklich den Bestimmungen über die Bergpolizei in dem neu zu schaffenden Reichsberggesetz überlassen bleiben.

c) Das Arbeitsrecht der Berggesetze der Länder außer Preußen.

Soweit das Arbeitsrecht der Berggesetze der Länder außer Preußen von demjenigen des PrAllgBergG abweicht (vgl. oben unter I), wird es in einzelnen Beziehungen für das künftige Bergarbeitsrecht zu berücksichtigen sein.

1. Das Berggesetz für Bayern vom 13. 8. 1910 trifft abweichende Bestimmungen in den Art. 85, 86/I u. II, 88, 89 Nr. 3, 90, 91/II, 106, 109 Nr. 7, 113, 114, 115, 127, 355.

Hiervon kommen für eine Übernahme in Frage:

a) Art. 86/II u. III. Die darin gegebenen Vorschriften über den Lohn bei nicht rechtzeitigem Gedingeabschluß und die Beurkundung des Gedinges bedeuten eine praktische Ergänzung der Bestimmungen des PrAllgBergG (vgl. § 80b Nr. 2 daselbst).

b) Art. 113. Die Notwendigkeit eines erhöhten Jugendschutzes erfordert die gesetzliche Festlegung des Verbots der Beschäftigung von Jugendlichen unter 16 Jahren, das übrigens auch in der Praxis des preußischen Bergbaus im allgemeinen bereits durchgeführt ist. Für eine Übergangszeit werden Ausnahmen notwendig sein, da in einzelnen Bergbaugebieten die Beschäftigung von Jugendlichen zwischen 14 und 16 Jahren seit Alters üblich und bisher zum Teil auch in den besonderen Verhältnissen (z. B. des Mansfelder Bergbaus) begründet gewesen ist.

c) Art. 114—116, 137/II. Die hier geschehene Erstreckung der Vorschriften der §§ 93c—93e PrAllgBergG (gleiches muß auch für § 93b gelten) auf die Arbeit unter Tage ganz allgemein wird zu übernehmen sein.

d) Art. 250/II. Es erscheint als sachgemäß, daß die Eintragung in das Zechenbuch lediglich nach Anweisung des Bergamts bewirkt wird.

2. Das Berggesetz für das Königreich Württemberg vom 7. 10. 1874 gibt in gekürzter Form das Arbeitsrecht des PrAllgBergG in der ursprünglichen Fassung wieder. Spätere Ergänzungen sind lediglich durch Bergpolizeiverordnungen erfolgt. Die Novellen zum PrAllgBergG sind nicht übernommen worden.

3. Das Allgemeine Berggesetz für das Königreich Sachsen vom 31. 8. 1910 entspricht hinsichtlich des Arbeitsrechts im wesentlichen dem PrAllgBergG.

Von den Abweichungen in §§ 92, 94, 97I Nr. 1, 3, 4/II, 98/II, 99/III Satz 1, 101, 106/II S. 2, 107/II Satz 2, 108/I Nr. 9, 111/V, 113/I S. 3, 122, 127, 128, 132, 133, 137/II, §§ 408ff. erscheinen für das Bergarbeitsrecht des Arbeitsgesetzbuchs geeignet:

a) § 92, der den Arbeitgeber verpflichtet, bei Unglücksfällen die erforderlichen Maßnahmen zu treffen, ohne auf die Anordnungen des Bergaufsichtsbeamten zu warten.

b) § 99/III S. 1, soweit dort bestimmt ist, daß die Arbeitsordnung auch Vorschriften hinsichtlich einer planmäßigen Zuziehung der Bergleute zur Überwachung der Sicherheit des Betriebs erhalten kann.

c) § 106/II Satz 2, worin dem Bergaufsichtsbeamten die Befugnis beigelegt ist, auf Kosten des Arbeitgebers das Erforderliche zu verfügen, falls dieser nicht die Überwachung der Gedingeberechnung ermöglicht.

d) §§ 408ff. u. a., soweit darin als Bezeichnung für die Bergbehörde der unteren Instanz die Bezeichnung „Bergamt" (nicht Bergrevierbeamter, wie in §§ 187ff. u. a. PrAllgBergG) gewählt ist.

4. Für das Berggesetz für das Großherzogtum Baden vom 22. 6. 1890 gilt das gleiche wie zu 2 ausgeführt. Doch sieht § 74/II—IV bereits den Erlaß von Arbeitsordnungen vor.

5. Das Berggesetz für das Großherzogtum Hessen vom 28. 1. 1876 in der Fassung vom 30. 9. 1899 (Novelle vom 28. 3. 1908 ohne arbeitsrechtlichen Inhalt) enthält einzelne Vorschriften des preußischen Bergarbeitsrechts.

6. Gleiches gilt für das Berggesetz für das Herzogtum Oldenburg und für das Fürstentum Lübeck vom 3. 3. 1908.

7. Die VO für Mecklenburg-Schwerin vom 16. 5. 1879, betr. die Aufsuchung und Gewinnung von Steinsalz und anderen Salzen, enthält kein Bergarbeitsrecht, die VO vom 22. 6. 1900, betr. den Betrieb und die Beaufsichtigung des Salzbergbaues, nur bergpolizeiliche Bestimmungen.

8. Auch die VO für Mecklenburg-Strelitz vom 27. 2. 1907, betr. die Aufsuchung und Gewinnung von Steinsalz und anderen Salzen, gibt keine arbeitsrechtlichen Vorschriften.

9. Das Arbeitsrecht des Berggesetzes für Sachsen-Weimar-Eisenach vom 1. 3. 1905 in der Fassung der Novellen vom 20. 12. 1905 und 30. 3. 1910 schließt sich eng an das preußische Recht an.

10. Das Allgemeine Berggesetz für Sachsen-Altenburg vom 18. 4. 1872 (Novellen vom 18. 5. und 1. 9. 1869) enthält das Arbeitsrecht des preußischen Rechts (Stand der Novelle vom 24. 6. 1892).

11. Für das Berggesetz für Sachsen-Meiningen vom 18. 2. 1904 gilt das gleiche.

12. Das Berggesetz für Sachsen-Coburg-Gotha vom 23. 10. 1899 (Novellen vom 26. 1. 1909 und 6. 3. 1912) hat, von kleinen Abweichungen abgesehen, das geltende preußische Bergarbeitsrecht übernommen.

13. In dem Berggesetz für das Herzogtum Braunschweig vom 15. 4. 1867 (in der Fassung der Novelle vom 28. 6. 1893) ist — in gekürzter Form — ebenfalls das Arbeitsrecht des PrAllgBergG enthalten.

14. Für das Berggesetz für Anhalt vom (30. 4. 1875) 20. 3. 1896 (Novelle vom 24. 3. 1909 ohne arbeitsrechtlichen Inhalt) gilt das gleiche, wie zu 10 ausgeführt.

15. Die Bergordnung für das Fürstentum Lippe (-Detmold) vom 30. 9. 1857 berücksichtigt das Arbeitsrecht nicht.

16. Auf das Berggesetz für Schaumburg-Lippe vom 28. 3. 1906 ist bereits oben unter II. 2. E. a) hingewiesen worden. In §§ 110—142, 153, 169, 170, 176—185 ist das preußische Arbeitsrecht nach dem Stande der Novelle vom 14. 7. 1905 enthalten.

17. Das Berggesetz für Schwarzburg-Rudolstadt vom 20. 3. 1894 gibt das Arbeitsrecht des preußischen Berggesetzes nach dem Stande der Novelle vom 24. 6. 1892 wieder.

18. Für das Berggesetz für Schwarzburg-Sondershausen vom 6. 3. 1894 gilt das gleiche.

19. Die gesetzliche VO, den Bergbau in dem Fürstentum Reuß ältere Linie betr., vom 1. 4. 1857 enthält kein Arbeitsrecht.

20. Das Berggesetz für das Fürstentum Reuß jüngere Linie vom 9. 10. 1870 (abgeändert durch die G vom 10. 4. 1879 und vom 9. 3. 1903) erklärt in der Hauptsache die Bestimmungen der GewO über das Arbeitsverhältnis der gewerblichen Arbeiter für anwendbar und ergänzt diese durch einzelne vertragsrechtliche Vorschriften ohne wesentliche Bedeutung und bergpolizeiliche Anordnungen, die sich an §§ 196ff. PrAllgBerzG anschließen.

21. Durch das Allgemeine Berggesetz für die Fürstentümer Waldeck und Pyrmont vom 1. 1. 1869/11. 12. 1899 in der Fassung der Novelle vom 5. 1. 1911 (Novelle vom 30. 12. 1907 ohne arbeitsrechtlichen Inhalt) ist das preußische Bergarbeitsrecht nach dem Stand der Novelle vom 14. 7. 1905 und hinsichtlich des Angestelltenrechts nach dem Stand der Novelle vom 28. 6. 1909 im ganzen übernommen worden.

22. Das Berggesetz für Hamburg vom 3. 7. 1911 hat keine Bestimmungen arbeitsrechtlichen Inhalts.

23. Das für Bremen erlassene G vom 19. 7. 1906, betr. die Aufsuchung und Gewinnung von Bitumen und Salzen, enthält ebenfalls keine bergarbeitsrechtlichen Vorschriften.

24. Das Berggesetz für Lübeck vom 28. 10. 1895 (Novellen vom 18. 12. 1899 und vom 21. 3. 1904, letztere ohne bergarbeitsrechtlichen Inhalt) schließt sich eng an das Berggesetz für Schwarzburg-Rudolstadt vom 20. 3. 1894 (s. oben unter 17) an.

d) Das geltende Reichsbergarbeitsrecht.

Von den unter I. genannten Bestimmungen reichsbergarbeitsrechtlichen Inhalts kommen nur wenige für eine Übernahme in das neue Bergarbeitsrecht in Frage. Die übrigen werden Allgemeines Arbeitsvertragsrecht, Allgemeines Arbeitsschutzrecht und Allgemeines Angestelltenrecht bleiben bzw. darin aufgehen oder Sonderbestimmungen bergarbeitsrechtlicher Art in einzelnen Teilen des Arbeitsgesetzbuchs werden oder endlich, soweit sie ihrem Wesen nach vorübergehender Natur sind, außer Kraft treten, so insbesondere die V betr. die Beschäftigung von Arbeiterinnen auf Steinkohlenbergwerken, Zink- und Bleierzbergwerken im Regierungsbezirk Oppeln, vom 12. 4. 1907 (RGBl S. 93).

In ein Bergarbeitsgesetz werden folgende Vorschriften des Reichsrechts zu übernehmen sein:

a) § 137/VII GewO, soweit dort das Verbot der Verwendung von Arbeiterinnen in Kokereien behandelt ist[1]);

b) § 154a/II GewO, der sich ausschließlich mit dem Frauenschutz in der Bergarbeit befaßt[1]);

c) die V betr. die Beschäftigung jugendlicher Arbeiter auf Steinkohlenbergwerken in Preußen, Bayern, Sachsen und Elsaß-Lothringen, vom 7. 3. 1913 (RGBl S. 125). Die Bestimmungen dieser Verordnung werden nach Möglichkeit mit dem Recht der Arbeitszeit der jugendlichen gewerblichen Arbeiter im übrigen in Einklang gebracht werden müssen. Der „Entwurf eines Gesetzes über die Arbeitszeit gewerblicher Arbeiter" (RABl 1921 S. 783) verhält sich darüber in §§ 10—12.

Eine besondere Behandlung der Dauer der regelmäßigen Arbeitszeit unter Tage im Steinkohlenbergbau (vgl. im übrigen oben II. 2. D. a) und b), 3. und III. 1. c)) ist durch die besonderen gesundheitlichen Verhältnisse dieses Bergbaus im Gegensatz zu denjenigen der gewerblichen Arbeit und auch des sonstigen Bergbaues bedingt. Sie ist die zur Zeit bedeutungsvollste Frage des Bergarbeitsrechts.

Das Gesetz über die Arbeitszeit im Bergbau unter Tage vom 17. 7. 1922 (RGBl S. 628) hat sie geregelt, indem es grundsätzlich auf die in den am 1. 10. 1921 geltenden Tarifverträgen festgelegte, sonst die damals in Übung gewesene Arbeitszeit abstellt.

---

[1]) § 14 des Entwurfs eines Gesetzes über die Arbeitszeit gewerblicher Arbeiter (vgl. unten S. 199) wird insoweit Teil des Bergarbeitsrechts werden müssen.

C. **Landarbeitsordnung.**

a) Der zeitige Zweck der Neuordnung.

Wenn oben (S. 36) ausgeführt ist, daß Aufgabe der Neuordnung des Arbeitsrechts zu einem Teil ist, Arbeitsverhältnisse zu erfassen, die bisher der rechtlichen Regelung widerstrebt haben, so gilt dies vornehmlich für die Neuordnung des Landarbeitsrechts. Auf keinem anderen Rechtsgebiet ist in den letzten Jahrzehnten eine so grundlegende Umstellung der Gedankengänge notwendig geworden wie hier.

Es wäre nicht richtig, wollte man danach unterstellen, daß die tatsächlichen Verhältnisse völlig oder auch nur in der Hauptsache denen der industriellen wirtschaftlich unselbständigen Arbeit gleich wären. Aufgabe des Gesetzgebers wird vielmehr sein, den Gründen dieser sehr raschen Umwertung alter Werte mit besonderer Eindringlichkeit nachzuspüren und kostbares Gut namentlich personenrechtlicher, deutschrechtlicher Art, das dabei verschüttet worden ist, wieder freizulegen. Denn es leuchtet ein: nirgends ist so der Boden natürlicher Vorbedingungen für die Auffassung der Arbeit als des Verbundenseins von Arbeitgeber und Arbeitnehmer durch die Gemeinsamkeit der Belange und Anschauungen (vgl. oben S. 29, 33) gegeben wie dort, wo beide in unmittelbarster Beziehung zur Nahrung spendenden Mutter alles Menschentums stehen und zugleich dank der räumlichen Nähe und dem Mangel an Ablenkung durch die vielgestaltigen und unpersönlichen Eindrücke der Stadt eine sonst fehlende Fühlung haben. Das darf jedoch nicht zu sentimentaler Abkehr von der Tatsache führen, daß die in mancher Hinsicht unglückliche Entwicklung der tatsächlichen Verhältnisse, namentlich des ländlichen Eigentums, das zahlenmäßige Anwachsen des Landarbeitnehmertums und die dadurch bedingte kühlere, sachlichere Gestaltung der Arbeitsbeziehungen, vor allem aber das Seinerselbstbewußtwerden des Arbeitnehmertums jede Wiederkehr vergangener patriarchalischer und Herrschaftsverhältnisse ausschließt.

Die Synthese beider Erwägungen, die Erkenntnis der besonderen Art des landwirtschaftlichen Arbeitsverhältnisses und des Verstehens unabänderlicher Tatsachen und der Forderung, ein Landarbeitsrecht innerlich wie äußerlich im Rahmen des Arbeitsgesetzbuchs erstehen zu lassen, muß das Ergebnis der gesetzgeberischen Arbeit sein, soweit das zeitige Bedürfnis in Frage steht: Nur so wird diese ihrer Aufgabe gerecht werden, befriedigende Arbeitsverhältnisse zu schaffen und damit an ihrem Teil dazu beizutragen, daß die Ernährung der Gesamtheit aus dem Ertrag des eigenen Bodens ermöglicht wird.

b) Die Richtung der Entwicklung.

Für die Zukunft hat die Neuordnung des Landarbeitsrechts ein ungleich bedeutungsvolleres Ziel. In ihrem Zusammenhang soll gesichert werden, daß die Landbevölkerung als der unversiegbare Quell der Volkskraft erhalten bleibt.

Die Großtat der Bauernbefreiung zu Anfang des vorigen Jahrhunderts war im Osten Deutschlands eine verhängnisvolle Halbheit insofern, als sie die Einziehung der kleinen Bauernstellen durch die Güter offenließ und dadurch die Ursache wurde, daß ein besitzloser und sehr bald auch sozial geschiedener Landarbeiterstand entstand[1]). Ganz abweichend von der Gestaltung der Dinge im westlichen und südlichen Deutschland, wo der Kleinstellenbesitzer, der dem größeren Bauern oder Gutsbesitzer die nicht dem Gesinde zufallende Hand- und Spannarbeit leistet, seit der Befreiung die Regel bildet.

Hier liegt wie selten sonst die Richtung klar, die die Entwicklung der Verhältnisse des einzelnen Arbeitnehmers und des Arbeitnehmertums im oben (S. 59) erörterten Sinn nehmen muß: Der Landarbeiter muß als Ziel seiner Laufbahn den Erwerb der Selbständigkeit winken sehen und diese Entwicklung ein organisches Wachsen auf dem Boden gesunder Arbeitsverhältnisse sein.

Der durch das Reichssiedlungsgesetz vom 11. 8. 1919 (RGBl S. 1429) geschaffenen Möglichkeit der Pachtung von Land (§ 22) und des Erwerbs von Bauernstellen (§ 1)[2]) wird der praktische Erfolg häufig versagt bleiben, teils weil der Siedler ohne Übergang nicht in die neuen Verhältnisse hineinwachsen kann, teils weil der Zwang zur Verpachtung durch Gemeinde oder Gutsbezirk oder zur Abtretung stets natürlichem Widerstreben begegnen und sich auch in mangelndem Bereitfinden zur Assimilation der fremden Elemente äußern wird.

Eine Gewähr für das Fortschreiten und den Bestand der Entwicklung wird im großen nur der erarbeitete und zugleich den Notwendigkeiten der ländlichen Arbeit gerechtwerdende, aus beiden Gründen aber auch bereitwillig anerkannte Aufstieg des Arbeitnehmertums sein: Der Arbeitnehmer muß zur Arbeitnehmerähnlichen Person und diese zum Unternehmer sich emporarbeiten. Dieses Werden kann sich in den verschiedensten Formen und Übergängen vollziehen. Stets aber wird es sich

[1]) Vgl. die Zusammenstellung der Gesetze usw. für Preußen bei Schlegelberger, Das Landarbeiterrecht, Berlin Heymann 1907, S. 6.

[2]) Vgl. Ponfick-Glaß, Reichssiedlungsgesetz, Berlin Heymann 1920, § 22 Anm. 18.

darum handeln, dem Arbeitnehmer die Pachtung und später den Erwerb von Land von seinem Arbeitgeber und dem Arbeitgeber dafür die Nutzung willig gestellter und preiswert bezahlter Arbeitskräfte sicherzustellen[1]).

Gelingt es der Neuordnung des Landarbeitsrechts hierfür den richtigen gesetzgeberischen Ausdruck zu finden — die Vorbilder sind in den Arbeitsverhältnissen des westlichen und südlichen Deutschlands sehr vielfach gegeben —, so wird das kommende Geschlecht nicht mehr durch das Gespenst der Landflucht mit allen ihren Folgen für Volksgesundheit und Rasse sich schrecken zu lassen brauchen[2]).

c) Einzelnes der Neuordnung.

Das Landarbeitsrecht hat nach der staatlichen Umwälzung eine Regelung vorerst in der zwischen den im Reichs-Bauern- und Landarbeiterrat zusammengeschlossenen Verbänden landwirtschaftlicher Arbeitgeber und Arbeitnehmer vereinbarten vorläufigen Landarbeitsordnung gefunden, die durch die Verordnung, betreffend eine vorläufige Landarbeitsordnung, vom 24. 1. 1919 (RGBl S. 111) Gesetzeskraft erhalten hat und eine in mancher Beziehung befriedigende Lösung der wichtigeren Einzelfragen enthält.

Die endgültige Neuordnung wird, um einzelne wichtigere Fragen zu nennen[3]), zunächst im einzelnen klarstellen müssen, wo die Grenzen zwischen landwirtschaftlicher und gewerblicher Arbeit verlaufen. Die Bestimmung des § 1 VLandAO, in der die „Betriebe der Land- und Forstwirtschaft einschließlich ihrer Nebenbetriebe" nicht näher umschrieben sind, hat manchen Zweifeln unerwünschten Raum gelassen. Fraglich ist, ob die summarische Regelung des Rechts des Entgelts in Naturalien (Deputat), dieser wichtigen Frage des Landarbeitsrechts, wie sie in § 7 ebendort geschehen ist, ausreicht, ob also der Spielraum, den man der einzelvertraglichen und tariflichen Vereinbarung hier ge-

[1]) Ich folge hierin Krug, Der soziale Aufstieg in der Landwirtschaft, RABl 1922 S. 581, der den Pachtschutz für Heuerlingsverträge des § 2 der (Reichs-)Pachtschutzordnung vom 9. 6. 1920/29. 6. 1922 (RGBl S. 1193/529) zu einer dauernden Einrichtung in der von ihm für das neue Landarbeitsrecht vorgeschlagenen Vertragsform der „gefestigten Pachtsiedlung" zu machen anregt.

Über das Wesen der Heuerlingsverträge vgl. auch die Begründung zur Pachtschutzordnung bei Ponfick-Wenzel, Pachtschutz, Berlin Heymann 1921, S. 50.

[2]) Vgl. Schmoller, Grundriß der Allgemeinen Volkswirtschaftslehre, Zweiter Teil, 1. bis 6. Aufl., Leipzig Duncker und Humblot 1904, S. 284 („Der Heuerling ist vielleicht der glücklichste deutsche Arbeitertypus").

[3]) Vgl. auch Strunden, Die kommende Neuregelung des Landarbeitsrechts. RABl 1922 S. 421.

lassen hat, nicht zu weit gezogen ist. Die Arbeitszeitvorschriften der §§ 3—5 und 12 VLandAO scheinen sich bewährt zu haben. Der Betriebsschutz und die Arbeitsaufsicht sind dagegen ganz unberücksichtigt geblieben. Auch das Frauen-, Jugendlichen- und Kinderarbeitsschutzrecht (vgl. auch unten S. 187ff., 190) wird eine völlige Umgestaltung erfahren müssen, angepaßt einerseits den Gedankengängen des Allgemeinen Arbeitsschutzrechts, andererseits den besonderen Bedürfnissen der Landarbeit. Den besonderen Verhältnissen der Angestellten der Landarbeit, den „Güterbeamten", wird Rechnung zu tragen sein[1]). Das Recht der Entgelts- und Werkswohnung und des Entgelts- und Werkslands aber, soweit es nicht im Allgemeinen Arbeitsvertrags- und -schutzrecht geregelt ist, läßt sich nur im Zusammenhang mit den Erwägungen fassen, auf die oben zu b) das entscheidende Gewicht gelegt ist.

D. Luftarbeitsgesetz[2]).

a) Vorbemerkung.

Die besonderen Bedingungen der Arbeit in der Luftfahrt werden bei der Neuregelung des Arbeitsrechts zu berücksichtigen sein. Es darf erwartet werden, daß der Luftverkehr sich zum Groß-Überland- und Seeverkehr entwickeln wird. Die Teilnahme Deutschlands an dieser Entwicklung — trotz den vorläufigen Einschränkungen, die ihm durch die Note der Botschafterkonferenz vom 14. 4. 1922 und die VO. über Luftfahrzeugbau vom 5. 5. 1922 (RGBl I S. 476) auferlegt sind — muß das heute schon bestehende Bedürfnis nach einer Regelung des Luftarbeitsrechts steigern, ohne daß die Materie selbst im Verlauf der Entwicklung voraussichtlich nach wesentlich anderen Gesichtspunkten zu beurteilen sein wird, als sie bereits jetzt dieser Regelung zugrunde zu legen sind. Ein frühzeitiges Eingreifen des Gesetzgebers würde überdies bedeuten, daß versucht würde, der Luftfahrt die bitteren Erfahrungen der bisherigen Arbeitnehmerbewegung zu ersparen und sie auch insofern von vornherein auf eine gesunde Grundlage zu stellen.

Die Notwendigkeit einer Sonderregelung für die Arbeit des Luftfahrtwesens ergibt sich aus der Eigenart des Luftverkehrs und der dazu benutzten Fahrzeuge. Einmal können als Besatzung für die Luft-

[1]) Vgl. auch das österreichische Güterbeamtengesetz (Gesetz über den Dienstvertrag der in land- und forstwirtschaftlichen Betrieben zu Diensten höherer Art angestellten Personen vom 13. 1. 1914. RGBl S. 36).

[2]) Vgl. Melsbach, Die Notwendigkeit eines Luftarbeitsrechts, Der Luftweg 1921 S. 246.

fahrzeuge nur besonders qualifizierte Personen in Frage kommen. Ihr Dienst erfordert eine besondere, sorgfältige Vorbildung und die Erfüllung von bestimmten Vorbedingungen physischer und psychischer Art während der Luftfahrt. Sodann ist die Gefahrenquote sowohl im Hinblick auf die Insassen des Luftfahrzeugs als auch auf die Allgemeinheit besonders groß, zumal die Entwicklung des Baus der Fahrzeuge hinsichtlich ihrer Verkehrssicherheit immerhin noch nicht abgeschlossen ist. Und endlich bedeutet Luftfahrt zeitweise Ausschaltung eines Teils der Voraussetzungen des innenstaatlichen Lebens — dies betont dadurch, daß der Aktionsradius des Luftfahrzeugs nicht auf das Inland beschränkt ist.

Es sind somit gegenüber dem Allgemeinen Arbeitsrecht Vorkehrungen zu treffen:

1. daß diese Besonderheiten in dem Arbeitsvertrag der Luftfahrt berücksichtigt werden,
2. daß der Arbeitsschutz mit Rücksicht auf jene besonderen Verhältnisse der Luftfahrt ausgebaut wird,
3. daß das Unfallrecht besonders geregelt wird,
4. daß das Betriebsvertretungsrecht den Bedingungen der Luftfahrt angepaßt wird,
5. daß arbeitsverwaltungs- und arbeitsgerichtsrechtliche Erwägungen bei der Ausgestaltung des Luftarbeitsrechts berücksichtigt werden.

Das Luftverkehrsrecht im allgemeinen, geregelt im Luftverkehrsgesetz vom 1. 8. 1922 (RGBl S. 681), berücksichtigt die vorstehend genannten, für das Arbeitsrecht in Frage kommenden Gesichtspunkte nicht, sieht man von Bestimmungen über die Eignungsprüfung der Luftfahrzeuge (§§ 2, 3), den Befähigungsnachweis der Flugzeugbesatzung (§ 4), die Genehmigungspflicht der Ausbildung zu Luftfahrern (§ 6), die Beschaffenheit der Aufstieg- und Landestellen der Flugplätze (§ 7) und die allerdings sehr einschneidende Frage der Haftpflicht (§§ 19 bis 30) ab. Diese letztere regelt das Luftverkehrsgesetz im Sinn einer Erfolgshaftung[1]) ganz allgemein dahin, daß der Halter des Luftfahrzeugs verpflichtet ist, den Schaden zu ersetzen, wenn beim Betrieb des Luftfahrzeugs durch Unfall jemand getötet, sein Körper oder seine Gesundheit verletzt oder eine Sache beschädigt wird (§§ 19, 20).

Der in Frage kommende Personenkreis sind die zur Besatzung der Luftfahrzeuge gehörigen Personen, also: Ballonführer, Flugzeugführer,

---

[1]) Vgl. dazu Bredow-Müller, Luftverkehrsgesetz, Berlin Heymann 1922, § 19/I Anm. B. 2.

Flugzeugbeobachter („Orter"), Kapitäne und Steuerleute der Luftschiffe und das aus Monteuren, Funkentelegraphisten usw. bestehende sonstige Personal. Zu erwägen ist auch, inwieweit etwa die auf den Flugplätzen mit der Wartung der Luftfahrzeuge und des Start- und Landungsdienstes beschäftigten Personen, für die — soweit sie mit den Luftfahrzeugen in Berührung kommen — die Verhältnisse in einzelnen Beziehungen anders liegen, in die Regelung einzubeziehen sind.

b) Arbeitsvertragsrecht.

1. Soweit die Führer[1]) der Luftfahrzeuge in Frage kommen, ist den Besonderheiten der Luftfahrt bereits in allen bisher erlassenen Gesetzen, Verordnungen usw. über Luftfahrt insofern Rechnung getragen, als die Führung eines Luftfahrzeugs von dem Nachweis einer Vorbildung und körperlichen Eignung abhängig gemacht wird. Dies berührt jedoch den Arbeitsvertrag nur mittelbar: Einen Arbeitsvertrag als Führer eines Luftfahrzeugs werden in der Praxis nur solche Personen abschließen können, die jenen Bedingungen genügt haben und ein Führerzeugnis („Luftfahrerschein") besitzen. Obwohl diese Bestimmungen zum Teil also sozialpolitischen Charakter tragen, rechtfertigt jedoch der verkehrspolizeiliche Gesichtspunkt die Regelung in dem Luftverkehrsrecht. Für die Handhabung des Arbeitsvertrags selbst bestehen keinerlei die Verhältnisse der Luftfahrt berücksichtigende gesetzliche Vorschriften. Soweit bekannt, nehmen auch die mit den Luftfahrzeugführern abgeschlossenen Arbeitsverträge der Luftfahrtunternehmungen auf diese Besonderheiten keine Rücksicht, sondern überlassen die Handhabung der Gewohnheit und den Gebräuchen, die sich hier gebildet haben. Tarifverträge sind für Luftfahrzeugführer bisher noch nicht abgeschlossen worden, während das übrige in der Luftfahrt tätige Personal (Monteure, Flugplatzarbeiter usw.) teilweise an die Tarifverträge einzelner Industrien angeschlossen ist oder für es doch eine diesen Tarifverträgen entsprechende Regelung getroffen ist.

Es hierbei zu belassen, erscheint nicht als angebracht. Vielmehr wird in den das Luftarbeitsrecht regelnden Bestimmungen des kommenden Arbeitsgesetzbuchs auf der einen Seite im einzelnen, soweit dies möglich ist,

[1]) Unter Luftfahrzeugführern sind hier und im folgenden diejenigen Personen verstanden, denen die Verantwortung für die Durchführung des Fluges obliegt. Gegebenenfalls befinden sich also an Bord eines Luftfahrzeugs mehrere Personen, auf welche dieser Gesichtspunkt zutrifft, z. B. bei dem zweisitzigen Flugzeug Flugzeugführer und Flugzeugbeobachter. „Luftfahrer" im Sinne des Luftverkehrsgesetzes (§ 4/I) ist, wer „bestimmungsgemäß ein Luftfahrzeug führt oder bedient".

zu bestimmen sein, welche Forderungen der Luftfahrzeugführer an den Arbeitgeber hat, daß er die Luftfahrt im vollen Besitz seiner körperlichen und geistigen Fähigkeiten antritt und daß diese Fähigkeiten während der Luftfahrt erhalten bleiben. Das bedingt für ihn einen besonderen Anspruch auf Ruhe, Schonung und Fürsorge vor und auf der Luftfahrt (kein Achtstundenarbeitstag, keine Vorarbeit vor der Luftfahrt, Arbeitspausen mit Erholungsmöglichkeit u. a. m.). Weiterhin erfordert die erhöhte Gefahr und zugleich die Verantwortung, die der Luftfahrzeugführer übernimmt, daß — wie dies bisher bereits üblich — nun auch gesetzlich die Entscheidung über die Ausführung der Luftfahrt nach den technischen Bedingungen und der eigenen Eignung in die Hand des Luftfahrzeugführers gelegt, ihm weitestgehender Spielraum in der Selbständigkeit und der Verantwortung für Beginn, Art und der Dauer der Luftfahrt gelassen wird[1]).

Andererseits wird im Interesse des Luftarbeitgebers bestimmt werden müssen, welche Ansprüche er an die Leistungsfähigkeit des Luftfahrzeugführers stellen kann. Auch läßt die Erhöhung der Gefahrenquote hinsichtlich der Zwecke der Luftfahrt und der Gefährdung der Allgemeinheit die Festlegung einer besonderen Verantwortlichkeit des Luftfahrzeugführers als erforderlich erscheinen. Für den Luftarbeitgeber also ist ein Anspruch auf eine konzentrierte geistige Arbeit in der Führung des Luftfahrzeugs und daraus folgend auf vermehrte Vorsicht und Sorgfalt in der Ausnutzung der Ruhezeit vor der Luftfahrt, in der Vorbereitung und während der Luftfahrt festzulegen.

Hieraus ergibt sich für den Luftfahrzeugführer, daß er unter die Angestellten (vgl. § 622 BGB; §§ 165 Nr. 2, 544 Nr. 2, 545 und 1226 Nr. 2 RVersO und § 1 Nr. 2 AngVersG, gegebenenfalls auch § 622 BGB) rechnet. (Hinsichtlich des Flugzeugführers liegt zwar der Vergleich mit dem Kraftfahrzeugführer nahe. Die Verhältnisse sind jedoch sowohl mit Rücksicht auf die Vorbildung des Flugzeugführers als auch die erörterten Anforderungen, die das Fliegen an ihn stellt, völlig verschieden: Als Flugzeugführer können nur geistig und körperlich und nach ihrer Vorbildung und ihren Kenntnissen besonders qualifizierte Personen in Frage kommen.)

Für den Luftfahrzeugführer und den Luftarbeitgeber folgt aus dem Ge-

---

[1]) Das Gesagte fällt alles zum Teil mit dem Gesichtspunkt des Arbeitsschutzes (vgl. c) zusammen, soweit das Gesetz hier nicht den Vertragsparteien Spielraum in der Gestaltung des Arbeitsvertrags läßt, sondern im einzelnen unabdingbare Normativbestimmungen festlegen würde.

sagten, daß die Gründe, aus denen sie zur Kündigung des Arbeitsvertrags berechtigt sind und aus denen sie den Vertragsgegner für Verschulden haftbar machen können, zu ihren Gunsten zu erweitern sind. Die Folgerungen daraus im einzelnen für das Recht des Luftfahrzeugführers und dasjenige des Luftarbeitgebers zu ziehen, die im Gesetz niederzulegen sind, wird erst möglich sein, nachdem Sachverständige aus beiden Lagern die tatsächlichen Unterlagen und Fragen geklärt haben.

2. Für die Luftfahrzeugbesatzung im übrigen gilt das Gleiche, wie zu 1 ausgeführt, mit den Einschränkungen, die sich daraus ergeben, daß die Arbeit des Luftfahrzeugführers ganz besondere Anforderungen an seine körperlichen, geistigen und Charaktereigenschaften stellt, die für die übrige Flugzeugbesatzung nicht zutreffen. (Über die Pflicht der Unterordnung unter den Luftfahrzeugführer s. unten f.)

3. Für das sonstige nicht zur Flugzeugbesatzung gehörende Hilfspersonal der Flugplätze — sofern seine Arbeitsverhältnisse überhaupt gleichzeitig mit denen der Luftfahrzeugbesatzung behandelt werden sollen — ist eine Sonderregelung im vorerörterten Sinne nicht notwendig. Es wird vielmehr genügen, wenn die den Arbeitsschutz betreffenden Bestimmungen auch auf diese Kategorie von Personen Rücksicht nehmen.

c) Arbeitsschutzrecht.

Auch der Gesichtspunkt des Arbeitsschutzes fällt teilweise mit dem der verkehrspolizeilichen Rücksichten zusammen, hier insoweit, als die Verkehrssicherheit des Luftfahrzeugs und die Eignung der Flugplätze auch einen Arbeitsschutz für die in der Luftfahrt tätigen Personen — einschließlich des Hilfspersonals der Flugplätze — bedeutet.

Über die Betriebssicherheit hinaus müssen jedoch die Einrichtungen der Flugfahrzeuge und der Flugplätze der außerordentlichen Beanspruchung des Organismus und der Spannkraft der Luftfahrzeugbesatzung, insbesondere der Führer, gerecht werden (z. B. indem die Einrichtung des Führersitzes eines Flugzeugs mit jeder nur denkbaren Bequemlichkeit ausgestattet, für die Luftfahrt in größeren Höhen Vorkehrungen zum Schutz gegen die Kälte und die Luftverdünnung getroffen, auf den Flugplätzen Ruheräume bereitgestellt werden u. a. m.). Gleiches würde für die sonstigen Arbeitsbedingungen gelten, soweit sie im Gesetze zwingend zu regeln sind (vgl. das zu I. Ausgeführte). Hier wie dort werden im übrigen zu den Vorarbeiten Sachverständige für die Beurteilung der tatsächlichen Fragen zuzuziehen sein.

d) Unfallrecht.

Für die Versicherungspflicht des Luftfahrtpersonals ist zunächst die Frage von Bedeutung, inwieweit das Personal als „Arbeiter" oder als „Angestellte" zu betrachten ist. Soweit es sich bei der Luftfahrzeugbesatzung um Arbeiter handelt, wird die Errichtung einer besonderen Berufsgenossenschaft in Erwägung zu ziehen sein.

Die Luftfahrzeugführer sind, wie schon ausgeführt, grundsätzlich als „Angestellte" im Sinne des § 1 Nr. 2 des Versicherungsgesetzes für Angestellte und der §§ 165 Nr. 2, 544 Nr. 2, 545 und 1226 Nr. 2 RVO anzusehen. In der Praxis werden sie auch als Angestellte im versicherungstechnischen Sinne behandelt. In der Versicherungsrechtsprechung ist die Frage nicht zur Erörterung gekommen, da die Führer durchweg ein Gehalt beziehen, der die bisher in § 1/III AngVersG (3. Verordnung über Ausdehnung der Versicherungspflicht in der Angestelltenversicherung vom 21. 12. 1922, RGBl I S. 962) und in § 544/II Nr. 2 RVersO (2. Verordnung über Erhöhung von Geldbeträgen in der Unfallversicherung vom 16. 12. 1922 RGBl I S. 929) festgesetzten Jahresarbeitsverdienste übersteigt.

Soweit die Zwangsversicherung nicht Platz greift, läßt die Praxis vielfach — jedoch meist nur für den Fall des Todes oder der dauernden Berufsunfähigkeit — die Privatversicherung eintreten. Dieser Weg wird voraussichtlich auch jetzt beibehalten werden, nachdem die Regelung der Haftpflicht in der oben erwähnten Form des Luftverkehrsgesetzes erfolgt ist. Der bisherigen Entwicklung des Gedankens der Sozialversicherung würde es jedoch entsprechen und auch aus praktisch-wirtschaftlichen Erwägungen vorzuziehen sein, wenn späterhin die Luftfahrzeugbesatzung aus der Haftpflichtregelung ausgenommen (vgl. übrigens auch § 898 RVersO) und die Versicherungspflicht mit Rücksicht auf die mit der Luftfahrt untrennbar verknüpften besonderen Gefahren erweitert würde. Dies derart, daß jeder Unfall der zum Tod oder zeitiger oder dauernder Invalidität der zur Luftfahrzeugbesatzung gehörenden Personen führt, durch eine Versicherung gedeckt wird, gleichgültig, wie hoch die Bezüge der Luftfahrzeugbesatzung sind oder doch unter weitgehendster Erstreckung der Versicherungsgrenze. Das letztere aus der Erwägung heraus, daß die hohen Bezüge, die zum Teil den Luftfahrzeugbesatzungen gezahlt werden, das Entgelt (außer für die besondere Eignung) für die Übernahme der Gefahr darstellen, nicht aber für die materiellen Folgen etwaiger Unfälle.

Der Versicherungszwang könnte entweder in der Weise gesetzlich festgelegt werden, daß die Gehaltsgrenzen nach § 1/III AngVersG und § 544/I Nr. 2 (§ 1226/II) RVersO für diese Klasse von Personen erhöht oder gestrichen werden, oder derart, daß die Schadensbegrenzung des § 1063 RVersO übernommen, gegebenfalls auch die sonstige Versicherung des Luftunfalls der Seeunfallversicherung angepaßt wird, oder derart, daß die Selbsthilfe der Beteiligten in Berufskassen organisiert oder endlich eine Verpflichtung der Luftarbeitgeber, die nichtversicherungspflichtigen Personen der Luftfahrzeugbesatzung in eine private oder die freiwillige Reichsversicherung aufnehmen zu lassen, statuiert wird. Die letztere Möglichkeit könnte vorzuziehen sein, um die Einheitlichkeit des Versicherungszwangs im Sinne der Angestelltenversicherung nicht zu beeinträchtigen, jedenfalls so lange, als die Verhältnisse der Luftfahrt noch so klein sind, daß die Beziehungen zwischen Arbeitgeber und Arbeitnehmer mehr persönlicher Art sind und eine Regelung im Großen nicht erforderlich ist. Insofern handelt es sich hier um eine Frage, die nicht in den Versicherungsgesetzen, sondern im Luftarbeitsgesetz zu regeln sein würde.

e) Betriebsvertretungsrecht.

§ 5 BetrRG sieht den Erlaß besonderer betriebsvertretungsrechtlicher Bestimmungen für See- und Binnenschiffahrt vor. Für erstere, weil die Abwesenheit des Schiffs vom Heimathafen und ihre regelmäßige, nicht vorübergehende Dauer es als geboten erscheinen läßt, das Schiff selbst als „Betrieb" zu behandeln, dabei aber zugleich den besonderen Verhältnissen der Seeschiffahrt (insbesondere Unterordnungspflicht der Besatzung vgl. f)) gerecht zu werden. Für die Binnenschiffahrt, weil das Kommen und Gehen der Schiffe und die Verteilung der Arbeitnehmerschaft des Betriebs in kleinen Gruppen auf sie einzelne Sondervorschriften (insbesondere hinsichtlich Wahl und Zusammensetzung der Betriebsvertretungen) erforderlich macht. Entsprechende Gesetzentwürfe sind im Werden.

Die Verhältnisse liegen zwar hinsichtlich der Luftfahrt insofern anders, als die Dauer des Aufenthalts in der Luft in der Regel bisher durch den Betriebsstoff eng begrenzt gewesen ist. Allein die Nordpolfahrt Andrés, die Fahrt eines Zeppelinluftschiffs nach Deutschostafrika, eines englischen Luftschiffes nach Nord-Amerika und die Flüge über Mittelmeer und Atlantischen Ozean zeigen, daß schon jetzt die Bedingungen ganz ähnliche wie für die Seeschiffahrt sein können — ganz abgesehen von den weitausschauenden Plänen des Passagierverkehrs mit Schütte-Luftschiffen in der nächsten Zukunft. Andererseits weisen die Ausdehnung des Landluftverkehrs und die Notwendigkeit, bei größeren Strecken — namentlich im Ausland — Etappen, Stationen zu errichten, auf Voraussetzungen hin ähnlich denjenigen, die eine Sonderregelung für die Binnenschiffahrt als erforderlich haben erscheinen lassen.

Man wird also unterstellen müssen, daß auch für die Luftfahrt betriebsvertretungsrechtliche Vorschriften eigener Art notwendig sein werden, die hinsichtlich des Auslandluftschiff- und vielleicht auch -Großflugzeugverkehrs etwa den für die Seeschiffahrt zu treffenden Bestimmungen und im übrigen dem Binnenschiffahrtsbetriebsvertretungsrecht ähnlich sind.

f) Arbeitsverwaltungs- und Arbeitsgerichtsrecht.

Die Eigenart der Luftfahrt bedingt den Ausschluß der Möglichkeit staatlichen Eingreifens während ihrer Dauer. Eine ähnliche Erwägung hat dazu geführt, dem Führer des Seeschiffs zugleich staatlich-behördliche Funktionen zu übertragen.

Soweit die Beziehungen des Führers des Luftfahrzeugs als Vertreter des Luftarbeitgebers zu der Luftfahrzeugbesatzung hinsichtlich des Arbeitsverhältnisses in Frage stehen, wird nicht davon abgesehen werden können, eine Unterordnungspflicht der Besatzung — ähnlich derjenigen eines Seeschiffs unter den Kapitän — gesetzlich festzulegen. Hier handelt es sich nach der richtigen Ansicht um eine (öffentlichrechtliche) Besonderheit des Arbeitsvertragsrechts, und es bedarf deshalb keiner besonderen Begründung, daß diese Vorschriften Gegenstand der gesetzlichen Regelung des Luftarbeitsrechts sein werden.

Entsprechend dem Vorbild des Seemannsrechts und mit Rücksicht auf die engen Beziehungen zum Luftarbeitsrecht — und auf den wesentlich sozialpolitischen Charakter dieser Bestimmungen — wird jedoch auch jener Teil des Luftrechts, der dem Führer des Luftfahrzeugs einzelne der behördlichen Funktionen überträgt, wie sie dem Führer des Seeschiffes obliegen, in das Luftarbeitsgesetz einzubeziehen sein.

E. Seemannsordnung.

a) Das Wesen des Sonderrechts.

Die Besonderheit des Arbeitsrechts der Seeschiffahrt ist bedingt durch den Schauplatz der Arbeit. Mehr als alle anderen Arten der Arbeit — von ihrer jüngeren Schwester in der Luftfahrt abgesehen — schmiedet sie Arbeitgeber- und Arbeitnehmerschaft des Betriebs oder Betriebsteils zu einer Einheit zusammen, die in der Besatzung des Hochseeschiffs auf Fahrt ihre letzte Ausprägung als einer zeitigen Schicksalsgemeinschaft und zugleich der Miniatur des heimischen Staatswesens findet. Entsprechend muß das Seemannsrecht ein Spiegelbild der besonderen

Verhältnisse dieser Arbeit sein und in umfassenderer Weise als andere Sonderarbeitsrechte einen Ausschnitt des gesamten Rechts darstellen.

Die gesetzlichen Regelungen des Seemannsrechts in der SeemO vom 27. 12. 1872 (RGBl S. 409) und der jetzt (in den Fassungen von 1903 und 1904) geltenden SeemO vom 2. 6. 1902 (RGBl S. 175) sind diesen Anforderungen lange vor der Kodifikation der meisten anderen Rechtsgebiete der Arbeit in trefflicher Weise gerecht geworden.

Allerdings: sie waren Kinder ihrer Zeit. Sie konnten das mit ungleich größerer Berechtigung als andere Gesetze sein, weil sie auf tausendjährige Traditionen zurückblickten und die Tatsachenwelt ihrer Grundlagen in den entscheidenden Beziehungen die gleiche geblieben war. Zwar gilt dies noch heute. Aber dem veränderten Ideengehalt der Anschauungen der Beteiligten muß auch das Seemannsrecht den schuldigen Tribut leisten.

b) Der Sinn der Neuordnung.

Damit ist zugleich der Sinn der in Angriff genommenen Neuordnung des Seearbeitsrechts umschrieben. Ihre Aufgabe kann nicht sein, an den Grundzügen der bisherigen Regelung zu rütteln, soweit sie den besonderen Bedingungen der Arbeit gerecht werden. Hier kann es sich nur darum handeln, kleine Verbesserungen des Inhalts und des gesetzgeberischen Ausdrucks zu finden. Der eigentliche Zweck der Neuordnung vielmehr ist, das Arbeitsrecht der Seeschiffahrt dem *Gedanken der Arbeitnehmerbewegung* anzupassen und damit innerlich zum homogenen Teil des diesen Gedanken verkörpernden Arbeitsgesetzbuchs zu machen, gewohnten Verhältnissen also insoweit ein neues Kleid des Rechts zu geben, wie dies oben (S. 36) ausgeführt ist.

Unter diesem Zeichen sind zunächst die berufenen Vertretungen der Beteiligten, Reeder, Schiffer und Seeleute, in einem von dem Deutschen Seefahrtsausschuß berufenen Ausschuß zur Neufassung der SeemO zusammengetreten.

Aus den gleichen Erwägungen heraus hatte bereits das BetrRG vom 4. 2. 1920 (RGBl S. 147) in § 5 die Einrichtung von Arbeitnehmervertretungen auch für die Betriebe der Seeschiffahrt abweichend von dem sonstigen Betriebsvertretungsrecht durch besonderes Gesetz vorgesehen. Die Vorarbeiten hierfür sind eingeleitet.

c) Einzelfragen.

Einige der wichtigsten für die Neuordnung — negativ oder positiv — in Betracht kommenden Einzelfragen sind bereits bei der Erörterung des Luftarbeitsrechts angedeutet worden: An der *Befehlsgewalt* des

Kapitäns und seiner Stellvertreter und an der Übertragung staatlichbehördlicher Funktionen auf ihn wird festzuhalten (vgl. oben S. 122), andererseits dem Wunsch der Arbeitnehmerschaft nach tätiger Mitwirkung bei der Gestaltung ihrer Geschicke durch Einführung eines Vertrauensausschusses Rechnung zu tragen sein (vgl. oben S. 121), der die Aufgaben der Betriebsvertretung hat, soweit nicht die Notwendigkeit, die Sicherheit von Schiff und Besatzung zu gewährleisten und die Mannszucht zu erhalten, Abweichungen erfordert.

Einer Klärung bedarf die Stellung des Maschinenpersonals auf Dampf- und Motorschiffen gegenüber der (nautischen) Decksbesatzung. Die Betonung der Gleichwertigkeit der Arbeit beider Gruppen und zugleich die Sicherstellung der Leitung der Maschine durch die berufenen Fachleute — mit der Maßgabe naturgemäß, daß diese Leitung nicht Selbstzweck ist, sondern den Weisungen des jeweiligen Führers des Schiffs entsprechend zu erfolgen hat — wird in der Fassung des Gesetzes zum Ausdruck kommen müssen.

Von besonderer Bedeutung wird die Regelung der Arbeitszeit werden. Der Gedanke der gesetzlich begrenzten Arbeitszeit (vgl. unten S. 198) ist in einer den besonderen Verhältnissen der Seeschiffahrt angepaßten Form auch hier zu verwirklichen. Diese Frage hat bereits die 2. Hauptversammlung der Internationalen Organisation der Arbeit in Genua (Juni/Juli 1920) eingehend beschäftigt, ohne daß jedoch dort ein die widerstreitenden Meinungen vereinigendes Ergebnis erzielt worden wäre.

Daneben sind eine Reihe sonstiger arbeitsschutzrechtlicher Vorschriften erforderlich, insbesondere hinsichtlich der Ausübung der Befehlsgewalt, der Verpflegung („Speiserolle"), der Entgeltszahlung und der Beschäftigung von Kindern und Jugendlichen. Ebenso sind neue Bestimmungen arbeitsvertraglicher Art vorzusehen, z. B. hinsichtlich der Form des Heuervertrags (Schriftform), des Entgeltsrechts (Aufstieg vom Schiffsjungen zum Leichtmatrosen und Vollmatrosen, Abschlags- und Familienzahlungen), Urlaubsgewährung und des Rechts der Endigung des Arbeitsvertrags (Dauer, Rückbeförderung usw.).

Auch die Strafbestimmungen bedürfen einer Überprüfung, die freieren Anschauungen Rechnung trägt.

Die Seemannsämter endlich als die besonderen Arbeitsbehörden der Seeschiffahrt werden zu erhalten und in ihrer Besetzung das Laienelement weitgehend paritätisch zu beteiligen sein (vgl. darüber Weiteres unten S. 186, 187).

II. Vereinigung und Arbeit.

6. Berufsvereinsgesetz. (Arbeitsvereinsgesetz.)

A. Vereinigungsrecht (Koalitionsrecht).

1. § 152/I GewO hatte alle Verbote und Strafbestimmungen gegen Gewerbetreibende, gewerbliche Gehilfen, Gesellen oder Fabrikarbeiter wegen Verabredungen und Vereinigungen zum Behuf der Erlangung günstiger Lohn- und Arbeitsbedingungen, insbesondere mittels Einstellung der Arbeit oder Entlassung der Arbeiter, aufgehoben.

§ 1 des Vereinsgesetzes vom 19. 4. 1908 (RGBl S. 151) gab dann allen Reichsangehörigen das Recht, zu Zwecken, die den Strafgesetzen nicht zuwiderlaufen, Vereine zu bilden. Lediglich Vereine, die eine Einwirkung auf politische Angelegenheiten bezweckten, wurden geringfügigen Beschränkungen unterworfen, insofern sie Satzung und Verzeichnis der Vorstandsmitglieder der Polizeibehörde einzureichen hatten und Minderjährige unter 18 Jahren nicht als Mitglieder aufnehmen durften. Jedoch beseitigte das Gesetz vom 26. 6. 1916 (RGBl S. 635) beides für Berufsvereine, wenn sie auf Angelegenheiten der Sozialpolitik oder der Wirtschaftspolitik einzuwirken suchten, die mit der Erlangung oder Erhaltung günstiger Lohn- oder Arbeitsbedingungen oder mit der Wahrung oder Förderung wirtschaftlicher oder gewerblicher Zwecke zugunsten ihrer Mitglieder oder mit allgemeinen beruflichen Fragen im Zusammenhang standen.

Art. 159 RVerf gewährleistet nunmehr

> „die Vereinigungsfreiheit[1]) zur Wahrung und Förderung der Arbeits- und Wirtschaftsbedingungen für jedermann und für alle Berufe. Alle Abreden und Maßnahmen, welche diese Freiheit einzuschränken oder zu behindern suchen, sind rechtswidrig."

Damit sind die vorgenannten Gesetze ersetzt oder aufgehoben und die **Freiheit der Vereinigung** schlechthin geschaffen. Das Recht der Vereinigungsfreiheit zu regeln, den Rahmen mit positivem Inhalt

---

[1]) Das Wort ist statt „Koalitionsfreiheit" gewählt worden, um klarzustellen, daß mit Art. 159 ein „Streikrecht" nicht gewährleistet wurde (vgl. Verh. d. Verf.-Aussch. d. Nat.-Vers. Drucks. Nr. 391 S. 389).

auszufüllen, ist Sache des Bürgerlichen und Öffentlichen Rechts, vor allem des Berufsvereinsrechts.

2. Mit dieser Vereinigungsfreiheit ist notwendig auch die Freiheit der Nichtvereinigung gewährleistet — jedenfalls in dem Sinn, daß der an sich Organisationsbereite nicht durch Zwang zum Beitritt zu einer Vereinigung daran gehindert werden darf, sich einer anderen Vereinigung anzuschließen, praktisch also schlechthin[1]). Über das gesetzgeberische Problem dieses Koalitionszwangs wird unten (C. b) S. 132) Weiteres zu sagen sein.

B. Vorgeschichte.

Ein neu zu schaffendes Berufsvereinsgesetz (Arbeitsvereinsgesetz[2])) wird auf eine reiche kulturgeschichtliche und parlamentarische Vergangenheit zurückblicken können.

Vereinigungen von Personen zur Wahrung der sich aus dem Beruf ergebenden Interessen hat es offensichtlich schon in den ältesten Zeiten gegeben. Teils verfolgten sie daneben oder in erster Linie gleichzeitig andere Zwecke — so hatten die Handwerkerinnungen des alten Roms ursprünglich einen vorwiegend sakralen Charakter und so verfolgten auch die Zünfte des Mittelalters neben ihren beruflichen Zielen politische, militärische, religiöse und gesellige Interessen —, teils waren sie wie die Gesellenverbände des späteren Mittelalters und des Beginns der Neuzeit reine Berufsverbände zur Wahrung der wirtschaftlichen Interessen ihrer Mitglieder[3]).

Die Entwicklung des Industrialismus' in der Mitte des 19. Jahrhunderts ließ rasch auch das Bedürfnis nach Vereinigungen der Arbeitgeber und

---

[1]) Vgl. Urteil des Reichsgerichts vom 6. 4. 1922 VI. 456/1921 (Fall Abel), abgedruckt RABl 1922 S. 428, das aus dem Fehlen eines „Zwangs zum Anschlusse" in der Reichsverfassung die Freiheit, in eine Organisation einzutreten oder nicht einzutreten, folgert — gleichgültig, ob durch Art. 159 auch die Freiheit der Nichtvereinigung habe geschützt werden sollen — und einen Druck auf Außenstehende nur insofern zuläßt, als dabei erlaubte Mittel zur Anwendung gelangen, die zudem in ihrer Auswirkung nicht gegen die guten Sitten verstoßen dürfen (BGB Kom. d. RGR § 826 Anm. 5). Vgl. auch Groh, Koalitionsrecht, Mannheim/Berlin/Leipzig Bensheimer 1923, S. 39 und über das Schrifttum Gätcke, Das Vereinigungsrecht, Hamburg Lütcke und Wulff 1922, S. 27.

[2]) Über den Namen vgl. unten D. a) S. 135.

[3]) Vgl. Klein, Das Organisationswesen der Gegenwart, Berlin, Vahlen 1913, S. 14.

Arbeitnehmer entstehen[1]). Sehr bald wurde dann die Frage der Rechtspersönlichkeit dieser neuen Berufsvereine zur Erörterung gestellt. Der am 4. 5. 1869 von Schulze-Delitzsch und Genossen dem Reichstag des Norddeutschen Bundes vorgelegte Entwurf eines Gesetzes, betreffend die privatrechtliche Stellung von Vereinen[2]), ging allerdings insofern weiter, als er die „idealen" Vereine schlechthin umfaßte und von dem Gesetz nur die Handels- und Versicherungsgesellschaften des AllgDHGB, die Erwerbs- und Wirtschaftsgenossenschaften und die auf wirtschaftlichen Geschäftsbetrieb gerichteten Vereine ausgeschlossen sein sollten. (Hinsichtlich der Zulassung politischer und religiöser Vereine und geistlicher Orden und Körperschaften verblieb es nach dem Entwurf bei dem Landesrecht.) Der gleiche Entwurf ging auch der Bayerischen Kammer zu. Während er in Bayern Gesetz wurde, kam er im Reichstag des Norddeutschen Bundes nicht zur Erledigung. Ein im wesentlichen ebenso lautender Entwurf wurde auch im Reichstag des neuen Deutschen Reichs in dessen 1. Legislaturperiode 1871 und 1872 eingebracht[3]). In der 8. Legislaturperiode 1890/1892 folgte der Entwurf Dr. Hirsch und Genossen eines Gesetzes betreffend die eingetragenen Berufsvereine[4]). Die in dieser Legislaturperiode von den Abgeordneten Dr. Hitze und Genossen beantragte Entschließung:

> „Die verbündeten Regierungen zu ersuchen, dem Reichstag tunlichst bald einen Gesetzentwurf betreffend die gesetzliche Anerkennung beruflicher Organisationen der Arbeiter und Festsetzung von Normativbestimmungen vorzulegen",

wurde in der Erwartung zurückgezogen, daß der Initiativantrag Dr. Hirsch und Genossen Veranlassung zur Erörterung der gewünschten Anregung bieten werde. Der Antrag Dr. Hirsch und Genossen, der in der I. Session, nachdem ihn eine Kommission durchberaten hatte, unerledigt geblieben und deshalb in der II. Session erneut eingebracht worden war, gelangte infolge der Auflösung des Reichstags nicht zur Beratung. Die 9. Legislaturperiode 1893/1898 sah den Entwurf Dr. Lieber und Genossen eines Gesetzes betreffend die eingetragenen Berufsvereine[5]) und den im wesent-

---

[1]) Im einzelnen vgl. Kulemann, Die Berufsvereine, Jena Fischer 1918, Erste Abteilung: Geschichtliche Entwicklung der Berufsorganisationen der Arbeitnehmer und Arbeitgeber aller Länder.

[2]) Nordd. Bund 1. Leg.-Per. Druckſ. Nr. 164.

[3]) I. Seſſ. Druckſ. Nr. 45, III. Seſſ. Druckſ. Nr. 13.

[4]) I. Seſſ. Druckſ. Nr. 32, II. Seſſ. Druckſ Nr. 37

[5]) I. Seſſ. Druckſ. Nr. 15, II. Seſſ. Druckſ. Nr. 19, III. Seſſ. Druckſ. Nr. 20, IV. Seſſ. Druckſ. Nr. 30.

lichen gleichlautenden Entwurf Langerfeldt und Genossen[1]). Beide Anträge wurden ebenfalls einer Kommission überwiesen. Ebenso wie ein später eingebrachter, ebenso lautender Entwurf Dr. Schneider[2]) und ein (von dem früheren abweichender) Entwurf Dr. Lieber und Genossen über eingetragene Berufsvereine[3]) sind sie nicht erledigt worden. In derselben Legislaturperiode richteten die Abgeordneten Dr. Hitze und Genossen an die verbündeten Regierungen die Anfrage, ob die Vorlage eines Gesetzentwurfs betreffend die Anerkennung der Berufsvereine erwartet werden dürfe. Die Interpellation wurde dahin beantwortet, daß in dieser Beziehung unternommene Arbeiten noch nicht zu einer Beschlußfassung des Staatsministeriums geführt hätten. Auch bei den Beratungen des Bürgerlichen Gesetzbuchs wurde die Frage der Berufsvereine erörtert. Die Kommission zur Vorberatung des Entwurfs des Bürgerlichen Gesetzbuchs faßte am 12. 6. 1896 eine Entschließung, in welcher die Erwartung ausgesprochen wurde, daß die Rechtsverhältnisse der Berufsvereine baldtunlichst einheitlich geregelt würden. Der Reichstag nahm diese Resolution an, doch beschloß der Bundesrat, ihr keine Folge zu geben. In der 10. Legislaturperiode 1898/1903 wurden der letzterwähnte Entwurf Dr. Lieber und Genossen[4]), der Entwurf Bargmann und Genossen eines Gesetzes betreffend die eingetragenen Berufsvereine[5]), auch ein Entwurf Albrecht und Genossen betreffend das Recht der Versammlung und Vereinigung und das Recht der Koalition[6]) vorgelegt. Sie sind unerledigt geblieben. Auch wurden die Anträge Roesicke-Dr. Pachnicke, Groeber und Genossen und Dr. Pachnicke-Roesicke gestellt, die verbündeten Regierungen um Vorlage eines Berufsvereinsgesetzes zu ersuchen. Die letzteren beiden Anträge wurden angenommen. Während der 11. Legislaturperiode 1903/1906 legten die Abgeordneten Bargmann und Genossen[7]) und Albrecht und Genossen[8]) ihren Entwurf wiederholt vor. Auch diesmal sind sie unerledigt geblieben. Dagegen stellten die verbündeten Regierungen in Beantwortung einer Interpellation Trimborn und Genossen, ob die

[1]) II. Sess. Drucks. Nr. 24.

[2]) III. Sess. Drucks. Nr. 57, IV. Sess. Drucks. Nr. 27, V. Sess. Drucks. Nr. 60.

[3]) V. Sess. Drucks. Nr. 112.

[4]) I. Sess. Drucks. Nr. 52, II. Sess. Drucks. Nr. 57.

[5]) I. Sess. Drucks. Nr. 80, II. Sess. Drucks Nr. 35.

[6]) II Sess. Drucks. Nr. 69.

[7]) I. Sess. Drucks. Nr. 127.

[8]) II. Sess. Drucks. Nr. 83. (Der Antrag Auer und Genossen I. Sess. Drucks. Nr. 70 ist damit identisch.)

Vorlage eines Gesetzentwurfs behufs Regelung der privatrechtlichen und öffentlichrechtlichen Verhältnisse der Berufsvereine, insbesondere hinsichtlich des letzteren Erlangens der Rechtsfähigkeit unter voller Sicherung des Koalitionsrechts, erwartet werden dürfe, den Entwurf eines Gesetzes betreffend die gewerblichen Berufsvereine in Aussicht. Dieser Entwurf wurde am 12. November 1906 dem Reichstag vorgelegt[1]). Nach eingehenden Beratungen wurde er einer Kommission von 28 Mitgliedern überwiesen. Die Auflösung des Reichstags beendigte die Beratungen. In der 12. Legislaturperiode 1907/1911 des neuen Reichstags wurde ein Antrag Graf Hompesch und Genossen gestellt, der Vorlage eines auf freiheitlicher Grundlage aufgebauten Entwurfs zur Regelung der privatrechtlichen und öffentlichrechtlichen Verhältnisse der Berufsvereine aller Art forderte, und eine Interpellation Trimborn-Dr. Hitze eingebracht, ob eine freiheitlicher gestaltete Vorlage betreffend die Rechtsfähigkeit der Berufsvereine zu erwarten sei. Auf die letzte Interpellation wurde von den verbündeten Regierungen erwidert, daß man nach der Kritik, die der Entwurf von 1906 im Reichstag gefunden habe, in Erwägungen eintreten werde, ob und welche Änderungen vorzunehmen und ob und wann das Gesetz wieder einzubringen sein werde. Eine erneute Vorlage ist jedoch bis heute unterblieben.

C. Leitende Gesichtspunkte.

Das Problem eines Berufsvereinsrechts ist, die Berufsvereine, die bisher sich neben dem Gesetz entwickelt haben, indem sie sich ihr Recht selbst schufen — eines der interessantesten und wichtigsten Beispiele der modernen Gewohnheitsrechtsbildung —, in den Rahmen des Deutschen Personenmehrheitsrechts einzuordnen und dabei ihrer Eigenart und Bedeutung gerecht zu werden.

a) Der Beruf der Zeit zur Gesetzgebung.

Mit Rücksicht auf die lange Vorgeschichte des Arbeitsvereinsrechts befindet sich der Gesetzgeber eines Berufsvereinsgesetzes insofern in einer günstigen Lage, als er aus den Fehlern der Vergangenheit lernen und die den früheren Entwürfen anhaftenden Schwächen und Fehler vermeiden kann.

Es wäre jedoch ein Irrtum, wenn man annähme, daß die Regelung des Rechts der Berufsvereine (in dem durch die Entwicklung der wirtschaftlichen Verhältnisse in den letzten hundert Jahren neu geprägten

[1]) II. Sess. Drucks. Nr. 533.

Sinn) an den Mängeln der früheren gesetzgeberischen Versuche gescheitert ist, soweit sie nicht der Ausdruck der Unmöglichkeit, das gesetzgeberische Problem zu erfassen, waren. Wie alle sonst bei der gesetzgeberischen Behandlung von rechtlichen Problemen sich einstellenden Schwierigkeiten hätten auch sie ohne Zweifel beseitigt werden können. Es erscheint vielmehr die Annahme als berechtigt, daß die ganze Atmosphäre der wirtschaftlich unselbständigen Arbeit bis in die neueste Zeit hinein nicht gestattet hat, das Problem der Berufsvereine rechtlich zu lösen. Es handelte sich hier um tatsächliches Neuland, bei dem die Dinge und Anschauungen durchaus im Fluß waren und jede rechtliche Regelung durch Gesetze, ob an sich richtig oder nicht, unerträglicher Zwang bedeutete.

Die Zeit für ein Berufsvereinsgesetz war noch nicht da: Die unmittelbar beteiligten Personenkreise, das Arbeitgebertum auf der einen, das Arbeitnehmertum auf der anderen Seite, standen sich mit einer oft an eine Psychose grenzenden Verständnislosigkeit gegenüber, die in der Neuheit der Verhältnisse ihren eigentlichen Grund und durch die unerwünschten Begleiterscheinungen — des Mißtrauens und der Verhetzung — eine besondere Verschärfung erhalten hatte. Das Arbeitgebertum erkannte das Arbeitnehmertum nicht als gleichberechtigt an, sah vielmehr in dem Aufwärtsstreben des Arbeitnehmertums den Umsturz des Bestehenden. Das Arbeitnehmertum betrachtete sich so sehr als in Abwehr befindlich, daß es innerlich nicht zu einer Verständigung über eine produktive Zusammenarbeit gewillt war. Beide aber und die öffentliche Meinung, auch der nicht unmittelbar beteiligten Kreise der Bevölkerung, erkannten zudem nicht die tiefen Probleme, die das Zeitalter der Maschine und der durch sie bedingten (wirtschaftlich unselbständigen) Arbeit als Daseinsform der großen Masse der Bevölkerung in immer größerer Fülle mit immer weitertragender Bedeutung aufrollte. Sie verstanden nicht die unabänderliche Notwendigkeit, diese Probleme durch die beiden Parteien des Arbeitsprozesses selbst auf dem Boden von Verhandlungen zu regeln, zu denen sich die — in Berufsvereinen — organisierten Massen gleichberechtigt und nach weitausschauenden Gesichtspunkten zusammenfanden.

Diese Erkenntnisse mußten gewonnen, die Mißverständnisse überwunden, der gute Wille und die gegenseitige Achtung geboren werden — alles nach den geschichtlichen Gesetzen der Entwicklung, zum Teil unter Überwindung von Widerständen, die das zu einseitig betonte Streben nach wirtschaftlichem Aufschwung bereiteten, zum Teil auch unter dem harten Zwang politischer Tatsachen während des Kriegs und der Nachkriegszeit —, bis die Bahn für eine gesetzliche Regelung frei war: Daß heute die Zeit den Beruf hat, ein Berufsvereinsgesetz zu schaffen, darf der Gesetzgeber mit Fug unterstellen, wenn auch nicht zu verkennen ist, daß in der „Erziehung zum Berufsverein" noch manches geschehen muß, daß noch eine Reihe von Zweifeln bestehen und Widerstände zu überwinden sind.

b) Die Tendenz der Organisation.

Zur Lösung des Problems des Berufsvereins muß versucht werden, den Sinn der in den Berufsvereinen verkörperten Tendenz zur Organisation zu erfassen.

Das mittelalterliche Denken ging von den geistigen, geselligen und wirtschaftlichen Verbänden aus und wertete den einzelnen nur als ihr Glied[1]). Die geistige Bewegung zu Ausgang des 18. Jahrhunderts bis in die neuere Zeit betonte um so schärfer die Individualität des einzelnen. Die Neuordnung der Wirtschaft im Zeitalter der Maschine stellte es dann wieder mehr auf den Gedanken des Kollektivismus' ab[2]). Die Organisation des Arbeitnehmertums als wesentlichster Ausdruck seiner Aufwärtsbewegung und die durch sie als Folgewirkung bedingte Organisation des Arbeitgebertums lassen ähnliche Tendenzen erkennen, wie sie jenes mittelalterliche Denken orientiert haben. Der Schluß liegt nahe, daß es sich hier wie dort bei diesen Denkweisen nicht nur um Äußerungen des *Gemeinschaftstriebs* im Menschen, sondern auch um Ausflüsse aus einer in der Not der Verhältnisse begründeten und instinktiv gefühlten *Unsicherheit* und *Hilfsbedürftigkeit* des einzelnen handelt.

Ist das richtig, so kann es sich bei der Regelung des Berufsvereinsrechts nicht darum handeln, *notgeborene* Anschauungen auf die Dauer festlegen zu wollen. Vielmehr muß ein Berufsvereinsgesetz, soll es Anspruch auf mehr als ein Eintagsdasein erheben, der sicheren Entwicklung zu einem Wiedererstarken des Individualismus', der *Rechte der Persönlichkeit*, dieses kostbarsten Guts der Menschheit, ver-

---

[1]) Vgl. Klein a. a. O. S. 20.

[2]) Eine Parallelerscheinung ist die Handwerkerbewegung im letzten Drittel des 19. Jahrhunderts. Sie ist eigenartig mit der Arbeitnehmerbewegung verknüpft, wo der Industrialismus ein Handwerk in der Fabrik aufgehen ließ (vgl. z. B. Brauns, Der Übergang von der Handweberei zum Fabrikbetrieb in der Niederrheinischen Samt- und Seidenindustrie, Leipzig Duncker und Humblot 1906, S. 94 ff.).

ständnisvoll Richtung geben und Raum lassen, und zugleich auch insofern den Sinn jeder Sozialpolitik verwirklichen, den Hilfsbedürftigen zur Selbsthilfe zu ertüchtigen.

Damit entfällt jede Möglichkeit, einem Koalitionszwang als gesetzgeberischem Problem[1]) das Wort zu reden.

Zum gleichen Ergebnis führt die Frage nach den Gründen jenes Gemeinschaftsbetriebs. Sieht man ihn nicht rein biologisch, so ist es die Macht der Idee, die die Menschen zusammenführt. Ein Berufsvereinsgesetz wird also auch die Berufsvereine selbst vor der Gefahr der Erstarrung und des Zerfalls bewahren müssen, die nach ihrer Geschichte stets dann entstand, wenn neue Ideen nicht mehr mit ihnen aus irgendwelchen Gründen in Wettbewerb treten konnten. Um die Berufsvereine in diesem Sinne jung zu erhalten, ist ein Sicherheitsventil zu schaffen, das den neuen Ideen — übrigens im Interesse der Ideen selbst, denen vielleicht die Zukunft gehören kann — die Möglichkeit ihrer Entwicklung sichert. So sehr also der Wunsch berechtigt ist, den Berufsvereinsgedanken an sich durch die Unterstützung der bestehenden Berufsvereine mit Rücksicht auf die gewaltige Bedeutung der ihnen zukommenden Aufgaben zu stärken, so darf dieser Wunsch nicht dazu verleiten, den bestehenden Berufsvereinen in irgendeiner Form zu ermöglichen, Andersdenkende, die an sich organisationsbereit sind, zum Beitritt zu zwingen (vgl. auch unten S. 148).

Eine ganz andere Frage ist, ob eine Belastung der Unorganisierten mit Leistungen, die dem ihnen aus der Betätigung der Berufsvereine erwachsenden Nutzen entsprechen, erwogen werden darf. Einer solchen Belastung kann, wie sie Art. 159 RVerf nicht widerspricht, auch, weil sittlich gerechtfertigt und mit Rücksicht auf die Tendenzen dieses Zusammenschlusses zu Berufsvereinen bedenkenfrei, theoretisch nur zugestimmt werden. Der praktischen Schwierigkeit, sie nicht in einen Organisationszwang tatsächlich ausmünden zu lassen, wird sich begegnen lassen, wenn Festsetzung, Einziehung (Lohnabzug!) und Verteilung der Leistungen einer Behörde, richtig wohl der Arbeitsselbstverwaltung (vgl. unten S. 177), übertragen würden.

c) Berufsverein und Staat.

Die Geschichte zeigt, daß zu allen Zeiten, abgesehen von wirtschaftlichen Erscheinungen, der Grund des Zerfalls der Berufsvereine gewesen

---

[1]) Über das geltende Recht vgl. oben A. 2. S. 126.

ist, wenn sie sich der Grenzen ihrer Aufgaben nicht bewußt blieben, sondern sich in die Rolle einer Macht neben dem Staat gegen den Staat entwickelten und dadurch sich eine Gegnerschaft zuzogen. Das gilt sowohl für die Organisationen des alten Roms als auch für die Zünfte und namentlich die Gesellenverbände des Mittelalters und der beginnenden Neuzeit. Das Berufsvereinsgesetz muß deshalb nicht nur den Staat vor Auswüchsen, sondern auch die Berufsvereine hier vor sich selbst schützen, um den beteiligten Volkskreisen und der Gesamtheit die Erfüllung ihrer Aufgaben zu sichern.

d) Der Gedanke der Selbstverantwortung.

Das neue Berufsvereinsrecht kann auf dem oben entwickelten Gedanken aufbauen, daß der Boden für es in der Gedankenwelt der Beteiligten und der Tatsachenwelt der Wirtschaft bereitet ist. Das befähigt den Gesetzgeber, großzügig und voll Vertrauen den Gedanken der Selbstverantwortung der durch die Berufsvereine zusammengeschlossenen Kreise des Volks in dem Berufsvereinsgesetz zu verwirklichen. Es bedeutet dies einerseits, daß das Berufsvereinsgesetz nicht wie ein Kindermädchen für alle möglichen kleinen und großen Bedürfnisse Vorsorge trifft und Menschen bevormundet, die seit langem darauf eingestellt sind, ihre Belange mit mehr oder weniger Geschick, aber jedenfalls selbständig zu regeln. Andererseits muß sich der Gesetzgeber grundsätzlich von dem Gedanken freimachen, hier ein Sonderrecht mit politischem Beigeschmack für Elemente schaffen zu müssen, denen nicht über den Weg zu trauen ist.

e) Das Berufsvereinsrecht ist Personenrecht.

Wenn auch der Zweck eines Arbeitsvereinsrechts vor allem die Sicherung und Förderung der wirtschaftlichen Interessen der Angehörigen der Berufsvereine ist, so stehen sich doch auch in den Berufsvereinen stets der (organisierte) Arbeitgeber und der (organisierte) Arbeitnehmer gegenüber. Das bedeutet, daß hier nicht der Unternehmer mit dem Unternehmer verhandelt, sondern daß es sich immer nur um die Arbeit handelt, die für das Recht des Arbeitsgesetzbuchs in erster Linie nicht als Vermögenswert in Frage kommt, sondern als ein Ausfluß der Persönlichkeit des Arbeitnehmers. Wie für das ganze Arbeitsrecht, so ist also auch für das Berufsvereinsrecht der personenrechtliche Charakter betont: Berufsvereine sind nicht Erwerbs- oder Vermögensgesellschaften, sondern Verbandspersönlichkeiten des Arbeitgeber- und des Arbeitnehmertums zur Wahrung seiner wirtschaftlichen Interessen.

D. Grundsätzliche Fragen.

a) Der Begriff des Berufsvereins.

Der Entwurf eines Gesetzes betreffend gewerbliche Berufsvereine von 1906 sah Berufsvereine in „Vereinen von Gewerbetreibenden oder gewerblichen Arbeitern desselben Gewerbes oder verwandter Gewerbe oder von solchen Gewerbetreibenden und Arbeitern zugleich, deren Zweck nur auf die Wahrung und Förderung der mit dem Beruf seiner Mitglieder unmittelbar in Beziehung stehenden gemeinsamen gewerblichen Interessen oder daneben auf die Unterstützung seiner Mitglieder gerichtet ist, ohne daß ihnen ein Rechtsanspruch darauf eingeräumt wird" (§ 1).

Demgegenüber bedarf es keiner besonderen Erörterung, daß Arbeitgeber und Arbeitnehmer schlechthin Berufsvereine bilden können (nach dem oben zu C. a) Ausgeführten, vgl. auch unten c) und d); desgleichen nicht, daß Vereinigungen von „Arbeitgebern und Arbeitnehmern zugleich" nicht Berufsvereine sein können, sondern vielmehr sogar die selbständige und von der Gegenseite unabhängige Wahrung jeweils der Arbeitgeber- oder der Arbeitnehmerinteressen durch den Berufsverein gewährleistet sein muß.

Es fragt sich jedoch zu jener Begriffsbestimmung des § 1 Entwurf 1906, ob nicht zum Wesen des Berufsvereins gehören soll, daß er nur Angehörige desselben Berufs oder verwandter Berufe umfaßt. Zu verkennen ist nicht, daß das Drängen nach Spezialisierung und Arbeitsteilung, auch bestehender oder erwachender Berufsstolz die Tendenz des Zusammenschlusses zu „Berufs"vereinen begünstigt, mag auch aus konzentrationstechnischen oder machtpolitischen Gründen ihre Zusammenfassung zu zwischenberuflichen Verbänden zeitig oder dauernd notwendig werden. Immerhin muß festgestellt werden, daß heute die Mitgliederschaft einer Reihe von wirtschaftlichen Vereinigungen sich über verschiedene Berufe und Gewerbe erstreckt und daß auch für die Zukunft mit einem Bedürfnis insoweit gerechnet werden muß — sowohl aus Gründen der Ersparnis von Verwaltungskosten bei Zersplitterung der Gewerbe und Berufe in kleine Gruppen Beteiligter oder mangelnder Organisationsfähigkeit oder geldlicher Leistungsfähigkeit der Mitglieder als auch und vor allem aus den gedanklichen Erwägungen heraus, die den Zusammenschuß zu „Industrieverbänden" als Gegengewicht gegen die Konzentration des Unternehmertums für erforderlich halten[1]). Die Berufszugehörigkeit kann deshalb nicht zum Begriffsmerkmal des Berufsvereins gemacht werden. Insofern bedeutet der Name, ähnlich wie bei einem „Arbeitstarifgesetz", eine nicht ganz zutreffende — zumal die Bezeichnung „Beruf" sich nicht nur auf „Arbeitgeber-" und „Arbeitnehmerberufe" erstreckt, von ersteren wohl auch kaum gesprochen werden kann —, aber gebräuchliche Bezeichnung. Es wird deshalb zu erwägen sein, statt der Bezeichnung „Berufsverein" die Bezeichnung „Arbeitsverein" zu wählen[2]).

Es ist ferner zu erwägen, ob nicht gegenüber jener Begriffsbestimmung des § 1 Entwurf 1906 den „Spitzenorganisationen" die Möglichkeit eingeräumt werden muß, wie ihre Unterverbände Berufsvereine zu werden. Der Gedanke der Organisation des Arbeitgebertums und des Arbeitnehmertums läßt es grundsätzlich als erwünscht erscheinen, daß die Spitzenorganisationen, die ihn in letzter Folgerichtigkeit verkörpern und für manche den Berufsvereinen als solchen zugedachten Aufgaben unentbehrlich sind, ebenfalls von dem Berufsvereinsgesetz erfaßt werden. Daß Zweigvereine (Ortsstellen usw.) die Rechtsfähigkeit als Berufsverein erwerben können, bedarf nach dem Gesagten keiner besonderen Ausführungen.

Endlich bedarf der Entscheidung, ob dem Berufsverein gestattet sein soll, neben der Aufgabe, die sich aus der Gegenüberstellung von Arbeitgeber- und Arbeitnehmerinteressen ergibt, als der Hauptaufgabe, noch andere Aufgaben, insbesondere wirtschaftspolitischer Art, aber auch etwa die Unterstützung der Mitglieder (so nur § 1 Entwurf 1906) oder die Förderung von Bildungsbestrebungen und die Verfolgung politischer Ziele, zu verfolgen. Die Frage ist unbedenklich zu bejahen, soweit nicht die Umgehung anderer Gesetze — etwa solcher, die für die Durchführung wirtschaftlicher Ziele besondere Kautelen vorsehen — zu befürchten steht.

---

[1]) Vgl. insbesondere die Erörterungen auf der 11. Tagung des Allgemeinen Deutschen Gewerkschaftsbunds in Leipzig, Juni 1922 (Protokoll der Verhandlungen, Berlin, Verlagsgesellschaft des Allgemeinen Deutschen Gewerkschaftsbundes 1922, S. 503ff.).

[2]) Schürholz, Entwicklungstendenzen im deutschen Wirtschaftsleben zu berufsständischer Organisation und ihre Bedeutung, München-Gladbach Volksvereins-Verlag, 1922, S. 47 (vgl. aber auch S. 49, 62, 67), sieht allerdings — entsprechend „der höheren und innigeren Stellung des Menschen zur Arbeit" in der „Arbeit" den Beruf im Sinne der Berufung, des Berufenseins.

b) Der Berufsverein als Verein des Bürgerlichen Rechts.

Der Werdegang der heute bestehenden Berufsvereine ist insofern von Bedeutung, als er zeigt, daß die Gewerkschaften der Arbeitgeber und Arbeitnehmer in der Form der bürgerlichrechtlichen Organisation eine machtvolle Stoßkraft besessen haben, die sie befähigte, ihre Aufgabe der Interessenvertretung zum Wohl der in ihnen zusammengeschlossenen Volksteile und der Gesamtwirtschaft, auch der Gesamtheit selbst nahezu restlos zu erfüllen. Es ist dies eine ähnliche Erscheinung, wie man sie auf dem Gebiet der privatwirtschaftlichen Organe des Unternehmertums, der Trusts und Konzerne, beobachtet hat. Man darf mit gutem Grund annehmen, das Geheimnis der Erfolge beider Arten von Organisationen liegt darin, daß sie nicht als öffentliche (Zwangs-) Korporationen gestaltet, sondern auf der werbenden Kraft der reinen Idee und auf der eigenen Verantwortung und Verwaltung aufgebaut sind. Es kann sich also auch für das Berufsvereinsgesetz nur darum handeln, das Sonderrecht der Berufsvereine im bisherigen Sinne von Vereinen des bürgerlichen Rechts zusammenfassend zu regeln und darüber hinaus, sei es in demselben Gesetz oder in anderen Gesetzen, die öffentlichen Funktionen (vgl. unten d)) zu erörtern, die diesen Gebilden — ähnlich wie einem Privatmann die Schöffenfunktion — zu übertragen sind, soweit dies nicht schon (wie z. B. in §§ 31, 47, 61 BetrRG) geschehen ist.

Die Grundlage des „Vereins"rechts und damit auch des Berufsvereinsrechts ist Art. 124 der Reichsverfassung. Art. 159 erörtert lediglich die wirtschaftliche und soziale Vereinigungsfreiheit ohne Rücksicht darauf, ob „die Koalition" einen „Verein" bildet. Danach haben alle Deutschen das Recht, zu Zwecken, die den Strafgesetzen nicht zuwiderlaufen, Vereine zu bilden. Es steht der Erwerb der Rechtsfähigkeit jedem Verein gemäß der Vorschriften des Bürgerlichen Rechts frei. Damit ist sowohl das Vereinsgesetz vom 19. 4. 1908 (RGBl S. 151), das in § 1/I S. 2 die Möglichkeit von gesetzlichen Beschränkungen der Vereinsbildung offen ließ, umgestaltet, als auch dem § 61/II BGB, wonach die Verwaltungsbehörden gegen die Eintragung Einspruch erheben kann, wenn der Verein nach dem öffentlichen Vereinsrecht unerlaubt ist oder verboten werden kann, ein anderer Inhalt gegeben[1]).

---

[1]) Die Bestimmung des § 61/II BGB, wonach die Verwaltungsbehörde auch Einspruch erheben kann, wenn der Verein einen politischen, sozialpolitischen oder

Diese Grundlage jedes Vereinsrechts ist zu beachten. Es folgt jedoch daraus zugleich, daß die Gestaltung des Berufsvereinsrechts im Rahmen des Bürgerlichen Rechts frei ist, d. h. daß das Berufsvereinsrecht hinsichtlich grundsätzlicher Fragen und Einzelheiten in Abweichung von dem geltenden Bürgerlichen Recht den Berufsverein zu einem Sonderrechtsgebilde gestalten kann.

c) Berufsvereinsrecht und Arbeitstarifrecht.

Es ist notwendig, eine enge Beziehung zwischen Berufsvereinsrecht und Arbeitstarifrecht herzustellen: Aus dem Wesen der Berufsvereine, in denen der Gesetzgeber die eigentlichen zur Interessenvertretung des Arbeitgebertums und des Arbeitnehmertums berufenen Personenmehrheiten erblicken muß, und aus dem Wesen des Tarifvertrags andererseits, der die Regelung des Arbeitsverhältnisses durch das organisierte Arbeitgebertum und das organisierte Arbeitnehmertum bedeutet, folgt, daß die Grundlage des Berufsvereinsrechts und des Arbeitstarifrechts die gleiche sein muß, daß also das Berufsvereinsrecht das Personenrecht und das Arbeitstarifrecht das Vertragsrecht der Organisation der Arbeit darstellt. Diese Grundlage kann für den Gesetzgeber nur gefunden werden, indem er es auf die Verkörperung der reinen Arbeitgeberidee einerseits und der reinen Arbeitnehmeridee andererseits in dem Berufsvereins- und dem Arbeitstarifgesetz abstellt. Es bedeutet dies eine Einschränkung der bisher als Berufsvereine betrachteten Personenmehrheiten auf den Kreis der reinen Arbeitgeber- und der reinen Arbeitnehmerverbände und gleichzeitig eine Erweiterung des Kreises der tariffähigen Vereinigungen gegenüber den Wünschen, die zu dem Wortlaut des § 1 der VO vom 23. 12. 1918/31. 5. 1920 RGBl S. 1456/1128 hinsichtlich der Gestaltung eines neuen Arbeitstarifgesetzes darauf hinzielen, den Kreis der tariffähigen Vereinigungen der Arbeitnehmer in bestimmter Weise einzuengen. Eine Einschränkung auch insofern, als der „Werksverein" nicht als Berufsverein und tariffähig anerkannt wird. Das letztere ist erforderlich, um die Idee der Arbeitnehmerbewegung auch in dieser Hinsicht rein zu erhalten, d. h. sie nicht durch die Gefahr der Abhängigkeit der bei den auf den Betrieb beschränkten Arbeitnehmervereinigungen von ihrem Arbeitgeber und zugleich nicht durch die Möglichkeit einer betriebsegoistischen, syndikalistischen Einstel-

religiösen Zweck verfolgt, ist durch Art. 124/II S. 2 beseitigt. Vgl. auch Goerrig, Die Eintragungsfähigkeit sozialpolitischer Vereine, Blätter für Arbeitsrecht der Deutschen Arbeitgeberzeitung vom 26. 11. 1922.

lung einzelner Teile der Arbeitnehmerschaft beeinträchtigen zu lassen. Die einzigen Fragen, die noch der Erwägung bedürfen, sind, ob nur der Berufsverein tariffähig oder der Berufsverein ein „tariffähiger Verein mit Rechtsfähigkeit" sein soll und ferner, ob ein Berufsverein auf Tariffähigkeit verzichten oder sie von vorherein ausschließen können wird. Mit Rücksicht auf den Sinn der Rechtsfähigkeit und die Erleichterung ihres Erwerbs (vgl. unten e) wird die Entscheidung der ersten Frage nach der Richtung einer Tariffähigkeit nur der Berufsvereine ausfallen und entsprechend dem Interesse der Gesamtheit an dem Zustandekommen von Tarifverträgen eine Ausschließung der Tariffähigkeit als mit dem Wesen des Berufsvereins nicht vereinbar bezeichnet werden müssen.

d) Öffentliche Funktionen.

Einem Berufsvereinsgesetz wird ein wirklicher Sinn erst damit verliehen, daß es die Idee des Berufsvereins auch insoweit restlos verwirklicht, als es den Berufsvereinen die den Vereinigungen der Arbeitgeber und Arbeitnehmer als solchen in Gesetzen usw. bereits übertragenen oder ihnen zugedachten Rechte und Aufgaben vorbehält.

Es fragt sich, ob eine derartige Privilegierung der Berufsvereine nicht Art. 159 und Art. 165 der Reichsverfassung widerspricht.

Zu verkennen ist nicht, daß eine gewisse tatsächliche „Einschränkung der Freiheit der Vereinigung zur Wahrung und Förderung der Arbeitsbedingungen" (Art. 159 S. 2) gegeben ist, wenn die wichtigsten Aufgaben der Wahrung und Förderung der Arbeitsbedingungen den Berufsvereinen im Sinne des Berufsvereinsgesetzes vorbehalten werden. Allein ebensowenig wie die Vereinigungsfreiheit dadurch eingeschränkt wird, daß eine Personenmehrheit, die die „Wahrung und Förderung der Wirtschaftsbedingungen" als Aktiengesellschaft, etwa mit Rücksicht auf die ihr als zweckmäßig erscheinende Art der Kapitalbildung einer solchen, betätigen möchte, den entsprechenden gesetzlichen Bedingungen genügen muß, ebensowenig wird die Vereinigungsfreiheit dadurch eingeschränkt, daß eine Personenmehrheit, die z. B. an der Bildung des Reichswirtschaftsrats beteiligt sein will, die Form des Berufsvereins wählen muß. Der Sinn des Art. 159 S. 2 ist also dahin zu verstehen, daß er die Vereinigungsfreiheit an sich, nicht die Freiheit, die durch das Gesetz bestimmten Vereinigungen vorbehaltenen Aufgaben usw. für jede Vereinigung in Anspruch zu nehmen, gewährleistet.

Ebenso wird man hinsichtlich des Art. 165 zum Ergebnis kommen müssen, daß der Grundsatz der Gleichberechtigung der Arbeitgeber und

Arbeitnehmer und die Anerkennung der beiderseitigen Organisationen nicht bedeuten, jede Organisation der Arbeitgeber und Arbeitnehmer habe Anspruch auf die an sich diesen Organisationen zugedachten öffentlichrechtlichen und quasi-öffentlichrechtlichen Aufgaben ebensowenig wie auf Tariffähigkeit. Will man mehr daraus entnehmen, als daß die Organisationsbildung und das Zustandekommen und die Rechtswirksamkeit von Vereinbarungen der Organisation nicht behindert sein soll — wozu allerdings eine Gegenüberstellung des Art. 165 mit Art. 124 und Art. 159 nötigen muß —, so kann es nur das sein, daß die Idee der reinen Arbeitgebervereinigung und der reinen Arbeitnehmervereinigung betont und zur Grundlage der Ordnung der Belange der Arbeit gemacht werden soll: es führt das also wiederum zu Erwägungen, wie sie oben C. a) und D. c) bereits erörtert sind.

e) Rechtsfähigkeit.

Die Entwicklung der Berufsvereine macht es möglich, das Problem ihrer Rechtsfähigkeit mit kühler Sachlichkeit zu erörtern. Daß für Vereinigungen von ihrer Bedeutung die Stellung juristischer Personen an sich stets das Gegebene war, unterliegt keinem Zweifel. Es ist ein anormaler Zustand, wenn Körperschaften von so außerordentlicher arbeitspolitischer und sonstiger Bedeutung, denen zudem öffentlichrechtliche Funktionen in weitgehendem Maße übertragen sind oder werden, der Rechtsfähigkeit entbehren, die nicht nur theoretisch als selbstverständlich erscheinen muß, sondern auch allein mit Rücksicht auf die Notwendigkeit einer geordneten Finanzgebarung, die bisher nur durch das Mittel der Treuhänder durchführbar war, unentbehrlich ist[1]). Tatsächlich aber ist die Sachlage bis in die jüngste Zeit (seit Inkrafttreten des Art. 124 der Reichsverfassung scheint hierin allerdings teilweise eine Änderung eingetreten zu sein) die gewesen, daß die Berufsvereine die Nachteile der Rechtsfähigkeit für überwiegend oder die Gestaltung des Vereinsrechts im übrigen für unbequem gehalten, deshalb von dem Erwerb der Eigenschaft juristischer Personen abgesehen und gleichwohl als nichtrechtsfähige Vereine ihre Aufgaben voll erfüllt haben. Der Gesetzgeber ist deshalb in der Lage, die früher für erforderlich gehaltene Vorsicht bei der Regelung des Berufsvereinsrechts fallen zu lassen und den

[1]) Vgl. auch Sinzheimer, Grundzüge des Arbeitsrechts, S. 46. Nach § 152/II GewO steht überdies den Mitgliedern nichtrechtsfähiger Berufsvereine der „Rücktritt" jederzeit frei, ohne daß Klage oder Einrede gegeben wäre. Für das künftige Recht würde allerdings eine Beseitigung dieser Vorschrift in Frage kommen.

Erwerb der Rechtsfähigkeit in jeder Weise zu erleichtern, indem er sie auf die Eintragung des Berufsvereins in das (Berufs-) Vereinsregister[1]) abstellt und diese von der Erfüllung lediglich solcher Normativbedingungen abhängig macht, die das Wesen des Berufsvereins ausmachen. Auch ist er genötigt, den inneren Ursachen nachzugehen, die die Haftungsfrage in der Zeit des Kampfes der Berufsvereine um ihre Anerkennung dem Problem der Rechtsfähigkeit der Berufsvereine den entscheidenden Stempel hat aufdrücken lassen (vgl. unten f). Und endlich sind lästige Formalien, wo irgend angängig, zu beseitigen.

Hinsichtlich der Entziehung der Rechtsfähigkeit sind die Gesichtspunkte des § 43 BGB in doppelter Hinsicht nicht ausreichend. Einerseits bedürfen sie einer Ergänzung, soweit ein Wegfall der Elemente, die den Berufsverein ausmachen, in Frage kommt. Auf der anderen Seite genügt der Gesichtspunkt des § 43/I aus den Gründen, wie sie oben C. c) erörtert sind, nicht[2]): die Entziehung der Rechtsfähigkeit ist auch für den Fall vorzusehen, daß von dem Berufsverein gemeingefährliche Arbeitskämpfe verschuldet werden. Der richtigen Ansicht zufolge kann nicht in Frage kommen, daß Art. 159 der Reichsverfassung dem entgegenstünde. Nach der Absicht des Gesetzgebers und nach dem Wortlaut ist in Art. 159 das Recht der Arbeitskämpfe nicht erörtert.

f) Haftung.

Die Haftungsfrage hat ganz außer Verhältnis zu ihrer tatsächlichen Bedeutung und der Rechtslage bisher im Vordergrund der Erörterungen des Berufsvereinsrechts gestanden. Einer der wesentlichsten Gründe, weshalb die Berufsvereine die Rechtsfähigkeit nicht erwarben, war die Sorge, damit die Haftung des § 31 BGB, und zwar insbesondere die

---

[1]) Der Eigenart und Bedeutung der Berufsvereine wird es entsprechen, daß ein besonderes Berufsvereinsregister für die Eintragung vorgesehen wird. Für die Führung des Berufsvereinsregisters erscheint das Arbeitsgericht als die geeignete Stelle, wenn man erwägt, daß die Prüfung, ob die Voraussetzungen der Anmeldung einer wirtschaftlichen Vereinigung zur Eintragung als Berufsverein gegeben sind, am zweckmäßigsten der Stelle übertragen wird, die voraussichtlich tagtäglich mit der Praxis des Berufsvereinswesens zu tun haben dürfte. Daß das Arbeitsgericht auch sonst, soweit Belange der Arbeit in Frage kommen, vielfach die Funktionen des Amtsgerichts in der Ausübung der freiwilligen Gerichtsbarkeit erhalten wird, läßt sich vermuten.

[2]) Es sei denn, daß in dem Arbeitskampfrecht Bestimmungen getroffen werden, die das Verhalten des Berufsvereins und seiner Organe hier zu einem „gesetzwidrigen" stempeln.

für unerlaubte Handlungen, übernehmen zu müssen und dadurch in ihrem Bestand und der Erfüllung ihrer Aufgaben gefährdet zu werden. Die Konsolidierung der Idee der Berufsvereine läßt es als im allgemeinen ausgeschlossen erscheinen, daß die Haftung für begangene Gesetzwidrigkeiten der Berufsvereine in Zukunft erhebliche praktische Bedeutung haben wird. Von überragender, wenn nicht ausschlaggebender Bedeutung wird vielmehr für die Gestaltung des Rechts der Berufsvereine die Frage ihrer Aufgaben und deren Erfüllung in dem Sinn sein, daß es sich bei den Auseinandersetzungen zwischen den Organisationen der Arbeitgeber und Arbeitnehmer untereinander und den staatlichen Instanzen um wirtschafts- und machtpolitische Gesichtspunkte handelt.

Für die Herrschaft des geltenden Rechts muß es immerhin zweifelhaft sein, ob nicht die Rechtsfähigkeit gerade mit Rücksicht auf die Haftungsbestimmungen eher eine Erleichterung statt eine Erschwerung der Lage der Gewerkschaften bedeutet[1]). Die Mitglieder der Berufsvereine als nichtrechtsfähiger Vereine des Bürgerlichen Rechts haften nach den Grundsätzen des Gesellschaftsrechts auf Vertragserfüllung und aus Vertragsverletzung (überdies nach § 278 BGB, für ein Verschulden der Vereinsorgane als Erfüllungsgehilfen und aus § 831 BGB für eine unerlaubte Handlung der Vereinsorgane) für Vereinsschulden grundsätzlich unbeschränkt mit ihrem Vermögen. Außerdem haften die Organe selbst unabdingbar nach § 54 S. 2 BGB aus Rechtsgeschäften, die sie im Namen des Berufsvereins einem Dritten gegenüber vorgenommen haben. Demgegenüber haften nach § 31 BGB die rechtsfähigen Vereine aus jeder zum Schadensersatz verpflichtenden Handlung der Organe, insbesondere aus Vertragsverletzung und ohne die Beschränkung des § 831 BGB aus Delikt, jedoch nur mit ihrem eigenen Vermögen, nicht mit dem ihrer Mitglieder. Dadurch, daß der Tatbestand einer unerlaubten Handlung bei Arbeitskämpfen meist auch den einer Verletzung von (Einzel-, Betriebs- und Tarif-) Verträgen erfüllt, ist tatsächlich eine weitgehende Annäherung in der Rechtslage hinsichtlich der Haftung aus Arbeitskämpfen festzustellen. Der Erwerb der Rechtsfähigkeit würde also durch den Wegfall der persönlichen Haftung der Mitglieder nach Gesellschaftsrecht und der Organe aus § 54 S. 2 BGB. insofern eine Erleichterung der Lage für die Berufsvereine bedeuten. (Allerdings ist das erstere nicht von allzu großer Bedeutung, da die Haftung nach Gesellschaftsrecht durch die Satzung auf das Vereinsvermögen mit Wirkung

1) Vgl. auch Sinzheimer a. a. O. S. 46.

gegen wissende Dritte beschränkt werden kann und nach der Rechtsprechung des Reichsgerichts als Parteiwille vermutet werden kann, daß die Haftungsbeschränkung der Satzung Gegenstand des jeweiligen Vertrags geworden ist[1].) Es ist zu erwarten, daß die Erleichterung der Fälle der Haftung aus unerlaubter Handlung infolge der Anerkennung der Berufsvereine als berufener Interessenvertretungen, der Konsolidierung der Idee der Berufsvereine im erörterten Sinne also, und die Aufklärung über die wirkliche Rechtslage im Sinn des soeben Ausgeführten dahin führen wird, die Berufsvereine den Widerstand gegen den Erwerb der Rechtsfähigkeit grundsätzlich aufgeben zu lassen.

Es ist jedoch nicht zu verkennen, daß mit Rücksicht auf die sozialen Aufgaben von weittragender Bedeutung, die den Berufsvereinen obliegen, Vorsorge gegen ein Unmöglichwerden der Erfüllung dieser Aufgaben durch Haftung für unerlaubte Handlungen der Organe und aus Verletzung von Tarifverträgen und Arbeitsbeschränkungen getroffen werden muß[2]). (Im übrigen besteht kein Bedürfnis, die Haftung einzuschränken oder auszuschließen, insbesondere nicht, soweit es sich um Ansprüche auf Vertragserfüllung handelt[3]).) Dieser Gesichtspunkt gewinnt besondere Bedeutung dadurch, daß der Tarifgedanke zu seiner Festigung die Betonung des Rechts- und damit des Haftungsgedankens erfordert. Diese Sicherung der sozialen Funktionen der Berufsvereine könnte in verschiedener Weise erfolgen. Der Entwurf eines Arbeitstarifgesetzes des Arbeitsrechtsausschusses (vgl. RABl 1921, 491) schlägt in § 19 vor, an die Stelle der Schadensersatzpflicht die Verpflichtung zur Zahlung einer Buße, die den Betrag von 500000 *M* nicht übersteigen darf, treten zu lassen. Dieser Weg erscheint nicht als gangbar sowohl, weil der Schadensersatzgedanke nicht verwässert werden sollte, als auch, weil die Zahlung eines Betrags von 500000 *M*, der für den einen Berufsverein eine Bagatelle bedeutet, einen anderen ruinieren kann. Ein anderer Weg wäre der, gewisse Fonds der Berufsvereine für unangreifbar zu erklären. Allein das würde einmal zur notwendigen Folgerung haben, daß die Berufsvereine das Bestreben haben werden, alle verfügbaren Gelder nach Möglichkeit diesen Fonds zu überweisen. Andererseits würde sich

---

[1]) Vgl. BGB Komm. d. RGR § 54 Anm. 2 und z. B. RGZ 63, 62; 74, 374; aber auch 90, 177.

[2]) A. M. Erdmann, Streik und Gewerkschaftsbewegung, Arbeitsrecht 1922 Sp. 685.

[3]) Vgl. Oertmann, Zur Frage der Haftbarkeit der Berufsvereine, NZfA 1921 Sp. 299.

die Notwendigkeit erweisen, den Berufsvereinen die Verfügung über diese Fonds, außer zur Erfüllung ihrer sozialen Aufgaben, zu untersagen — ein lähmender Eingriff in ihre Bewegungsfreiheit und Stoßkraft. Das Gegebene scheint vielmehr zu sein, einen bestimmten Prozentsatz des Vereinsvermögens — etwa einen Betrag in Höhe der Mitgliedsbeiträge eines Jahres — unangreifbar für jene Haftung zu erklären und damit den Berufsvereinen die Erfüllung ihrer sozialen Funktionen zu ermöglichen.

g) Ein Berufsvereinsgesetz?

Die vorstehenden Ausführungen zeigen, daß für die Gestaltung des Rechts der Berufsvereine eine Reihe von Gesichtspunkten zu beachten sind, die dem Berufsvereinsrecht einen besonderen Charakter verleihen. Wird hinzugefügt, daß die Eigenart der Berufsvereine auch Besonderheiten hinsichtlich der Zusammensetzung und der Geschäftsführung bedingt (Mitgliedschaft der Minderjährigen, Ausschuß statt Mitgliederversammlung usw.), so erhellt, daß — sähe man selbst von jeder Rücksicht auf die unvergleichlich größere Bedeutung der Berufsvereine gegenüber anderen Vereinsbildungen ab — eine Regelung des Berufsvereinsrechts im Rahmen des BGB (in Form von Ergänzungen zu dessen Vereinsrecht) oder des Reichsvereinsgesetzes nicht in Frage kommen kann, vielmehr die Schaffung eines besonderen Berufsvereinsgesetzes als eines Teils des Arbeitsgesetzbuchs eine dringliche Notwendigkeit ist.

Wie für die Neuordnung des Arbeitsrechts überhaupt, ist für diese Regelung des Berufsvereinsrechts in den Vordergrund zu stellen, daß es sich nicht nur um eine Kodifikation des geltenden Berufsvereinsrechts handelt. Vielmehr muß auch das Berufsvereinsgesetz — unter vorsichtiger Abwägung der Erfahrungen der Vergangenheit, der Zeitströmungen der Gegenwart und der sicher erkannten Entwicklungsmöglichkeiten und -notwendigkeiten der Zukunft — dem Wesen und der Gestaltung der Berufsvereine Richtung weisen.

E. Anhang: Recht der Arbeitsgemeinschaften.

1. Die Organisation des Arbeitgebertums und des Arbeitnehmertums hat ihren letzten Ausdruck in der Bildung der beiderseitigen Spitzenverbände gefunden. Ebenso folgerichtig haben diese Spitzenverbände wie Bäume, deren Stämme in strenger Absonderung emporgewachsen sind und deren Wipfel sich berühren, zueinander unter dem Gesichtswinkel der

letztlichen Gemeinsamkeit ihrer Interessen und entrückt dem notwendigen Kleinkram des Alltags die Brücke der Verständigung geschlagen.

Diese Idee der Arbeitsgemeinschaften ist zugleich die Krönung des Gedankens der freien Regelung der sozialpolitischen und der gemeinsamen wirtschaftspolitischen Belange des Arbeitgebertums und des Arbeitnehmertums durch die Beteiligten selbst[1]. Diese „Selbstregelung" ihrer Angelegenheiten durch die unmittelbar Betroffenen wird im allgemeinen nur in reinlicher Scheidung beider Teile durch immer erneuten Kampf der Meinungen und immer neu versuchten Ausgleich erfolgen können, wenn beide Teile innerlich gesund bleiben und das Ergebnis organisch fehlerfrei und von Dauer sein soll. Ebenso natürlich und geboten ist aber, daß die Selbstregelnng in den Sphären, in denen die Volksgesamtheit und ihre Wirtschaft, zudem unter Berücksichtigung innen- und außenpolitischer Gesichtspunkte, zum Gegenstand der Erörterung werden, die damit zugleich notwendig den Charakter leidenschaftsloser, nach weiten Blickpunkten und großen Maßstäben orientierter Gedankengänge erhält, in dauernder Fühlung und auf der Grundlage selbstverständlicher Verständigung — in einer Arbeitsgemeinschaft also — erfolgt[2].

Der so verstandene Begriff der Arbeitsgemeinschaft bedarf allerdings einer Ergänzung noch insofern, als es möglich und unter bestimmten Voraussetzungen — etwa für ein in sich geschlossenes Gewerbe[3] — auch wünschenswert ist, daß nicht nur die Spitzenorganisationen sich zu Arbeitsgemeinschaften zusammenfinden, sondern diese auch in kleineren Umrissen entstehen. Meist wird es sich dann um eigentliche „Tarifgemeinschaften" im Sinne des Arbeitstarifgesetzes (vgl. unten S. 157) handeln.

Unter dem Druck der Gestaltung der wirtschaftlichen Verhältnisse während des Krieges und schließlich der Sorge um die Unterbringung der gewaltigen Zahl von Heeresentlassenen in Arbeitsstellen und um die Umstellung der Kriegs- in die Friedenswirtschaft ist[4] am 12./15. 11. 1918 das bekannte Abkommen zwischen den industriellen und gewerblichen

[1] Über die Abgrenzung der „Selbstregelung" von der „Selbstverwaltung" vgl. unten S. 171.

[2] Ähnlich Schürholz a. a. O. S. 61 ff.

[3] Z. B. die am 25. 4. 1922 gegründete Reichsarbeitsgemeinschaft der deutschen Presse, vgl. Deutsche Presse 1922, Heft 17.

[4] Nach manchen kleinen, mehr ad hoc entstandenen Vorläufern (vgl. Braun, Die Konzentration der Berufsvereine, Berlin Springer, 1922 S. 46).

Arbeitgebern und Arbeitnehmern geschlossen und als erste Arbeitsgemeinschaft (nach vorläufiger Gründung am 4. 12. 1918) am 12. 12. 1919 die „Zentralarbeitsgemeinschaft der industriellen und gewerblichen Arbeitgeber und Arbeitnehmer Deutschlands" gegründet worden. Neben ihr haben sich die „Zentralarbeitsgemeinschaft des deutschen Transport- und Verkehrsgewerbes" am 11. 12. 1919 und die „Reichsarbeitsgemeinschaft land- und forstwirtschaftlicher Arbeitgeber- und Arbeitnehmervereinigungen" am 20. 2. 1920 konstituiert. Vorarbeiten zur Gründung einer „Zentralarbeitsgemeinschaft des Handels" waren gleichfalls eingeleitet worden, sind aber, wenn auch nicht aufgegeben, so doch zu einem vorläufigen Stillstand gekommen[1]).

3. Die Arbeitsgemeinschaften sind nicht Berufsvereine im üblichen und jedenfalls nicht in dem oben S. 134 erörterten Sinne. Denn sie bedeuten nicht die Verkörperung der reinen Arbeitgeber- und der reinen Arbeitnehmeridee, sondern stellen ihre Synthese dar.

Gleichwohl leuchtet ein, daß ihre rechtliche Behandlung nur entsprechend derjenigen der Berufsvereine erfolgen kann.

Auch sie werden rechtsfähig sein und die Möglichkeit, diese Rechtsfähigkeit mit allen Erleichterungen, wie sie den Berufsvereinen offenstehen sollen, zu erwerben und zu besitzen, erhalten müssen[2]). Als Normativbedingungen, deren Erfüllung nachzuweisen sein wird, kann nur die Verkörperung jener Synthese, der Idee der Arbeitsgemeinschaft, in Betracht kommen. Als Registergerichte ließen sich ein oder mehrere bestimmte Arbeitsgerichte — etwa die der Reichshauptstadt und der Sitze der Bezirksarbeits- und wirtschaftsräte — vorsehen.

Auch kann für später erwogen werden, nur den rechtsfähigen Arbeitsgemeinschaften die öffentlichen Funktionen anzuvertrauen, deren Erfüllung einen so wesentlichen Teil ihrer Aufgaben bedeutet.

Daß andererseits der Abschluß von Tarifverträgen nicht Sache der Arbeitsgemeinschaften ist, bedarf keiner Ausführungen. Sehr wohl aber werden die Arbeitsgemeinschaften durchweg Tarifgemeinschaften im Sinne des Arbeitstarifgesetzes sein (vgl. unten S. 157), wenn auch in der Praxis wohl die zentralen — eigentlichen — Arbeitsgemeinschaften sich nicht allzu oft in dieser Eigenschaft betätigen dürften.

---

[1]) Vgl. Kaskel, Das neue Arbeitsrecht, Berlin Springer 1920, S. 232, und Braun a. a. O. S. 53.

[2]) A. M. Herschel, Deutsche Arbeit 1922 S. 222.

Die Regelung des Rechts der Arbeitsgemeinschaften wird richtig in einem buchtechnisch als Anhang des Berufsvereinsgesetzes zu denkenden selbständigen kleinen Gesetz erfolgen.

7. Arbeitstarifgesetz (Arbeitsgesamtvertragsgesetz).

A. Leitende Gesichtspunkte.

a) Der Tarifgedanke.

Das Ergebnis der Ausführungen des Allgemeinen Teils I. 5. (oben S. 30 ff.) ist einmal, daß ein Arbeitsgesetzbuch und also auch ein Arbeitstarif-(vertrags-)gesetz (Arbeitsgesamtvertragsgesetz)[1]) nicht durch die Idee des bedingungslosen Vorherrschens des Tarifgedankens im Arbeitsrecht orientiert sein kann.

Es würde sonst:

1. das Persönlichkeitsrecht des Einzelarbeitnehmers, die Arbeitsbeziehungen nach seinem Willen zu gestalten, gefährden oder verneinen,
2. verkennen, daß das Arbeitsrecht in weitem Umfang bereits zur gesetzgeberischen Behandlung reif ist und insoweit gegen die rechtsgeschichtliche Erfahrung und alle in sich gerechtfertigten Grundsätze der Rechtsbildung die jedem Gewohnheitsrecht eigentümliche Unsicherheit und Autoritätslosigkeit zum Schaden der Arbeit und der Wirtschaft gesetzlich festlegen und
3. im tiefsten Sinne unsozial die Geschicke des Arbeitnehmertums auf den Sand unsicherer Arbeitskämpfe gründen.

Des weiteren ergibt sich aus dem dort Ausgeführten, daß der Tarifvertrag nach der Kodifikation des Arbeitsrechts im Arbeitsgesetzbuch lediglich dort Rechtsquelle sein kann — die „rechtliche Funktion" —, wo das Gesetzesrecht den Einzelfall nicht erfaßt oder wo es bewußt Lücken gelassen hat oder wo endlich später die Notwendigkeit seiner Fortbildung sich ergibt.

---

[1]) Statt der üblichen Bezeichnung „Tarifvertrag" sollte — ähnlich dem Vorgang des Schweizer Rechts („Gesamtarbeitsvertrag": Art. 322, 323 Obligationenrechts vom 30. 3. 1911) — der richtigere und Deutsche Ausdruck „Arbeitsgesamtvertrag" und zur zusammenfassenden Kennzeichnung aller Verträge arbeitsrechtlichen Inhalts, an denen Mehrheiten vertragschließend beteiligt sind, insbesondere also auch der Arbeitsgesamtverträge und Betriebsverträge (siehe unten S. 150), die Bezeichnung „Mehrheitsarbeitsvertrag" im Gegensatz zum „Einzelarbeitsvertrag" gewählt werden (vgl. auch Boos, Der Gesamtarbeitsvertrag, Stuttgart Der kommende Tag 1920, S. 226).

Endlich ist dort gesagt, daß der Tarifvertrag einen einheitlichen sozialen Gedanken verkörpert und daß diese Funktion — die „soziale Funktion“ auch nach Kodifikation des Arbeitsrechts auf nicht absehbare Zeit in ungeminderter Bedeutung weiterbestehen wird. Die Regelung der Arbeitsbedingungen in dem von dem Gesetz gegebenen Rahmen wird aus der Sphäre der Einzelarbeitsverhältnisse herausgenommen und zur Sache der organisierten Arbeitgeber- und Arbeitnehmerschaft gemacht — beherrscht von dem Gedanken der Solidarität und zuletzt von dem der Arbeitsgemeinschaft (der Volksgemeinschaft und der Wirtschaftsgemeinschaft) —, jedoch auch dies mit dem erstrebenswerten Endpunkt der Entwicklung, daß Arbeitgeber und Arbeitnehmer wieder die individuelle Regelung der Arbeitsbeziehungen gewährleistet wird.

Im übrigen ist die Idee des Tarifvertrags als die Entscheidung der nicht gesetzlich geregelten und nicht der Regelung im Einzelarbeitsverhältnis zu überlassenden Fragen der Arbeitsbeziehungen im Kampf der Meinungen zwischen Vereinigung und Vereinigung (oder Arbeitgeber und Vereinigung der Arbeitnehmer) zu verstehen. Insofern verkörpert der Tarifvertrag als Großarbeitsvertrag im übertragenen Sinn, d. h. soweit er organisatorische, nicht schutzrechtliche Bedeutung hat, neben dem Einzelarbeitsvertrag das schuldrechtliche Element des Arbeitsrechts (vgl. oben S. 19 und 50).

b) Tarifgedanke und Selbstverwaltung der Arbeit.

Soweit nach dem zu a) Gesagten die beiden Funktionen des Tarifvertrags fortbestehen, läßt sich eine öffentlichrechtliche Aufgabe der Rechtssetzung für die Vereinigungen der Arbeitgeber und Arbeitnehmer weder annehmen noch rechtfertigen. Es handelt sich vielmehr hier um nichts anderes und darf sich um nichts anderes handeln als um eine nach einem einheitlichen sozialen Gedanken orientierte bürgerlichrechtliche Betätigung von Vereinigungen des Bürgerlichen Rechts.

Es liegt zwar nahe, den Gedanken der „Selbstverwaltung der Arbeit“ auch auf die Rechtssetzung zu übertragen.

Allein einerseits ist mit guten Gründen die Gesetzgebung von der Verwaltung zu trennen. Andererseits ist die Verwaltung selbst nur in ganz bestimmten engen (nach Ort — hier auch nach Beruf) Grenzen brauchbares Objekt nichtstaatlicher Betätigung. Nur in diesen Grenzen wäre also auch eine gesunde „Selbstverwaltungs“-Rechtssetzung zu erwarten. Sollte das nicht zu einer unerträglichen Rechtszersplitterung führen, so könnte diese Rechtssetzung lediglich für einen sehr begrenzten

Normenkreis zugelassen werden (ein ähnliches Ergebnis wie oben S. 29 erörtert). Allein es ist in keiner Weise ersichtlich, weshalb insoweit ein Bedürfnis nach Ersetzung des Gedankens der Selbstregelung nach Bürgerlichem Recht (vgl. unten S. 171) durch den der Delegation der Befugnis, dem Gesetzesrecht gleichartiges Recht zu schaffen, an öffentlichrechtliche Organe bestünde. Im Gegenteil lassen die Erwägungen, die dazu führen, die Berufsvereine als Vereine des Bürgerlichen Rechts zu gestalten (vgl. oben S. 136), und die Notwendigkeit, zu verhindern, daß sich hier „Staaten im Staate" bilden, den Gedanken der Selbstregelung mit der Maßgabe der rechtlichnormativen Wirkung der Tarifsatzung (s. unten B. c) S. 145/6) allein als Grundlage für eine gesetzliche Regelung in Frage kommen. Das kommende Arbeitstarifgesetz wird somit die konstruktivrechtlichen Elemente des Tarifvertrags als Vertrags des Bürgerlichen Rechts herauszuarbeiten haben (s. unten B. a) S. 150), nicht also etwa das Recht des Tarifvertrags als ein verschwommenes neues Recht der Rechtssetzung quasiöffentlichrechtlicher Organe behandeln dürfen. Bei der Behandlung des Stoffes aber muß im Arbeitstarifgesetz der in dem Tarifvertrag verkörperte soziale Gedanke in den Vordergrund treten.

c) Soziologisches Moment.

Das Arbeitstarifgesetz kann nur auf der siegreichen Kraft der Idee des Arbeitnehmertums — in ihrer verschiedenartigen Ausprägung nach Weltanschauungen — aufgebaut werden.

1. Das heißt zunächst, daß der Tarifgedanke in dem Arbeitstarifgesetz grundsätzlich auf der Basis völliger Freiheit zu verwirklichen ist.

Jede erzwungene Einbeziehung Widerstrebender in den Kampf und also jeder — unmittelbare oder mittelbare — Zwang zum Beitritt zu tariffähigen Vereinigungen zwecks Abschlusses oder Durchführung von Tarifverträgen oder mittels Tarifverträgen ist abzulehnen: Sonst Zwang statt Idee und damit als notwendige Folgen Erstarrung und keimende Zersetzung (Zünfte) statt werbendem Leben, Bureaukratie statt Selbstzucht.

Deshalb wird ein Arbeitstarifgesetz die Tariffähigkeit aller (scil. reinen) Arbeitgeber- und Arbeitnehmervereinigungen, die Tarifverträge abschließen wollen, und die Nichtigkeit von Tarifverträgen als solchen vorsehen müssen, insoweit sie die Zugehörigkeit zu einer tariffähigen Vereinigung erzwingen wollen (vgl. unten S. 153, aber auch oben S. 126 und 132).

2. Diese Freiheit in der Verwirklichung des Tarifgedankens setzt die **Gleichheit der Kräfte** des Arbeitgebertums und des Arbeitnehmertums im Ringen des Tarifvertragsschlusses voraus.

Wo diese Gleichheit nicht als gewährleistet erscheint, ist die schwächere Kraft zu unterstützen, sei es durch Beschränkung des Kampfs mittels zwingender Vorschriften des (Einzelarbeitsvertrags- und des) Tarifvertragsrechts, sei es durch Stärkung der schwächeren oder durch Belastung der stärkeren Kraft.

Daraus ergeben sich als Folgerungen für die gesetzliche Regelung die relative Abdingbarkeit der Tarifsatzung[1]) zugunsten der Arbeitnehmer im Einzelarbeitsvertrag und Betriebsvertrag und die Erstreckung der Tarifsatzung im Tarifbetrieb auf den Einzelarbeitsvertrag mit dem nichttarifangehörigen Arbeitnehmer.

3. Endlich erfordert der Aufbau des Arbeitstarifgesetzes auf der Idee des Arbeitgebertums und des Arbeitnehmertums, die Erstreckung des normativen Gehalts des Tarifvertrags im Tarifbetrieb und die Möglichkeit seiner Allgemeinverbindlicherklärung (vgl. unten B. d)), die **freiwillige Tarifbeteiligung** offenzuhalten, d. h. die Zulassung aller es wünschenden tariffähigen Arbeitgeber- und Arbeitnehmervereinigungen zu den Tarifverhandlungen und zum Tarifvertragsschluß und die Tarifangehörigkeit aller derer, die der Tarifsatzung beitreten.

d) Rechtliches Moment.

Das Arbeitstarifgesetz muß Arbeitgebertum und Arbeitnehmertum den Anreiz bieten, den Tarifvertrag zum wirksamsten und eigentlichen Instrument des **Arbeits- und Wirtschaftsfriedens** werden zu lassen.

1. Daraus folgt die Notwendigkeit, im Recht des Tarifvertrags weiten **Spielraum** für die Entwicklung des Tarifgedankens und die Gestaltung des einzelnen Tarifvertrags zu lassen.

Diesem Gesichtspunkt würde eine umfassende Bestimmung des Arbeitnehmerbegriffs und eine Ausdehnung des Tarifrechts auf die Arbeitnehmerähnlichen Personen (vgl. oben S. 24), eine grundsätzliche Vertragsfreiheit wie sonst im bürgerlichen Recht, und eine maßvolle Festlegung zwingenden Rechts entsprechen.

2. Andererseits muß das Arbeitstarifgesetz den Tarifparteien die Gewähr bieten, daß das Tarifrecht aus dem unsicheren Zustand der Augenblicks-

[1]) Tarifsatzung ist der vom Tarifvertrag abstrahierte, für die Tarifangehörigen geltende Rechtsgehalt des Tarifvertrags; vgl. unten B. c).

erwägungen und des Entscheidens der Machtfrage heraus zu wirklichem Recht wird.

In gesetzgeberische Postulate umgesetzt, heißt das die Verpflichtung zur Erfüllung des Tarifvertrags und die Haftung für Vertragsbruch nach den Grundsätzen des Vertragsrechts vorbehaltlich der Sicherung der sozialen Aufgaben der beteiligten Berufsvereine, die Sicherung gegen Störungen des Tariffriedens durch Tarifangehörige, soweit dies nicht ausreicht, die Klarheit der Konstruktion (Verbandstheorie — vgl. unten B. c) —, jedoch Raum für Rechtsentwicklung im Sinne der Vertragsfreiheit — vgl. B. a)) und der konstruktiven Einzelheiten und lückenlose juristische Systematik und die Zuständigkeit des ordentlichen (Arbeits-) Gerichts (statt eines besonderen Tarifgerichts).

B. **Grundsätzliche Fragen.**

a) Der Tarifvertrag (Gesamtvertrag) als Vertrag des Bürgerlichen Rechts.

Der Tarifvertrag — als Vertrag des Bürgerlichen Rechts (vgl. A. b) oben S. 147)[1]) — kann einen verschiedenen Inhalt haben. Dabei sind fünf Gruppen der Möglichkeiten zu unterscheiden:

1. Rechtsbeziehungen zwischen Einzelarbeitgeber und Einzelarbeitnehmer[2]):

Der Tarifvertrag ist ein Einzelarbeitsvertrag im großen:

---

[1]) Vgl. auch Lotmar, Der Arbeitsvertrag Bd. I, Leipzig Duncker & Humblot, 1902, S. 764, Wölbling, Der Akkordvertrag und der Tarifvertrag, Berlin, Guttentag, 1908, S. 273, 315, Sinzheimer, Ein Arbeitstarifgesetz, München und Leipzig, Duncker & Humblot, 1916, S. 21, Hueck, Das Recht des Tarifvertrags, Berlin, Vahlen, 1920, S. 13 und Handbuch des Arbeitsrechts III. Buch, Das Tarifrecht, Stuttgart Heß 1922, S. 16, Boos a. a. O. S. 60, Sitzler, Tarifvertragsrecht, Berlin Vahlen, 1921, § 1 (VO vom 23. 12. 1918) Anm. 2 a) und Katz, Lücken im Arbeitsvertrage, Mannheim/Berlin/Leipzig Bensheimer 1922, S. 68. A. M. Kaskel, Das neue Arbeitsrecht, Berlin Springer 1920, S. 16 und Zur Lehre vom Tarifbruch, Mannheim/Berlin/Leipzig Bensheimer 1922, S. 8 (auch NZfA 1922, Sp. 397), folgert aus der rechtlichnormativen Wirkung der Tarifsatzung (vgl. unten S. 153), daß Tarifverträge nicht schuldrechtliche Verträge, sondern „vereinbartes" objektives Arbeitsvertragsrecht sind. Das letztere ließe sich auch von den Rechten und Pflichten des Einzelarbeitsvertrags sagen. Auch sie sind „Recht" und auch sie „gelten" kraft Gesetzes, u. U. selbst für unbeteiligte Dritte (vgl. z. B. §§ 328, 398 BGB), wenn sie einmal vereinbart sind. Gegen Kaskel auch Katz a. a. O. S. 67. Ähnlich wie Kaskel Hedemann, Grundzüge des Wirtschaftsrechts, Mannheim/Berlin/Leipzig Bensheimer 1922, S. 12, der jedoch wohl nur deshalb abweicht, weil er hier den Tarifvertrag als soziologische Erscheinung sieht.

[2]) (Rechtlich)normative Wirkung.

Die Tarifparteien vereinbaren als Tarifsatzung (vgl. unten c)) Bestimmungen geschlossener oder noch zu schließender Einzelarbeitsverträge.

2. Rechtsbeziehungen zwischen dem Einzelarbeitgeber und einer Mehrheit oder der Gesamtheit seiner Arbeitnehmer oder mit Arbeitnehmergruppen[1]):

Der Tarifvertrag ist ein Mehrheitsarbeits-, insbesondere ein Betriebsvertrag (vgl. unten E.) im großen:

Die Tarifparteien vereinbaren als Tarifsatzung Bestimmungen geschlossener oder noch zu schließender Mehrheitsarbeitsverträge, insbesondere von Betriebsverträgen.

3. Rechtsbeziehungen zwischen den Tarifparteien[2]):

Der Tarifvertrag ist ein Großarbeitsvertrag[3]):

Die Tarifparteien vereinbaren Großarbeitsbedingungen, deren Einhaltung von ihnen (nicht den Parteien des Einzelarbeitsvertrags als solchen) gefordert und geleistet wird.

Er ist ein Friedensvertrag[4]) (Gesellschaftsvertrag?):

Die Tarifparteien vereinbaren, daß Arbeitskämpfe abgeschlossen und neue Kämpfe während der Dauer des Tarifvertrages um die darin geregelten Arbeitsbedingungen nicht stattfinden sollen.

Er ist ein Garantievertrag:

Die Tarifparteien, soweit es sich bei ihnen um Vereinigungen handelt, vereinbaren die Verpflichtung, ihre Mitglieder anzuhalten:

a) nicht entgegen dem Tarifvertrag Einzelarbeitsverträge abzuschließen;
b) nicht entgegen dem Tarifvertrag Betriebsverträge abzuschließen;
c) nicht den ihnen von den Vereinigungen entsprechend dem Tarifvertrag auferlegten Pflichten (vgl. 4.) zuwiderzuhandeln;
d) nicht den der Vereinigung obliegenden Pflichten entgegenzuarbeiten (?);
e) nicht ihrerseits Kampfmaßregeln zu ergreifen, soweit solche der Vereinigung untersagt sind, oder gar für die entsprechenden Handlungen und Unterlassungen der Mitglieder zu haften.

4. Rechtsbeziehungen innerhalb der Tarifparteivereinigung[5]):

---

[1]) (Rechtlich)normative Wirkung.

[2]) Obligatorische Wirkung.

[3]) Nach Lotmar a. a. O. S. 762, Sinzheimer a. a. O. S. 16 ff. und Hueck S. 18 das eigentliche Wesen des Tarifvertrags.

[4]) Darin sieht Wölbling a. a. O. S. 306 die Bedeutung des Tarifvertrags.

[5]) Organisatorische Wirkung.

Die Willenserklärung der den Tarifvertrag als Tarifpartei abschließenden Vereinigung ist zugleich eine vereinigungsinnere Willenserklärung, durch die jedes Mitglied verpflichtet wird:

a) die von der Vereinigung übernommenen Einzelmitgliedshandlungen und Unterlassungen (d. h. Verpflichtungen, die zwar Vereinigungsverpflichtungen sind, aber ihrer Natur nach nicht von der Vereinigung, sondern nur von den Mitgliedern erfüllt werden können) zu leisten;

b) die Erfüllung der von der Vereinigung übernommenen Vereinigungsverpflichtungen zu ermöglichen;

c) wie 3. a);

d) wie 3. b);

e) wie 3. c).

5. **Rechtsbeziehungen zwischen Tarifpartei und Mitglied der Gegenpartei und zwischen den Mitgliedern der Tarifparteien**[1]:

Der Tarifvertrag ist ein **Vertrag zugunsten Dritter**:

Durch den Tarifvertrag verpflichtet sich die Tarifpartei[2]) oder jedes ihrer Mitglieder, durch sie vertreten[3]), zugunsten jedes Mitglieds der Gegenparteivereinigung zur Einhaltung der Verpflichtungen aus 3[4]).

Der Tarifvertrag **bewirkt** einen **Vertrag zugunsten Dritter**[5]):

Der Mitgliedsvertrag der Vereinigung wird durch vereinigungsinnere Willenserklärung hinsichtlich der Verpflichtungen jedes Mitglieds zu 4. zugleich als eine Art Großarbeitsvertrag zugunsten der anderen Tarifpartei oder deren Mitglieder wirksam.

Der Tarifvertrag ist ein **gemischter Großarbeitsvertrag**:

Durch den Tarifvertrag wird jedes Mitglied einer Tarifvereinigung, von dieser vertreten, der anderen Tarifpartei oder deren durch sie vertretenen Mitglieder gegenüber zur Erfüllung der Pflichten zu 4 verpflichtet[3]).

Der Tarifvertrag ist ein **gemischter Garantievertrag**. Durch den Tarifvertrag verpflichtet sich die Tarifpartei dem durch die Gegen-

---

[1]) Vgl. auch Wölbling a. a. O. S. 327.

[2]) Nebenwirkung der obligatorischen Wirkung.

[3]) Soweit eine Tarifpartei als Vertreter ihrer Mitglieder auftritt, liegt, weil die Mitglieder Vertragspartei, ein Tarifvertrag nicht vor.

[4]) Vgl. auch RGZ 73, 92.

[5]) Nebenwirkung der organisatorischen Wirkung.

parteivereinigung vertretenen Mitglied derselben zur Einhaltung der Verpflichtungen aus 3[1]).

Alle diese innerlich ganz verschiedenen und auch in ihren Wirkungen voneinander abweichenden möglichen Teile eines Tarifvertrags müssen in einem Arbeitstarifgesetz ihrer Eigenart entsprechend behandelt werden oder doch ihnen Raum gelassen sein.

b) Tariffähigkeit.

Welche Voraussetzungen eine Arbeitgeber- oder Arbeitnehmervereinigung zu erfüllen hat, um tariffähig zu sein und welche Beziehungen insoweit zum Berufsvereinsrecht bestehen, ist oben S. 134 und 137 erörtert[2]). Es bedarf hier noch der Feststellung, daß auch der Einzelarbeitgeber Partei eines Tarifvertrags sein kann, also tariffähig ist. Ob, falls man nicht zur Festlegung der Identität von „Berufsverein" und „tariffähiger Vereinigung" kommen sollte, der letzteren die Möglichkeit des Verzichts auf die Tariffähigkeit (oder ihres Ausschlusses von vornherein) offenzulassen ist, wird, wie dies gegen die insofern als zwingend anzusehende Bestimmung des § 1 VO vom 23. 12. 1918/31. 5. 1920 (RGBl S. 1456/1129) verstößt[3]), auch de lege ferenda aus den gleichen Gründen, wie oben S. 138 angeführt, für alle Vereinigungen zu verneinen sein, die sachlich die Bedingungen der Tariffähigkeit erfüllen.

c) Wesen der Tarifsatzung (Gesamtsatzung).

Der Zweck des Tarifvertrags ist, durch das Medium des Vertrags für die Mitglieder der Tarifvereinigungen und den Einzelarbeitgeber, der Tarifpartei ist, — die Tarifangehörigen — Rechtswirkungen zu schaffen, die von dem Vertrag abstrahiert sind. Diesen nach dem Willen der Vertragschließenden abstrahierten, schlechthin für die Tarifangehörigen geltenden Rechtsgehalt des Tarifvertrags wird man (nach dem Vorschlag Sinzheimers — vgl. Entwurf eines Arbeitstarifgesetzes des Arbeitsausschusses für ein einheitliches Arbeitsrecht und seine Begründung, RABl 1921 S. 491) zweckmäßig Tarifsatzung (Gesamtsatzung) nennen. Dabei handelt es sich sowohl um den Normengehalt, der Inhalt des Einzelarbeitsvertrags (Individualnormen), als auch den, der Inhalt des Be-

---

[1]) S. Anm. 3 S. 152.

[2]) Vgl. auch Sinzheimer a. a. O. S. 51.

[3]) A. M. Nipperdey, Gewollte Tarifunfähigkeit, NZfA 1922 Sp. 617.

triebsvertrags (vgl. d)) oder eines anderen Mehrheitsvertrags werden oder ohne dies den Einzelnen oder Mehrheiten binden soll (Solidarnormen[1])).

Die unmittelbare rechtliche Geltung der Tarifsatzung für die Tarifangehörigen erscheint ohne weiteres als wünschenswert[2]). Dazu ist nötig, im Gesetz selbst diese unmittelbare Geltung im Gesetz auszusprechen[3]). Bis zum Erlaß der VO. vom 23. 12. 1918/31. 5. 1920 (RGBl. S. 1456 1129) hatte es an einer solchen gesetzlichen Bestimmung gefehlt[4]). Die normative Wirksamkeit der Tarifsatzung war lediglich eine tatsächliche gewesen, die sich allerdings jeweils zu einer gewohnheitsrechtlichen hatte verdichten können. Rechtliche Gebundenheit der Mitglieder der Tarifvereinigungen an den Tarifvertrag mit Wirkung gegenüber der gegnerischen Tarifpartei hatte sich — sieht man von der Bildung eines Gewohnheitsrechts ab — nur damit begründen lassen, daß man die Mitglieder selbst als Tarifparteien betrachtete, sei es allein (Vertretungstheorie: die Mitglieder werden durch die Vereinigungen vertreten), sei es neben den Vereinigungen (Kumulationstheorie). Hatte man dagegen die Tarifvereinigungen allein als Vertragsparteien gelten lassen (Verbandstheorie), so war eine Gebundenheit nur im Innenverhältnis der Vereinigungen in Frage gekommen. Die genannte Verordnung (§ 1) schrieb dann vor, daß Arbeitsverträge zwischen tarifangehörigen Arbeitgebern und Arbeitnehmern insoweit unwirksam sind, als sie von der tariflichen Regelung abweichen, (es sei denn, daß sie zugunsten des Arbeitsnehmers abweichen) und daß an die Stelle unwirksamer Bestimmungen die entsprechenden des Tarifvertrags treten[4]). Damit sollte nicht nur die normative Wirksamkeit der Tarifsatzung, soweit es sich um Individualnormen des Einzelarbeitsvertrags handelt,

---

[1]) Sinzheimer a. a. O. S. 101, 105 und Boos a. a. O. S. 53 sehen in den Solidarnormen nur die Bestimmungen über die Beziehungen des Arbeitgebers zur Arbeiterschaft des Betriebs. Hier ist nur der Hauptfall herausgegriffen. Kaskel, Zur Lehre vom Tarifbruch, S. 4, versteht unter dem normativen Teil des Tarifvertrags nur diejenigen Bestimmungen, „die fähig sind, Inhalt eines Einzelarbeitsvertrags zu werden". Die Formulierung Jacobis, a. a. O. S. 59 („Bestimmungen, die den Bestand der individuellen Arbeitsverhältnisse betreffen"), ist nicht eindeutig und wohl ebenfalls zu eng verstanden.

[2]) Von Kulemann zuerst betont, Verh. d. 29. DJT, Bd. 5, Berlin Guttentag 1908, S. 93; vgl. Sinzheimer a. a. O. S. 50.

[3]) A. M. Lotmar a. a. O. Bd. I. S. 780, 785, der aus §§ 134a, 134c/II GewO die „Unabdingbarkeit" der Arbeitsordnung folgert und „kraft zwingender Analogie" Gleiches für den Tarifvertrag feststellt.

[4]) Ebenso Art. 323 des Schweizer Obligationenrechts vom 30. 6. 1911 — entsprechend den Gedankengängen Lotmars — vgl. Sinzheimer, a. a. O. S. 107.

nach der positiven und nach der negativen Seite (positiv im Sinne der Geltung des Gesetzesrechts, negativ, insofern die Tarifsatzung — relativ — unabdingbar gestaltet ist, entsprechend der Ausschlußwirkung eines zwingenden Rechtssatzes) zu einer rechtlichen gestaltet[1]), sondern auch — entgegen §§ 139, 140 BGB — der Ersatz der unwirksamen Bestimmung des Einzelarbeitsvertrags durch die entsprechende Bestimmung der Tarifsatzung festgelegt werden. Gleiche Wirkung hinsichtlich der übrigen Normen, insbesondere der Solidarnormen, ist der Tarifsetzung in jener zur Zeit geltenden Verordnung nicht beigelegt.

In einem Arbeitstarifgesetz wird der Tarifsatzung schlechthin Geltung für die Tarifangehörigen zu geben sein. Hinsichtlich der Frage der Abdingbarkeit entscheidet die soziologische Betrachtungsweise zugunsten lediglich einer Abdingbarkeit im Interesse der Arbeitnehmer (vgl. oben A.c)). Der Ersatz der unwirksamen Bestimmung des Einzelarbeitsvertrags und des Betriebsvertrags durch die Tarifsatzung bedeutet eine gebotene Folgerung aus der Anerkennung des Gedankens der kollektiven Regelung, die eben nicht nur abstrakte Normen wie das Gesetz schaffen, sondern tätig an Stelle des Einzelnen oder der Mehreren konkrete Verhältnisse ordnen will.

Zu beachten ist noch eins: Wenn das Gesetz ohne das Wesen der Tarifsatzung zu berühren, ihr normative Wirksamkeit verleiht, so kann die Tarifsatzung als Norm nicht neben, sondern nur nach Maßgabe der Gesetzesnorm und der dieser gleichstehenden Verordnungsnorm öffentlichrechtlicher Organe, nur diesen untergeordnet Geltung haben[2]). Jede dieser Normen, soweit sie nicht lediglich dispositiven, den Vertragswillen ergänzenden Charakter tragen, geht der Tarifnorm vor. Ausnahmen werden ausdrücklich im Gesetz vorzusehen sein.

---

[1]) Allerdings fehlt in § 1 die ausdrückliche Vorschrift, daß die Tarifsatzung auch an die Stelle fehlender Bestimmungen des Einzelarbeitsvertrags treten soll. Die positiv-rechtlichnormative Wirksamkeit der Tarifsatzung ist vielmehr wie im schweizerischen Recht unvollständig nur für den allerdings wichtigeren Fall der vorhandenen, aber unwirksamen Bestimmung ausgesprochen. (Daher auch die gebräuchliche Verwendung der unzutreffenden Bezeichnung „Unabdingbarkeit" für die gesamte Rechtsfigur der rechtlichnormativen Wirkung.) Praxis und Schrifttum haben jedoch entsprechend dem Willen des Gesetzgebers § 1 auch für den andern Fall angewandt (vgl. Sitzler a. a. O. § 1 Anm. 3, Hueck, Tarifvertrag S. 98, Handbuch S. 44), so daß insofern jedenfalls von einem Gewohnheitsrecht gesprochen werden kann.

[2]) So auch Sinzheimer, Grundzüge des Arbeitsrechts, S. 10. Die dort gebrauchte Bezeichnung „autonomes Arbeitsrecht" ist deshalb irreführend. Auch ist nicht die Tarifsatzung Rechtsquelle (a. a. O. S. 11, auch Kaskel, Das neue Arbeitsrecht S. 16 und Zur Lehre vom Tarifbruch S. 77 ff.), sondern das Gesetz, das ihr normative Wirkung gibt

d) Allgemeinverbindlichkeit.

Die Allgemeinverbindlicherklärung einer Tarifsatzung bedeutet sowohl einen Druck (vgl. oben A. b)), sich einer Tarifvereinigung um der Vorteile der Zugehörigkeit willen anzuschließen — der allerdings vielfach durch die Scheu vor den hieraus erwachsenden Verpflichtungen ausgeglichen wird —, als auch unter Umständen eine Stärkung des Schwächeren (vgl. oben A. c)) — die jedoch meist auch einem Kraftzuwachs des Stärkeren parallel laufen wird. Beide Gesichtspunkte halten sich bei ihrer Beurteilung die Wage. Für diese Beurteilung ist zunächst festzuhalten, daß eine Setzung objektiven Rechts durch eine mit unbeschränkter Machtvollkommenheit ausgestattete, auch bei Selbstverwaltung nur unvollkommenen kontrollierte Tarifbehörde, den Grundsätzen modernen Staatslebens fremd ist. Es muß dies jedoch hinter der Erwägung zurücktreten, daß die Allgemeinverbindlichkeit zur Befriedung von Arbeit und Wirtschaft als notwendig erscheint, solange die Zeit der sozialen und wirtschaftlichen Erschütterungen fortdauert (vgl. auch oben A. d)) und ein neugeregeltes Arbeitsrecht hier noch nicht entgegenwirkt.

Deshalb ist vorerst die Beibehaltung der Allgemeinverbindlichkeit notwendig. Doch ist die Zuständigkeit einer Behörde der Arbeitsselbstverwaltung (und nur, solange solche nicht vorhanden, wie bisher des Reichsarbeitsministeriums) als Tarifamts (Gesamtvertragsamts) vorzusehen (vgl. unten S. 185).

Der Sinn dieser Allgemeinverbindlichkeit ist, daß die Tarifsatzung durch Akt eines öffentlichrechtlichen Organs zur Verordnungsnorm wird. Es steht an sich dem Gesetzgeber frei, dieser Verordnungsnorm lediglich die Nichttarifangehörigen zu unterstellen oder auch für die Tarifangehörigen nunmehr nur noch diese Norm, nicht mehr die Tarifnorm gelten zu lassen. Praktische Erwägungen entscheiden dafür, nicht die Möglichkeit zweierlei Rechts für die Beteiligten dadurch entstehen zu lassen, daß die Tarifangehörigen lediglich nach Maßgabe des Willens der Tarifparteien mit dem Bestehen des Tarifvertrags verknüpft, die Außenstehenden dagegen auch nach Wegfall des Tarifvertrags durch die Allgemeinverbindlichkeit gebunden sind. Da aber — mit Rücksicht auf die Gefahr völliger Rechtsunsicherheit — praktisch unmöglich ist, die Allgemeinverbindlichkeit mit Wegfall der Tarifsatzung, von dem die Außenstehenden keine zuverlässige Kenntnis haben können, ohne weiteres wegfallen zu lassen, so wird ein Arbeitstarifgesetz die Allgemeinverbindlichkeit auch auf die Tarifangehörigen erstrecken müssen. Unerträglicher Bindung der Tarifangehörigen läßt sich durch die Vorschrift vorbeugen, daß auf Antrag die Allgemeinverbindlichkeit unverzüglich aufzuheben ist, soweit der Tarifvertrag beseitigt ist.

e) Tarifgemeinschaften.

§ 79/I, II des Deutschen Buchdruckertarifs bestimmt:

„Die Tarifgemeinschaft der Deutschen Buchdrucker ist ein Verein im Sinne des Bürgerlichen Gesetzbuchs und hat ihren Sitz in Berlin.

Zweck der Tarifgemeinschaft ist die Hebung des Deutschen Buchdruckergewerbes und die Aufrechterhaltung des gewerblichen Friedens durch Schaffung und Sicherung tariflichen Rechts und Regelung aller das Arbeitsverhältnis betreffenden Angelegenheiten; alles unter Ausschluß politischer und religiöser Gesichtspunkte."

Das ist eine klassisch zu nennende Definition des Wesens jeder Tarifgemeinschaft[1]).

Sie wird durch zwei Maßgaben, die lediglich eine Anpassung der rechtlichen Gestaltung an Gedankengänge eines neuen Tarifrechts bedeuten würden, nicht berührt.

Einmal: Das Reichsgericht hat (in seiner Entsch. Bd. 76 S. 23) festgestellt, daß diese Tarifgemeinschaft der Buchdrucker ein nichtrechtsfähiger Verein der Mitglieder der beteiligten Vereinigungen und etwa außenstehender Arbeitgeber und Arbeitnehmer sei. Für das geltende Gesetz mit Rücksicht auf § 79/III (erster Teil) des Tarifs

„Mitglieder der Tarifgemeinschaft sind a) auf Prinzipalseite diejenigen Prinzipale, die bzw. deren Firmen bei Inkrafttreten dieses Tarifs in der Mitgliederliste der Tarifgemeinschaft einzutragen sind, b) auf Gehilfenseite die in dem genannten Zeitpunkte bei tarifzugehörigen Prinzipalen beschäftigten Gehilfen."

zu Recht. Würde das künftige Recht den tariffähigen Vereinen die Rechtsfähigkeit geben (eine teilweise Rechtsfähigkeit im Sinn des § 5 des Entwurfs eines Arbeitstarifgesetzes des Arbeitsrechtsausschusses könnte diese Wirkung, die die Vereinigung in ihrer ganzen Gestaltung erfaßt, nicht haben), indem es nur (rechtsfähige) Berufsvereine für tariffähig erklärte (vgl. oben S. 139), so würden Mitglieder der Tarifgemeinschaft nicht mehr die Mitglieder der angeschlossenen Vereinigungen, sondern diese selbst sein.

Sodann: Der Sinn der Tarifgemeinschaft ist, die sonst zu Einzeltarifverträgen Zusammengetretenen zu dauernder Gemeinschaft zu vereinigen. Sie ist also nichts anderes als ein Dauertarifvertrag mit den Abweichungen lediglich, die sich aus dem korporativen Zusammenschluß und dem Moment der Dauer ergeben. Dieselben Grundsätze wie für den Einzeltarifvertrag müssen deshalb auch für die Tarifgemeinschaften gelten, sofern nicht aus deren Art sich Besonderheiten ergeben. Insbesondere

---

[1]) Vgl. auch oben S. 138.

sind Satzungen und Beschlüsse der Tarifgemeinschaften hinsichtlich der normativen Wirkung und der Allgemeinverbindlichkeit den Tarifsatzungen gleichzustellen.

C. Anhang: Betriebsvertragsgesetz.

Aus dem Nebeneinander von Arbeitgeber und Arbeitnehmerschaft (bzw. ihrer Teile) des Betriebs folgt mit Notwendigkeit eine fortlaufende Verständigung über die wechselseitigen Beziehungen, soweit nicht aus dem Arbeitsvertrag sich die ausdrücklich vereinbarte oder der Natur der Sache nach stillschweigend vorausgesetzte Befugnis des Arbeitgebers (im Sinn von § 315 BGB) ergibt, einseitig Anordnungen zu treffen. (Bezüglich der Arbeitsordnung — vgl. §§ 134a ff. GewO; §§ 80a ff. PrAllgBergG; § 13 LandAO — gilt das letztere nach § 104 Nr. IV BetrRG nicht mehr.)

Diese Verständigung wird in aller Regel lediglich das mehr Formale der Leistung der Arbeit und der Zahlung des Entgelts betreffen. Es ist aber nicht nur theoretisch denkbar, sondern auch praktisch häufig, daß sie sich auf die Arbeit und das Entgelt selbst bezieht. Die Parallele mit dem Tarifvertrag liegt namentlich im letzteren Fall nahe: Es fragt sich, ob dem „Betriebsvertrag"[1]) im Sinn des Arbeitsgesetzbuchs der gleiche Aufgabenkreis und hinsichtlich seines abstrakten Rechtsgehalts eine normative Wirkung, wie sie dem Tarifvertrag zukommen muß (einschließlich der Ersatzwirkung, vgl. oben B. c)), von Rechtswegen zuzugestehen ist.

Die Entscheidung muß darauf abstellen, daß der Gedanke des Tarifvertrags — Regelung der Arbeitsbedingungen durch das organisierte Arbeitgeber- und Arbeitnehmertum — nicht beeinträchtigt werden darf und daß, was für den Traifvertrag mit Rücksicht auf diesen Sinn gelten muß, nicht notwendig für die Miniatur des Betriebsvertrags zu gelten braucht.

Der erste Gesichtspunkt bedeutet, daß jedenfalls der Tarifvertrag dem Betriebsvertrag vorgehen muß, vor allem aber, daß der Tarifvertrag nicht praktisch durch immer häufigeren Abschluß von Betriebsverträgen, die sich über Dinge, die sonst in Tarifverträgen geregelt werden, verhalten,

[1]) Diese Bezeichnung ist dem hier und da verwandten Ausdruck „Betriebsvereinbarung" vorzuziehen, weil sie die Parallele zum Tarifvertrag andeutet und auch sachlich richtiger ist, da man in der „Vereinbarung" die „Verschmelzung inhaltlich gleicher Willen" im Gegensatz zum „Vertrag" als dem „Mittel zur Erfüllung entgegengesetzter, aber korrespondierender Interessen" wird sehen müssen (vgl. Triepel, Völkerrecht und Landesrecht 1899, S. 43 ff.), zit. bei Katz a. a. O. S. 66).

ausgeschaltet werden darf[1]). Zu dem zweiten Gesichtspunkt ist zu beachten, daß eine rechtlichnormative Wirkung der Satzung des Tarifvertrags in erster Linie deshalb als notwendig erscheint, weil die Tarifparteien, jedenfalls die Arbeitnehmerseite, nicht unmittelbar Subjekte oder Objekte der getroffenen Regelung und an deren Beachtung interessiert sind.

Beides führt zu der Erwägung:

1. Großarbeitsbedingungen (Lehrlingswesen, Arbeitsnachweise, Stellen zur Entscheidung und Schlichtung von Arbeitsstreitigkeiten) zu regeln, ist nicht Sache des Betriebsvertrags.

2. Eine Unabdingbarkeit und Ersatzwirkung der Satzung des Betriebsvertrags — Betriebssatzung — wie oben (vgl. B. c)) für die Tarifsatzung erörtert, kraft Rechtens ist nur für solche Arbeitsbedingungen festzulegen, die die Arbeit und das Entgelt selbst nicht betreffen, anders ausgedrückt, die Gegenstand von Arbeitsordnungen oder Dienstvorschriften im üblichen Sinn sind[2]). Die rechtlich-normative Wirkung im übrigen dagegen auch für die Satzung anderer Betriebsverträge vorzusehen, ist für das kommende Recht das gegebene — hier wie bei Arbeitsordnungen und Dienstvorschriften mit der Maßgabe, daß die Tarifsatzung, soweit sie unabdingbar ist, auch nicht durch Betriebsvertrag abgedungen werden kann. Für alle sonstigen Verträge zwischen Arbeitgeber und Arbeitnehmerschaft des Betriebs würde es damit bei dem Allgemeinen Recht verbleiben, d. h. der Arbeitgeber und die Arbeitnehmerschaft des Betriebs oder ihre Teile, diese als solche oder durch den Mund ihrer Betriebsvertretungen, können Verträge gleichgültig welchen Inhalts mit der Wirkung abschließen, daß, soweit die Arbeitnehmer beteiligt sind oder als vertreten gelten, ihr Inhalt Gegenstand des Einzel- oder Mehrheitsarbeitsvertrags wird.

Man kommt so zu einem ähnlichen Ergebnis, wie es de lege lata festzustellen ist. Nach §§ 66 Nr. 5 und 78 Nr. 3 BetrRG sind Arbeits-

---

[1]) Vgl. das oben S. 137 hinsichtlich der Werksvereine Gesagte.

[2]) Bei der Arbeitsordnung handelt es sich — im Gegensatz zur Dienstvorschrift — nicht lediglich um Bestimmungen, die die Ordnung im Betriebe sicherstellen sollen (vgl. z. B. § 134 b/I Nr. 3 GewO). Vielmehr wird alles das als Gegenstand der Arbeitsordnung in Frage kommen, was man als die zehn Gebote des Betriebs bezeichnen könnte, das tagtäglich zur Anwendung gelangende schematische Betriebsrecht (vgl. auch die Musterarbeitsordnung, ZBl 1920 S. 1351). Es läßt sich erwägen, für das kommende Recht hinsichtlich der „notwendigen Arbeitsordnung" den Rahmen des § 134 b GewO zu erweitern (vgl. § 134 b/II GewO und § 80 b Nr. 2, 3 PrAllgBergG).

ordnungen und Dienstvorschriften, soweit nicht ein Tarifvertrag vorliegt, von Arbeitgeber und Betriebsvertretung gemeinsam zu vereinbaren und, falls keine Einigung zustande kommt, durch den Schlichtungsausschuß gemäß §§ 75, 80 BetrRG bindend festzusetzen: Es kann dies, auch weil eine „bindende Festsetzung", die nur eine Bindung des Arbeitgebers und der Betriebsvertretung brächte, ohne Sinn wäre, nur bedeuten, daß der Betriebssatzung **hier** Unabdingbarkeit und Ersatzwirkung wie einer Tarifsatzung zukommt. (§ 134c/I u. II S. 1, 2 GewO; § 80e/I u. II S. 1, 2 PrAllgBergG sind damit entbehrlich geworden[1].)

Die vorgeschlagene gesetzliche Regelung wird zweckmäßig in einem (buchtechnisch als Anhang des Arbeitstarifgesetzes [Arbeitsgesamtvertragsgesetzes]) das Recht des Betriebsvertrags umfassend regelnden **Betriebsvertragsgesetz** gegeben.

8. Arbeitskampfgesetz.

A. Begriffe[2]).

a) Aussperrung und Ausstand.

Für den Begriff von Aussperrung und Ausstand (Streik) ist es grundsätzlich ohne Belang, daß mehrere auf der Seite der Ausgesperrten oder

---

[1]) Der Ansicht (vgl. Flatow, Betriebsvereinbarung und Arbeitsordnung, Mannheim/Berlin/Leipzig Bensheimer 1922), daß der Betriebsvertrag ein öffentlichrechtlicher Vertrag sei, schlechthin sich über alle allgemeinen Arbeitsbedingungen verhalten könne, mangels freiwilliger Einigung regelmäßig durch Entscheidung des Schlichtungsausschusses festgesetzt werde, wie der Tarifvertrag unabdingbar sei und daß es für ihn nur da Raum gebe, wo nicht ein Tarifvertrag eingreife, kann nicht beigetreten werden. §§ 66 Nr. 5 und 78 Nr. 3 BetrRG sind ausdrücklich auf Arbeitsordnungen und Dienstvorschriften beschränkt (vgl. auch § 78 Nr. 2). Jede Ausdehnung der dort gegebenen Befugnisse und des Gesichtspunkts der §§ 75, 80 BetrRG verbietet sich deshalb. Aus Art. 165 RVerf („Mitwirkung") kann ein Recht auf Abschluß von Betriebsverträgen nicht gefolgert werden — ebensowenig wie ein solches auf Abschluß von Tarifverträgen. Damit entfällt auch jeder öffentlichrechtliche Charakter des Betriebsvertrags ohne weiteres, soweit dieser nicht entsprechend §§ 66 Nr. 5 oder 78 Nr. 3 BetrRG geschlossen ist (vgl. dazu unten S. 171). Aber auch insoweit kann davon nicht lediglich deshalb die Rede sein, weil den Betriebsvertretungen einige Aufgaben öffentlichrechtlicher Art anvertraut sind Überdies betrifft die Tätigkeit des Schlichtungsausschusses ja auch sonst nur bürgerlichrechtliche Streitfälle. Für die Unabdingbarkeit des Betriebsvertrags fehlt es de lege lata an einer gesetzlichen Vorschrift. Dasselbe gilt, soweit die angebliche Unmöglichkeit, den abdingbaren Tarifvertrag durch Betriebsvertrag abzudingen, in Frage steht.

[2]) Vgl. Melsbach, Vertragsbrüchige Streiks und Aussperrungen, S. 3.

Ausständigen beteiligt sind. Sehr wohl kann auch die Aussperrung oder der Ausstand z. B. eines Leitenden Angestellten mit Rücksicht auf die Art seiner Tätigkeit die gleiche Wirkung haben wie die sämtlicher Arbeiter des Betriebs. Auch sind nicht nur, wie dies § 152/I GewO vermuten ließe, Aussperrungen und Ausstände möglich mit dem Ziele der „Erlangung günstiger Lohn- und Arbeitsbedingungen". Der Zweck beider Arten von Arbeitskämpfen kann vielmehr auch eine politische Kundgebung oder auch die Betätigung ideeller und anderer Forderungen sein. Ebenso ist das Bestehen eines Arbeitsverhältnisses und seine Lösung für die Begriffe von Ausstand und Aussperrung ohne Belang. Denn es wird sehr häufig die Arbeit auch anderen und von anderen Arbeitgebern verweigert, die bisher in keinerlei Beziehungen zu den Ausgesperrten oder Ausständigen gestanden haben, und in der Mehrzahl der Fälle, jedenfalls der Ausstände, wird die Absicht des Angreifers nicht die sein, den Vertrag zu lösen, sondern ihn zu „suspendieren", d. h. die Erfüllung der Verpflichtungen zeitweise zu unterbrechen. Es ist weiterhin für den Begriff von Aussperrung und Ausstand nicht wesentlich, daß die Arbeit völlig verweigert wird. Auch eine teilweise Weigerung (z. B. durch passive Resistenz) kann die gleiche Wirkung haben und ist der völligen Weigerung grundsätzlich gleich zu behandeln. Das Moment der Verabredung endlich, in dem hier und da ein Begriffsmerkmal der Aussperrungen und Ausstände erblickt wird, kann ebenfalls nicht als solches gelten. Es ist nicht einzusehen, weshalb nicht eine Arbeitsweigerung ohne Verabredung nicht Arbeitskampf sein sollte und warum nicht auch, wie schon ausgeführt, der einzelne Arbeitnehmer in den Ausstand treten oder ausgesperrt werden kann. Aussperrung und Ausstand sind allerdings Arbeitsweigerungen, die häufig, der erstere meist, auf vorgängiger Verabredung beruhen. Die rechtliche Beurteilung hat dann aber zwischen den Rechtsfolgen von Aussperrung und Ausstand und den Rechtsfolgen der Verabredung zu unterscheiden. Das Wesen dieser Verabredung ist dasjenige einer Verrufserklärung: Jeder bestimmt jeden Beteiligten, Arbeit zu verweigern. (Über die Bedeutung dieser Auffassung vgl. unten C. d).)

Es bleibt also für den Begriff von Aussperrung und Ausstand nichts weiter übrig, als die einfache Tatsache der *zum Zweck des Arbeitskampfs geschehenden Weigerung, Arbeit zu geben oder zu nehmen*. Ob es sich um eine einzelne Person, um eine Mehrheit, um eine relativ große Zahl der Beteiligten handelt, ob um wirtschaftliche oder andere (politische, sozialpolitische, ideelle usw.) Werte gekämpft wird, ob ein Arbeitsvertrag zwischen den Beteiligten bestanden hat, ob die Absicht auf eine Beendigung oder Unterbrechung gerichtet ist, ob Aussperrung und Ausstand unter formell gültiger Endigung des Arbeitsvertrags erfolgen, ob die Arbeit völlig oder teilweise verweigert wird, ob Aussperrung oder Ausstand mit einer Verrufserklärung verbunden sind oder nicht: das alles sind Momente des einzelnen Falles, die rechtlich von erheblicher, wenn nicht von ausschlaggebender Bedeutung für ihre Beurteilung sein können, mit dem Begriff von Aussperrung und Ausstand aber nichts zu tun haben.

b) Verrufserklärung.

Für den Begriff der Verrufserklärung[1]) ist allein wesentlich, daß auf die Aufforderung des Verrufenden der Verrufsempfänger eine Zwangsmaßregel gegen den Verrufenen vornimmt. Die Dreizahl der beteiligten Personen ist das entscheidende Merkmal jeder Verrufserklärung. Sie kann von einem einzelnen ausgehen oder von einer Organisation verhängt oder von einer Personenmehrheit verabredet werden. Von Aussperrung und Ausstand unterscheidet sie sich hinsichtlich der Rechtsfolgen und dadurch, daß die den Gegenstand der Verrufserklärung bildende Zwangsmaßregel das Arbeitsverhältnis berühren (auch Aussperrung und Ausstand sein), ihre Wirkung aber auch auf ganz andere Art zu erreichen suchen kann.

B. Leitende Gesichtspunkte.

a) Selbsthilfe.

Arbeitskämpfe sind Akte der Selbsthilfe. Auch da, wo sie kein Zeichen unfertiger Rechtszustände sind (vielmehr die Rechtslage der beiderseitigen Belange klar und befriedigend geregelt ist und es sich lediglich um Meinungsverschiedenheiten über die wünschenswerte tatsächliche Gestaltung dieser Belange auf dem Boden der Gleichberechtigung handelt), sind sie unerwünscht sowohl, weil die Arbeitskraft im Regelfall der einzige Besitz des einen Teils der Arbeitskämpfenden, der Arbeitnehmerschaft, sind, als auch mit Rücksicht auf die Tragweite der Wirkungen auf die Volksgemeinschaft, insbesondere die Volkswirtschaft. Der Zielpunkt der Entwicklung muß also die Beseitigung der Arbeitskämpfe sein. Solange ein befriedigender Ausgleich der Belange des Arbeit-

[1]) Vgl. Verhandlungen des 29. DJT. (Gutachten von Oertmann, Bd. II d. Verh. d. 28. DJT, Berlin Guttentag 1906, S. 33, Ettinger Bd. IV d. Verh. d. 29. DJT, Berlin Guttentag 1908, S. 83, und Pape, eod. S. 246, desgleichen von Lobe DJZ 1908 S. 934.

geber- und Arbeitnehmertums ohne Arbeitskämpfe nicht gewährleistet ist — es wird dies von dem Finden richtigen Arbeitsrechts, annähernd gleicher Machtverteilung und endlich der Erziehung beider Teile zu sozial- und wirtschaftspolitischem Verständnis für die Belange des anderen Teiles abhängen —, ist Vorsorge zu treffen, daß die Arbeitskämpfe in geordneten Bahnen und ohne unerträgliche Schädigungen der Volksgemeinschaft verlaufen.

Es ist dabei zunächst unterstellt, daß die Arbeitskämpfe ihrem eigentlichen und ursprünglichen Zweck nach zur Entscheidung wirtschaftlicher Machtfragen hinsichtlich der Arbeitsbedingungen dienen sollen. Das Gesagte gilt aber entsprechend auch für Arbeitskämpfe, die politische oder andere dem Arbeitsverhältnis fremde Zwecke verfolgen. Hier muß durch Schaffung staatsbürgerlicher Kautelen und staatsbürgerlicher Erziehung erreicht werden, daß das nur mittelbar wirkende Machtmittel des Arbeitskampfes noch rascher als sonst in Fortfall kommt.

b) Ein Arbeitskampfrecht?

Ein „Arbeitskampfrecht" (Streikrecht) ist deshalb, wie es für das geltende Recht nicht besteht[1]), auch für das neue Arbeitsrecht abzulehnen[2]). Wie nach geltendem Recht ist vielmehr an dem Grundsatz festzuhalten, daß auch den Parteien des Arbeitsvertrags die volle Handlungsfreiheit im Rahmen der Gesetze offensteht. Arbeitgeber und Arbeitnehmer werden also auch nach neuem Arbeitsrecht Arbeitskämpfe beginnen und durchführen können. Halten sie sich dabei im Rahmen des Rechts, so sind die Arbeitskämpfe ausschließlich die Austragung von Machtfragen. Verstoßen die Arbeitskämpfenden gegen die Gesetze, so müssen sie die daraus sich ergebenden Folgen tragen — ebenso wie eine Einzelperson die Freiheit hat, auf der Straße zu gehen, dabei jedoch nicht gegen straßenpolizeiliche Vorschriften verstoßen darf.

Die Frage ist nur: Einmal, ob und inwieweit das Arbeitsrecht im

---

[1]) Bei den Beratungen des Art. 159 RVerf wurde ausdrücklich anerkannt, daß damit ein Streik„recht" nicht gegeben werden solle, vgl. StenB. der Nationalversammlung S. 1749 und oben S. 123 Anm. 1. Vgl. auch Sinzheimer, Grundzüge des Arbeitsrechts, S. 44, Heine, Streikrecht, Sozialistische Monatshefte 1922 S. 153 und Borchardt, Das Recht auf Arbeitsweigerung und die Pflicht zur Arbeit, ebendort S. 201.

[2]) Ebenso Erdmann, Zur künftigen gesetzlichen Regelung des Arbeitskampfes, Arbeitsrecht 1922 Sp. 544. Wissell, Streikrecht, Arbeitsrecht 1922 Sp. 399, hält den Augenblick („eine in sich noch gärende Zeit") nicht für geeignet, ein Recht der Arbeitskämpfe zu formulieren, auch nicht hinsichtlich der Frage, ob „an Stelle der gegenwärtig gegebenen Streikbefugnis in Zukunft ein Streikrecht treten soll".

Interesse der Volksgesamtheit und der Beteiligten Arbeitskämpfe verbieten soll (vgl. C. a) und andererseits, ob das allgemeine Recht zugunsten (zuungunsten?) von danach nicht verbotenen oder zuungunsten (zugunsten?) von danach verbotenen Arbeitskämpfen in einzelnen Beziehungen Ausnahmen erfahren soll (vgl. C. c)).

C. **Grundsätzliche Fragen.**

a) Rechtswidrige Arbeitskämpfe.

Im Sinn des zu B. a) und b) Ausgeführten wird es liegen, wenn das Arbeitsgesetzbuch im Interesse der Gesamtheit und der Beteiligten politische Arbeitskämpfe gegen die Staatsgewalt und „wilde" Arbeitskämpfe verbietet, als „(an sich) rechtswidrig" bezeichnet. Wilde Arbeitskämpfe werden solche sein müssen, bei denen — insbesondere, soweit es sich um gemeinnötige Betriebe handelt — die gesetzlich etwa vorzuschreibenden Einigungsversuche nicht erschöpft sind oder bei denen Mehrheiten angreifend beteiligt sind, ohne die durch Gesetz oder eigene Satzung für Beginn oder Fortsetzung vorgeschriebene Beschlußfassung zu beachten[1]).

Der gleiche Gesichtspunkt des Schutzes der Interessen der Allgemeinheit und der Beteiligten macht es notwendig, die Ausführung von Notstandsarbeiten auch bei solchen Arbeitskämpfen zu fördern, die nach dem Vorstehenden nicht schlechthin verboten sein würden: die Weigerung von Notstandsarbeiten würde somit von dem neuen Arbeitsrecht ebenfalls als „an sich rechtswidrig" zu bezeichnen sein.

b) Der Gedanke der Einigung.

Soweit von dem Arbeitsgesetzbuch Arbeitskämpfe nicht als rechtswidrig erklärt werden, muß entsprechend dem zu B. a) Ausgeführten im Gesetz selbst Vorsorge getroffen werden, die Entwicklung in dem Sinn zu

[1]) Vgl. § 55 Entw SchlichtO — unten S. 180 — und dazu Leipart, Der Schlichtungszwang in Arbeitsstreitigkeiten, SozPra 1922 Sp. 361, die Beschlüsse der vereinigten Unterausschüsse für Koalitions- und Tarifrecht der Gesellschaft für Soziale Reform (mitgeteilt von Heyde, Anrufungszwang und Buße im Schlichtungswesen, Arbeitsrech t1922 Sp. 405), die endgültige Stellungnahme dieser Gesellschaft SozPra 1922 Sp. 684 und Frielinghaus, Streikrecht, Recht und Wirtschaft 1922 Sp. 609. Die Gesellschaft für soziale Reform, Leipart und Frielinghaus schlagen vor, abweichend von § 55 (und dem primären Beschluß der genannten Unterausschüsse) einen Zwang zur Anrufung von Schlichtungsorganen nicht allgemein, sondern nur für Arbeitskämpfe in gemeinnützigen Betrieben und im übrigen eine Pflicht zur Aussetzung von Arbeitskämpfen nur für den Fall der Anrufung durch eine Partei vorzusehen.

fördern, daß Arbeitskämpfe in Wirklichkeit ein allerletztes, die Erschöpfung jeder Möglichkeit friedlichen Ausgleichs voraussetzendes Mittel, Akte der Notwehr, werden[1]). Das kann in erster Linie dadurch erreicht werden, daß nicht nur vor Ausbruch der Arbeitskämpfe (vgl. das zu a) Bemerkte), sondern auch während der Arbeitskämpfe unausgesetzt das Ziel der Einigung im Auge behalten wird. Im neuen Arbeitsrecht wird deshalb den Gegnern der Arbeitskämpfe die Pflicht und den in Betracht kommenden Behörden die Aufgabe aufzuerlegen sein, stets erneut Einigung zu versuchen.

c) Arbeitskampfrecht Sonderrecht?

Die Rechtsbeziehungen, die aus Anlaß von Arbeitskämpfen zwischen den Beteiligten entstehen, zerfallen in solche zwischen den Gegnern des Arbeitskampfes, zwischen den Parteien des Arbeitsvertrags, soweit nicht mit jenen identisch, und zwischen den Mitgliedern der am Arbeitskampf beteiligten Mehrheiten. Es fragt sich, ob das neue Arbeitsrecht für alle diese oder für einzelne Rechtsbeziehungen Anlaß zu einer Sonderbehandlung des nach dem zu a) Ausgeführten „an sich rechtswidrigen" und des danach „an sich nicht rechtswidrigen" Arbeitskampfes gegenüber dem Allgemeinen Recht nehmen soll.

Es handelt sich hierbei um eine Frage, die in der Hauptsache Bürgerlichen Rechts und insofern von unmittelbarer Bedeutung nur für Einzel- und Mehrheitsarbeitsvertrag ist. Die Regelung im Einzelnen hätte richtig also in dem Allgemeinen Arbeitsvertragsrecht und Arbeitstarifrecht (bzw. Betriebsvertragsrecht) zu geschehen. Das Grundsätzliche klarzustellen, ist dagegen Sache des Arbeitskampfgesetzes.

Ein Grund für eine solche Sonderregelung zuungunsten oder zugunsten des „an sich rechtswidrigen" und des „an sich nicht rechtswidrigen" Arbeitskampfes erscheint nicht als gegeben. Weder eine Schlechterbehandlung der Arbeitskämpfenden mit Rücksicht auf die oft tiefgreifenden Wirkungen auf den Gegner und Außenstehende, noch eine Besserstellung mit Rücksicht auf den Selbsthilfecharakter und die soziale Atmosphäre der Arbeitskämpfe (abgesehen von der lediglich den tatsächlichen Verhältnissen und dringenden Bedürfnissen gerecht werdenden Suspension des Einzelarbeitsvertrags für die Dauer des Arbeitskampfs bei Beobachtung aller Kautelen des Kündigungsrechts — vgl. oben

[1]) Ähnlich Leipart a. a. O. Sp. 862. Vgl. auch die „Regeln für die Führung von Lohnbewegungen und Unterstützung von Streiks in gemischten Betrieben" des Allgemeinen Deutschen Gewerkschaftsbunds, Korrespondenzblatt d. ADGB. 1922 S. 563.

S. 61) läßt sich rechtfertigen: Die widerstreitenden Interessen werden sich, jedenfalls in abstracto, die Wage halten. Der Gesichtspunkt insbesondere, daß bei dem organisierten, d. h. von den Berufsvereinen angeordneten Arbeitskampf eine persönliche Freiheit des einzelnen Beteiligten, an dem Arbeitskampf teilzunehmen oder von ihm abzustehen, in der Regel nicht besteht, darf nicht zu einer Privilegierung dieser Art von Arbeitskämpfen führen: Der Beitritt zum Berufsverein ist dem einzelnen freigestellt, und diese Vereinigungsfreiheit, die Art. 159 der Reichsverfassung gewährleistet, wird von dem Arbeitsrecht nach allen Richtungen hin sicherzustellen sein (vgl. oben S. 126, 132). Ist somit der Beitritt des einzelnen zum Berufsverein freiwillig, so ist es auch die Übernahme der Gefahr, daß die Zugehörigkeit ihm Nachteile bringt. Wie an dem durch den organisierten Arbeitskampf erzielten Erfolg, so nimmt er auch an dem Mißerfolg teil.

Auch für eine Sonderbehandlung von „Gegen-" und „Sympathie-" Arbeitskämpfen besteht kein Anlaß. Wer in nicht verbotenen Arbeitskämpfen recht oder unrecht hat, das ist in erster Linie eine Machtfrage. Inwieweit Werturteilen, über die die Beteiligten regelmäßig verschiedener Ansicht sein werden, rechtliche Bedeutung zukommen soll, dafür gibt das Allgemeine Recht sicheren Anhalt.

Für alle oben genannten Arten von Rechtsbeziehungen gilt somit: Der „an sich nicht rechtswidrige" Arbeitskampf wird wie nach geltendem Recht (vgl. das zu B. b) Bemerkte) aus den besonderen Gründen des Allgemeinen Rechts (vorbehaltlich des oben S. 61 Gesagten) rechtswidrig sein können, und die sonstigen Rechtsfolgen, die dieses Allgemeine Recht an den Tatsachenkomplex des Arbeitskampfes knüpft, nach sich ziehen. Der „an sich rechtswidrige" Arbeitskampf wird das Merkmal der Rechtswidrigkeit erfüllen, soweit das Allgemeine Recht an diese Rechtsfolgen knüpft (§§ 134, 157, 242, 823, 826 BGB), anders ausgedrückt, der „an sich rechtswidrige" Arbeitskampf kann nicht die Ausübung nach Allgemeinem Recht sonst gegebener Rechte bedeuten [1]).

d) Arbeitskampfschaden.

Die Frage der Haftung für den Arbeitskampfschaden ist eine solche des Arbeitsvertragsrechts und Berufsvereins- bzw. Arbeitstarifrechts und deshalb in einem Arbeitskampfgesetz nicht zu erörtern. Der Zusammenhang mag jedoch ihre Behandlung an dieser Stelle rechtfertigen.

---

[1]) Die Begründung des Entwurfs einer Schlichtungsordnung (vgl. unten S. 180) vertritt (S. 52) die Auffassung, daß hier ein Schutzgesetz im Sinne von § 823/II BGB gegeben sei.

Soweit bei einem Arbeitskampf auf der einen Seite eine Mehrheit von Personen beteiligt ist, kann der durch den Arbeitskampf entstehende Schaden unter Umständen nicht etwa lediglich ein Vielfaches des Schadens bedeuten, der sich durch die Beteiligung des einzelnen ergibt. Der Schaden kann vielmehr ein mit der Zahl der Beteiligten fortschreitend wachsender ganz besonderer Schaden sein — entsprechend dem Schaden des Arbeitskampfs mit einem einzelnen qualifizierten Gegner —: Die Beschaffung von Arbeitskräften, von Arbeitsgelegenheit können unverhältnismäßig schwieriger, die Unkosten und Verluste unverhältnismäßig größer werden, ja, es kann die Beteiligung einer Mehrheit katastrophale Wirkung haben.

Die Verantwortlichkeit für diesen größeren Schaden läßt sich, außer auf eine Verletzung eines von der beteiligten Personenmehrheit abgeschlossenen Vertrags (insbesondere Tarifvertrags) oder aus der Verletzung des Einzelarbeitsvertrags des qualifizierten Einzelgegners auf die Verletzung des Einzelarbeitsvertrags durch eine Verrufserklärung oder auf den Gesichtspunkt der unerlaubten Handlung stützen. Insofern ist von Bedeutung, ob Aussperrung und Ausstand auf Grund einer Verabredung erfolgt sind (vgl. das oben zu C. a) Ausgeführte). Die in Aussperrung und Ausstand etwa liegende Verletzung des Einzelarbeitsvertrags begründet eine Schadensersatzpflicht nur bezüglich des durch die Einzelarbeitsverweigerung selbst verursachten Schadens.

Soweit also Aussperrung und Ausstand nicht unerlaubte Handlung sind und deshalb §§ 830 und 840 BGB keine Anwendung finden, kann eine Verantwortlichkeit für den spezifischen Schaden aus der in der verabredeten Aussperrung und in dem verabredeten Ausstand liegenden Verrufserklärung unter Umständen gefolgert werden, dann namentlich, wenn die Verpflichtung, an einer Verrufserklärung nicht teilzunehmen, zum Inhalt des Einzelarbeitsvertrags gehört oder wenn die Verrufserklärung selbst unerlaubte Handlung ist. Soweit überdies Aussperrung und Ausstand als selbstverständliche Befolgung der Verrufserklärung zu betrachten sind, wird als alleiniger Schuldgrund die Verrufserklärung zu gelten haben.

e) Arbeitskampfarbeit.

Für die Frage der Leistung von Arbeitskampfarbeit gilt das Gleiche wie für die der Haftung der Arbeitskampfschaden: Auch sie würde nicht in einem Arbeitskampfgesetz zu regeln sein. Eine zusammenfassende Darstellung des Arbeitskampfrechts wird jedoch auch sie einbeziehen müssen.

Inwieweit von einem Arbeitnehmer Arbeitskampfarbeit (sog. Streikarbeit) zu leisten ist, d. h. die Arbeit von Arbeitnehmern, die in einen

Arbeitskampf verwickelt sind, wird richtig nicht Gegenstand der Regelung im Arbeitskampfgesetz, sondern denjenigen im Allgemeinen Arbeitsvertragsgesetz sein. In erster Linie ist es eine Frage der getroffenen Vereinbarungen. Soweit der Arbeitsvertrag ausdrückliche Abreden in dieser Hinsicht nicht enthält, wird auch hier die Unterscheidung zwischen verbotenem und „an sich nicht rechtswidrigem" Arbeitskampf von Bedeutung: Es erhellt, daß eine Verletzung der Solidarität der Arbeitnehmerschaft durch Leistung von Arbeitskampfarbeit dann grundsätzlich nicht in Frage kommen kann, wenn die Arbeitnehmer, deren Arbeit ersetzt werden soll, sich entgegen ausdrücklichem Verbot des Gesetzes an einem Ausstand oder Verrufserklärung beteiligt haben. Umgekehrt wird für die Arbeitnehmer die Ablehnung von Arbeitskampfarbeit dann ohne weiteres gerechtfertigt sein, wenn diese Arbeitskampfarbeit durch verbotene Aussperrung oder Verrufserklärung seitens der Arbeitgeber erforderlich wird. Diese klare Scheidung wird keine Ausnahme zulassen, auch nicht in dem Sinn, daß etwa bei einer „an sich rechtswidrigen" Aussperrung in einem gemeinnötigen Betrieb Notstandsarbeit als Arbeitskampfarbeit zu leisten ist.

Ist der Arbeitskampf, aus Anlaß dessen Arbeitskampfarbeit geleistet werden soll, nicht verboten und eine Abrede über Leistung von Arbeitskampfarbeit im Arbeitsvertrag nicht getroffen, so wird ein Ausgleich zwischen den berechtigten Interessen der Allgemeinheit, der Arbeitgeberschaft als solchen und der an dem Arbeitskampf beteiligten Arbeitgeber einerseits und dem Gedanken der Gemeinsamkeit der Interessen der Arbeitnehmerschaft stattfinden müssen und der Arbeitnehmer aus dem berechtigten Gedanken der Solidarität des Arbeitnehmertums heraus die Übertragung von Arbeitskampfarbeit dann ablehnen können, wenn die Arbeitskampfarbeit nicht zur Vermeidung ganz unverhältnismäßig großer Nachteile für den Betrieb oder im schwerer wiegenden Interesse der Allgemeinheit erforderlich ist.

f) Hilfsmaßnahmen bei Arbeitskämpfen.

Die bei Arbeitskämpfen notwendigen Hilfsmaßnahmen, insbesondere das Streikpostenstehen bei Ausständen, kann nur gleichzeitig mit den Arbeitskämpfen selbst rechtlich behandelt werden. Soweit also Arbeitskämpfe verboten, „an sich rechtswidrig" sind, muß dies grundsätzlich auch für die Hilfsmaßnahmen gelten (in entsprechender, wenn nicht unmittelbarer Anwendung des Gedankens des § 830/II BGB), sofern nicht ausnahmsweise die Tatumstände eine andere rechtliche Beurteilung rechtfertigen sollten. Soweit dagegen Arbeitskämpfe nicht verboten sind, sind die angewandten Hilfsmaßnahmen ebenso nach den Grundsätzen des Allgemeinen Rechts wie die Arbeitskämpfe selbst zu behandeln. Regelmäßig wird dabei die rechtliche Beurteilung der Arbeitskämpfe auch für die der Hilfsmaßnahmen entscheidend sein. Wie also eine Privilegierung oder auch ungünstigere Behandlung der Arbeitskämpfe selbst gegenüber dem Allgemeinen Recht nach dem oben zu B. b) und C. c) Ausgeführten nicht in Frage kommen kann, so hat dies auch für die Hilfsmaßnahmen bei Arbeitskämpfen zu gelten.

g) Strafbarkeit.

Mit Rücksicht auf die zu B. a) und C. a) erörterten Gesichtspunkte und die Erfahrung, daß die Atmosphäre bei Arbeitskämpfen nervös erregt zu sein pflegt, wird es nötig sein, die Freiheit der Entschließung über den Beginn und die Fortsetzung von Arbeitskämpfen und die Leistung der Arbeit Arbeitswilliger bei verbotenen Arbeitskämpfen durch Strafvorschriften sicherzustellen.

h) Ein Arbeitskampfgesetz.

Ein Arbeitskampfgesetz wird sich auf wenige Bestimmungen zu beschränken haben.

Das Allgemeine Arbeitsvertragsrecht hat die bürgerlich-rechtlichen Wirkungen auf das Einzelarbeitsvertragsverhältnis (insbesondere hinsichtlich der Arbeitskampfarbeit) und das Arbeitstarifgesetz diejenigen auf das Tarifvertragsverhältnis zu regeln, letzteres, sobald ein Berufsvereinsgesetz vorliegen wird, ohne die Vorschriften über die Haftung der Berufsvereine, gegebenenfalls unter entsprechender Ausdehnung der Haftungsbestimmungen des Berufsvereinsgesetzes auf die Haftung der tariffähigen Vereinigungen bei Verletzung eines Tarifvertrags durch Arbeitskampf. In der Schlichtungsordnung werden, um die Geschlossenheit des Schlichtungsrechts zu erhalten, entsprechend insbesondere den §§ 67, 113 S. 3 des Entwurfs einer Schlichtungsordnung (vgl. unten S. 180), alle diejenigen Vorschriften enthalten sein müssen, die das Verhalten der Schlichtungsstellen und ihr Verfahren in Fällen der Arbeitskämpfe betreffen.

Das Arbeitskampfgesetz würde sich darauf beschränken können, die Begriffe festzulegen, auszusprechen, in welchen Fällen ein Arbeitskampf rechtswidrig sein soll und die notwendigen Erweiterungen des Allgemeinen Strafrechts zu bringen.

III. Selbstverwaltung und Arbeit.

9. Betriebsrätegesetz.

Das BetrRG vom 4. 2. 1920 ist veröffentlicht RGBl 1920 S. 147. (Ergänzungsgesetze:

1. Gesetz über die Betriebsbilanz und die Betriebsgewinn- und -verlustrechnung vom 5. 2. 1921 — RGBl S. 159,
2. Gesetz über die Entsendung von Betriebsratsmitgliedern in den Aufsichtsrat vom 15. 2. 1922 — RGBl S. 209.)

10. Arbeitskammergesetz
und
11. Arbeits- und Wirtschaftsrätegesetz[1]).

A. Grundsätzliche Vorbemerkung.

Es gibt Zeiten im Leben des einzelnen, der menschlichen Gesellschaften und der Völker, in denen bei ihnen das Gefühl der Schwäche und Ohnmacht überwiegt und den Wunsch in den Vordergrund stellt, geleitet zu werden. Es gibt auch Zeiten, in denen dieses Gefühl und dieser Wunsch, trotzdem die Verhältnisse die Leitung notwendig machten, nicht bestehen, in denen aber erleuchtete Geister diese Notwendigkeit erkennen. In beiden Fällen kann die Leitung oder eine Mitwirkung bei der Leitung dem einzelnen, den Gesellschaften, den Völkern nicht übertragen werden. Treffen jene Voraussetzungen aber nicht zu, handelt es sich um Zeiten, in denen ein Erfolg und eine gedeihliche Arbeit nur möglich ist, wenn die bisher Geleiteten in größerem oder geringerem Maße an der Leitung teilnehmen — der Grund wird entweder in einem Versagen der bisherigen Leitung oder in der gesteigerten Lebensfähigkeit der Geleiteten oder in beidem liegen —, dann muß diesem Bedürfnis Raum geschaffen werden, damit es sich nicht den Raum, über das Maß hinausschießend, selbst verschafft.

Es ist kein Zweifel, daß unsere Wirtschaft einerseits und die Arbeit andererseits — hier betont durch die Tatsache, daß die wirtschaftlich

---

[1]) Über die Gründe der Trennung vgl. unten S. 179.

unselbständige Arbeit zur Lebensform der Masse der Bevölkerung geworden ist (vgl. oben S. 18) — beide in Zeiten der letztgeschilderten Art stehen[1]).

Das hat — sieht man von der parlamentarischen Arbeit ab — eine dreifache Bedeutung: Einmal hat die gesetzgeberische und verwaltende Tätigkeit des Staats den Rahmen möglichst weit zu spannen, in dem sich die schöpferische Kraft des einzelnen und seiner Vereinigungen frei betätigen kann. Das gibt für die Verhältnisse der Arbeit vor allem dem Berufsvereinswesen seinen wesentlichen sachlichen Gehalt im Tarifgedanken (vgl. oben S. 137, 146). Man nennt das häufig Selbstverwaltung der Wirtschaft, der Arbeit oder begreift es doch darunter ein. Mit eigentlicher Selbstverwaltung hat es jedoch nichts zu tun, ja es steht begrifflich im Gegensatz zu ihr, wenn es auch praktisch sich oft mit ihr berühren wird. Es handelt sich um nichts anderes als um die Betätigung von Einzelpersonen und Verbandspersönlichkeiten des Bürgerlichen Rechts im (weit gezogenen) Rahmen dieses Bürgerlichen Rechts. Man sollte sie — zum Unterschied von der „Selbstverwaltung" — etwa „Selbstregelung" nennen. Sie ist die Verkörperung der Idee des Individualismus' der natürlichen und dieser juristischen Personen, der behördlicher Reglementierung (auch solcher durch Selbstverwaltungskörperschaften) gerade widerstrebt. Diese Unklarheit über das Wesen jener freischaltenden Betätigung, das unsichere Bewußtsein, daß für die Arbeit, zum Teil auch für die Wirtschaft, es noch an den Selbstverwaltungskörperschaften fehlt, beides scheint ein maßgeblicher Grund für das hier und da sich geltend machende verfehlte Bestreben zu sein, den Berufsvereinen und den Tarifverträgen und sonstigen Gesamtvereinbarungen öffentlichrechtlichen Charakter beizumessen[2]).

In dem Gedanken der wirklichen Selbstverwaltung der Wirtschaft, der Arbeit, erschöpft sich die zweite Bedeutung der eingangs angestellten Erwägung. Von ihr soll hier die Rede sein. Über die dritte, die in der gemischten Form der Staatsverwaltung zum Ausdruck kommt, wird später (vgl. unten S. 181) noch zu sprechen sein.

---

[1]) Vgl. auch Melsbach, Sozialisierung, Planwirtschaft und Selbstverwaltung, Freie Wirtschaft 1919, S. 344, Erkelenz, Gegen die Versteinerung der deutschen Sozialpolitik, Berlin Neuer Staat, 1922 und derselbe, Soziale Selbstverwaltung, Arbeitsrecht 1922 S. 534, desgleichen Schürholz, Entwicklungstendenzen im Deutschen Wirtschaftsleben zu berufsständischer Organisation und ihre Bedeutung, München-Gladbach Volksvereinsverlag 1922, S. 31.

[2]) Vgl. oben S. 136, 148, 160 Anm. 1. Über die öffentlichen Funktionen der Berufsvereine vgl. oben S. 138

Selbstverwaltung ist die Befruchtung und Kontrolle behördlicher Ausübung staatlicher Aufgaben durch ihre Objekte aus der sittlichen Idee der Selbstverantwortung und aus dem Bedürfnis nach Selbständigkeit heraus. Selbstverwaltung ist also kein Gegensatz einer behördlichen und bureaukratischen Betätigung, sondern bedeutet lediglich, daß diese durch eine Selbstverwaltungskörperschaft ausgeübt wird.

Dort, wo der Staat dem Individualismus der Beteiligten Schranken setzen zu müssen glaubt, die Freiheit ihrer Betätigung begrenzt, beginnt sein Tätigkeitsgebiet. Inwieweit er sich hier selbst beschränkt und seine Aufgaben Selbstverwaltungskörperschaften anvertraut, delegiert, das bemißt sich nach den oben erörterten Gesichtspunkten: Stein-Hardenbergsche Reformen in Arbeit und Wirtschaft!

B. Entwicklung und Vorschläge.

In der Wirtschaftspolitik sind seit längerem Organe solcher Selbstverwaltung vorhanden. Handels-, Handwerks- und Landwirtschaftskammern fassen die Unternehmer sachlich zur Ausübung bestimmter delegierter staatlicher Aufgaben zusammen. (Bei den Innungen vermischt sich dieser Gedanke aus wesentlich historischen, in der Erinnerung an die Zünfte erwachsenen Erwägungen mit dem der Zwangsmitgliedschaft zu Berufsvereinen.) Als Selbstverwaltungskörperschaften der Sozialpolitik sind von ihnen lediglich die Handwerkskammern mit Rücksicht auf die Errichtung der Gesellenausschüsse bei ihnen anzusehen (§§ 103 i und 103 k GewO). Im übrigen fehlt es an solchen bisher — sieht man von den eine Art behördlicher Funktion darstellenden Kontroll- und Anrufungsrechten der Betriebsvertretungen und den sozialpolitischen Aufgaben (vgl. Art. 165/IV RVerf) des Reichswirtschaftsrats ab.

Art. 165 RVerf (neben Art.156/II, der die Selbstverwaltung einzelner Wirtschaftszweige zum Zwecke der Gemeinwirtschaft betrifft, wovon hier abgesehen werden kann) die Grundlage jeder Regelung einer Selbstverwaltung der Wirtschaft, der Arbeit, sieht (außer Betriebs- [arbeiter-] Räten) Bezirksarbeiterräte und einen Reichsarbeiterrat vor, die zur Erfüllung der wirtschafts- und der sozialpolitischen Aufgaben mit den Vertretern der Unternehmer und sonst beteiligter Volkskreise zu Bezirkswirtschaftsräten und einem Reichswirtschaftsrat zusammentreten sollen. Die bisherigen Vorarbeiten haben jedoch noch nicht zu einer Klärung der Meinungen über Art und Aufgaben dieser Körperschaften geführt. Lediglich ist durch VO vom 4. 5. 1920 (RGBl S. 858) ein vorläufiger Reichswirtschaftsrat gebildet worden, dem nach Art. 11 dieser Verordnung ausdrücklich auch die in Art. 165/IV RVerf angeordnete Begutachtung sozialpolitischer und wirtschaftspolitischer Gesetzentwurf von grundlegender Bedeutung durch den Reichswirtschaftsrat und die Mitwirkung bei dem Aufbau der in der Reichsverfassung vorgesehenen Arbeiterräte, Unternehmervertretungen und Wirtschaftsräte übertragen ist.

Eine der wesentlichsten Vorarbeiten ist eine Denkschrift des Reichswirtschaftsministeriums vom August 1920, in der zwei Pläne für Aufbau und Aufgaben der Selbstverwaltung erörtert sind (vgl. Sonderheft 1920 von Recht und Wirtschaft „Der Aufbau der Bezirkswirtschaftsorganisation" S. 15). Beide übernehmen die Handels-, Handwerks- und Landwirtschaftskammern als Unternehmervertretungen der Wirtschafts- und Sozialpolitik in der Unterstufe. Der eine Plan stellt neben sie für den Bezirk eines preußischen Regierungsbezirks zu errichtende gemischtfachliche Bezirksarbeiterräte (Arbeiterkammern) und verbindet beide durch paritätische (fachliche) Ausschüsse. Der andere Plan schlägt fachliche Arbeiterkammern neben jeder Handels- und Gewerbekammer vor, aus denen je eine paritätische Wirtschaftskammer — für Wirtschafts- und Sozialpolitik — zu bilden wäre, die als amtliche Berufsvertretung gelten würde. Die Landwirtschaftskammern andererseits sollen durch Hereinnahme der Arbeitnehmer zu einer gemeinsamen Organisation umgestaltet werden.

In der Mittelstufe wollen beide Pläne paritätische, Wirtschafts- und Sozialpolitik vertretende Bezirkswirtschaftsräte (unter Hinzuziehung der Verbraucher usw.) errichten. Der zweite Plan sieht daneben selbständige Aufgaben, insbesondere sozialpolitischer Art, für die Arbeitnehmerfraktion als Bezirksarbeiterrat vor.

Eine entsprechende Gliederung will der zweite Plan auch der Oberstufe des Reichswirtschaftsrats geben, während der erste Plan je eine selbständige Unternehmer- und Arbeitnehmervertretung und eine den Reichswirtschaftsrat darstellende, aus beiden gebildete paritätische Vertretung in Vorschlag bringt.

Von besonderem Interesse ist im übrigen der von dem Reichsverband des Deutschen Handwerks ausgearbeitete und auf seiner Vollversammlung in Bayreuth am 9./10. 6. 1921 angenommene „Entwurf eines Reichsrahmengesetzes über die Berufsvertretung des Handwerks und Gewerbes" und der vom Deutschen Industrie- und Handelstag ausgearbeitete und auf dessen Vollversammlung in Berlin am 14. 9. 1922 angenommene „Entwurf eines Reichsgesetzes betreffend die Industrie- und Handelskammern".

Der Verfassungsausschuß des Vorläufigen Reichswirtschaftsrats endlich hat für die Gestaltung der Handels- und Handwerkskammern als des Überbaus der neuen Wirtschaftsverfassung am 5./6. 12. 1922[1]) eine Reihe von Vorschlägen angenommen, die darin gipfeln, daß für die Gemeinschaftsarbeit der Unternehmer und Arbeitnehmer in wirtschafts- und sozialpolitischer Hinsicht „Gemeinschaftsorgane" auf paritätischer Grundlage als öffentlichrechtliche Organe gebildet werden. Das Gemeinschaftsorgan von Handel und Industrie soll die Verbindung zwischen der Industrie- und Handelskammer und der Arbeitnehmervertretung für Industrie und Handel darstellen. Das Gemeinschaftsorgan des Handwerks wurde nach den Vorschlägen bei jeder Handwerks- und Gewerbekammer zu errichten sein, ohne daß hier außer den bereits bestehenden Gesellenausschüssen oder an ihrer Stelle Arbeitnehmervertretungen ins Auge gefaßt wären.

C. Leitende Gesichtspunkte einer gesetzlichen Regelung.

Folgende Erwägungen werden der Erörterung zugrunde zu legen sein:

1. Zunächst bedarf die Frage der Entscheidung, ob die Aufgaben der Wirtschafts- und der Sozialpolitik künftig gemeinsam behandelt werden können.

2. Im Zusammenhang damit steht, welchen Zweck die einzelnen Organe, sei es der Wirtschafts-, sei es der Sozialpolitik, haben.

3. Der Aufgabenkreis der Selbstverwaltungskörperschaften ist nach unten in der Erwägung zu begrenzen, daß, wo irgend von behördlicher Regelung abgesehen werden kann, der Initiative der Beteiligten freier Spielraum zu lassen ist.

4. Die Frage der Selbstverwaltungskörperschaften kann nur im Zusammenhang mit derjenigen der (Wirtschafts-, Arbeits-) Staatsverwaltungsbehörden beantwortet werden.

a) Trennung von Wirtschafts- und Sozialpolitik.

Daß Wirtschaftspolitik und Sozialpolitik verschiedene Dinge sind, die zwar miteinander Berührungs- und Zielpunkte gemeinsam haben, ebensosehr aber völlig auseinanderlaufen und hierbei wieder (jede mit anderen) mit gleichgerichteten Wissenschaften und Bestrebungen zusammenwirken — dieser Gesichtspunkt ist in den Vordergrund zu stellen. Gewiß sind Wirtschafts- und Sozialpolitik sich einig in dem Ziel möglichster Prosperität der Gesamtwirtschaft. Aber während dies der

[1]) Vgl. Mitteilungen des Vorläufigen Reichswirtschaftsrats vom 16. 12. 1922.

alleinige Zweck der Wirtschaftspolitik ist, bedeutet es für die Sozialpolitik nur das im Augenblick allerdings am meisten betonte Mittel zum Zweck zur Lösung der Frage des Arbeitnehmertums. Dabei kann die Wirtschaftspolitik Methoden — etwa das Taylor-System — als wünschenswert betrachten, die sich mit denen einer exakten Wissenschaft decken, vom sozialpolitischen Standpunkt aber vielleicht als verwerflich erscheinen. Dabei kann andererseits die Sozialpolitik Bestrebungen — etwa die Beschäftigung desselben Arbeitnehmers mit dem Arbeitsgegenstand vom Rohprodukt bis zum Fertigfabrikat — verfolgen, die zugleich ausgesprochen kulturell sind, die aber zeitig oder überhaupt wirtschaftlich unerträglich sein würden.

Daß jene Erkenntnis, will sie sich in die Tat umsetzen, Schwierigkeiten begegnet, hat seinen Grund wesentlich darin, daß die Sozialpolitik bis in die jüngste Zeit als Teil, als Nebendisziplin der Wirtschaftspolitik, betrachtet worden ist und noch wird — ebenso wie dies für die Sozialwissenschaft in ihrem Verhältnis zur Wirtschaftswissenschaft gilt — und, wo dies nicht geschehen ist oder geschieht, doch man ihr nur untergeordnete Bedeutung beimißt[1]). Erst in den letzten Jahren hat sich darin eine Änderung vollzogen. Die Industrie (Reichsverband der Deutschen Industrie und Vereinigung der Deutschen Arbeitgeberverbände), der Großhandel (Zentralverband des Deutschen Großhandels und Vereinigung der Arbeitgeberverbände des Großhandels), die Banken (Reichsverband der Bankleitungen und Zentralverband des Deutschen Bank- und Bankiergewerbes) und die Versicherungsunternehmungen (Reichsverband der Privatversicherungen und Arbeitgeberverband Deutscher Versicherungsunternehmungen) haben die wirtschaftspolitische und die sozialpolitische Tätigkeit getrennten Organen übertragen. Bei anderen Gewerbezweigen, z. B. im Einzelhandel (Hauptgemeinschaft des Deutschen Einzelhandels) und im Handwerk (Reichsverband des Deutschen Handwerks), ist dies allerdings bisher nicht geschehen. Auch die Differenzierung der wissenschaftlichen Behandlung beider Disziplinen läßt sich, wenn man die Vorlesungsverzeichnisse der Hochschulen und

---

[1]) Der Handwerks- und Gewerbekammerentwurf (vgl. S. 162) verneint die Trennung, offenbar beeinflußt durch die Vergangenheit des Innungswesens — vgl. dazu Schürholz a. a. O. S. 49 ff.

Der Industrie- und Handelskammerentwurf stellt die Regelung auf die „Wahrnehmung der Interessen" von Industrie, Bergbau, Handel, Verkehr und des sonstigen Gewerbes mit Ausnahme des Handwerks durch gesetzliche Vertretungen lediglich der Unternehmer (von dem Ausbildungs- und Erziehungswesen — § 13/II — abgesehen) und also praktisch in der Hauptsache auf wirtschaftspolitische Betätigung ab (§ 1).

das Schrifttum verfolgt, feststellen. Daß beide ihre behördliche Vertretung in getrennten Reichsministerien und großenteils auch Landesministerien gefunden haben, betont nachdrücklich ihre innere Verschiedenheit und Unabhängigkeit.

In der Tat läßt sich auch nicht verkennen, daß die wirtschaftspolitische und die sozialpolitische Betätigung von verschiedenen Grundlagen ausgehen und mit verschiedenen Mitteln arbeiten. Die Grundlage der Wirtschaft ist das egoistische Streben des einzelnen nach den Gütern des Lebens, wenn nötig unter Verdrängung des anderen, des Mitbewerbers. Die wirtschaftspolitische Betätigung eines Berufsstands übersetzt dieses Eigenstreben in das Große. Die Sozialpolitik des Arbeitgebers und des Arbeitnehmers dagegen ist zwar auch Interessenpolitik, doch handelt es sich bei der Arbeit, deren Bedingungen geregelt werden sollen, in erster Linie nicht um Vermögenswerte, sondern um personenrechtliche Beziehungen. Auch drückt das ethische Moment der Gemeinsamkeit des Ziels und das sachliche der Gemeinsamkeit des Erfolgs der Sozialpolitik das entscheidende Merkmal auf, sollte dies wenigstens tun. Ist Wirtschaftspolitik der verkörperte Egoismus, gemildert lediglich durch notwendige oder als wünschenswert empfundene Rücksichtnahmen, so gilt das in der Sozialpolitik in gleichem Maße nur für die Arbeitnehmerseite, deren unmittelbarste Wirtschaftspolitik sie ist. Für die Arbeitgeberseite hat die Sozialpolitik naturgemäß ein Interesse erst nach der Wirtschaftspolitik und sie sollte zum mindesten (und ist es weitgehend auch) der verkörperte Altruismus mit dem Egoismus lediglich der Erhaltung der Wirtschaftlichkeit des Unternehmens sein, solange das Arbeitgebertum Arbeitgebertum ist (vgl. oben S. 19, 26, 50).

Das alles sollte, vor allem mit Rücksicht auf die Notwendigkeit der Arbeitsteilung bei weiterer Verfeinerung der Wirtschaft, erwarten lassen, daß die oben erwähnte Teilung der Aufgaben in verschiedengeartete Organe des Arbeitgebertums fortschreiten und ihre Grenze lediglich da finden wird, wo die Kosten für getrennte Organe zu groß und die Tätigkeitsgebiete nach der einen (meist der sozialpolitischen) Richtung zu klein sind, wie das im wesentlichen wohl nur für die unterste Stufe der Organisation gilt. Allerdings ist dies nicht zweifelsfrei. *Würde aber die Entwicklung anders verlaufen, so bedeutete das ein Verblassen der Bedeutung, die man den Fragen der Sozialpolitik heute beimißt und wird beimessen müssen, solange die Frage des Arbeitnehmertums als solche besteht.*

Die gleiche Prognose für die Berufsvereine der Arbeitnehmer zu stellen, würde verfehlt sein. Für sie wird die Sozialpolitik (als ihre unmittelbarste Wirtschaftspolitik) stets die Hauptaufgabe bilden[1]). Für sie gilt also das gleiche wie für die letztgenannten Organe des Arbeitgebertums im umgekehrten Sinn, und man wird sich lediglich fragen müssen, ob die eigentlich wirtschaftspolitischen Interessen der Arbeitnehmergroßverbände eine solche Teilung der Aufgaben erforderlich machen sollten.

Es liegt ohne weiteres nahe, diese für die Berufsvereine geltenden Erwägungen auf das Gebiet der Selbstverwaltung zu übertragen. Die Fragen sind hier ganz ähnlich zu stellen und zu beantworten. Es darf bezweifelt werden, ob ein und dieselbe Stelle und die zu ihrer Leitung berufenen Personen eine derart universelle Eignung besitzen werden, um allen Aufgaben gleichmäßig gerecht zu werden. Zumal diese hier auch insofern ganz verschieden geartet sind, als in Fragen der Sozialpolitik die beiden unmittelbar beteiligten Personenkreise in der Selbstverwaltungskörperschaft sich einander gegenüberstehen.

Grundsätzlich würde damit gefordert werden, daß Wirtschafts- und Sozialpolitik auch in der Selbstverwaltung zu trennen sind.

Wie sich die praktische Durchführung gestaltet, ergibt sich dann aus der Erörterung der weiteren als grundlegend vorangestellten Gesichtspunkte.

b) Die Stufen der Selbstverwaltungskörperschaften.

Zunächst ist festzustellen, daß der Aufgabenkreis der einzelnen Stufen der Selbstverwaltungsorgane verschieden orientiert sein wird.

Die Unterstufe, der eigentliche Träger des Selbstverwaltungsgedankens, würde die Idee der Wirtschaftspolitik einerseits und der Sozialpolitik andererseits völlig rein und bis zur letzten Folgerichtigkeit zu verkörpern haben.

Das bedeutete einmal, daß die bisherigen Organe der Wirtschaftsselbstverwaltung, die Handels-, Handwerks- und Landwirtschaftskammern, als solche, ohne Arbeitnehmerbeteiligung zu erhalten und weitere derartige Wirtschaftskammern zu bilden sein würden. Die Berücksichtigung der wirtschaftspolitischen Interessen der Arbeitnehmerschaft erfolgte dann durch die Einflußnahme des Bezirks(arbeits- und)-Wirtschaftsrats als übergeordneter Stelle. Jedoch läßt sich auch die Möglichkeit vorsehen, daß zur Erledigung bestimmter Fragen diese

[1]) Vgl. z. B. § 1 der Satzungen des Allgemeinen Deutschen Gewerkschaftsbunds.

Wirtschaftskammern mit den (sogleich zu erörternden) Arbeitskammern oder doch deren Arbeitnehmerfraktionen von Fall zu Fall zusammentreten.

Die Selbstverwaltungskörperschaften der Arbeit dagegen werden für die Unterstufe in Form von Arbeitskammern — paritätisch mit Arbeitgebern und Arbeitnehmern besetzt — neu zu schaffen sein. Eine Frage der Zweckmäßigkeit wird es und jeweiligem Ermessen der errichtenden Stelle zu überlassen sein, ob diese Arbeitskammern zwischenfachlich (mit Einzelabteilungen für die verschiedenen in Betracht kommenden Arbeitsgebiete) oder fachlich — für Handel (und ?) Industrie, Handwerk, Landwirtschaft — und für welche Bezirke sie errichtet werden.

Die Mittelstufe der paritätisch zu besetzenden — für geschlossene Wirtschaftsgebiete zu bildenden Bezirksorgane dagegen, die zweckmäßig Bezirksarbeits- und -wirtschaftsräte[1]) genannt würden, wird ebenso wie die Oberstufe des Reichs- (arbeits- und) wirtschaftsrats die Aufgaben der Wirtschafts- und der Sozialpolitik erfüllen und erstere alle jene unter Umständen ganz verschiedengearteten Organe der Unterstufe umfassen können: Hier handelt es sich darum, Wirtschaft und Arbeit unter dem höheren Gesichtspunkt der Gesamtheit der Interessen des Bezirks und der Volksgemeinschaft zu beurteilen und ihre Interessen zum Ausgleich und auf eine gemeinsame Formel zu bringen. Dabei ist keineswegs ausgeschlossen, daß aus besonderen Gründen auch in der Oberstufe für einzelne Bezirke die wirtschafts- und die sozialpolitischen Aufgaben verschiedenen Körperschaften übertragen werden können, und es läßt sich auch wie bisher eine weitere Zusammenfassung der gleichartigen Organe der Unterstufen verschiedener Bezirke in besonderen Organen mit oder ohne Selbstverwaltungscharakter neben derjenigen in den Bezirksarbeits- und -wirtschaftsräten denken (z. B. der Handelskammern in dem Deutschen Industrie- und Handelstag — die der Handwerkskammern in dem Deutschen Handwerks- und Gewerbekammertag ist bereits durch das Gesetz vom 16. 12. 1922, RGBl S. 927, erfolgt).

Aus dieser verschiedenartigen Gestaltung der Selbstverwaltung in der Unterstufe einerseits und in der Mittel- und Oberstufe andererseits würde sich gesetzestechnisch das Bedürfnis nach getrennten Gesetzen — Arbeitskammergesetz (dem ein Wirtschaftskammergesetz entspräche) und Arbeits- und Wirtschaftsrätegesetz — ergeben.

---

[1]) Vgl. auch Luppe, Zusammenfassung der Arbeitsbehörden, Arbeitsrecht 1922, S. 523 (529).

c) Selbstverwaltung und Selbstregelung.

Ergibt sich schon aus dem zu b) Gesagten, daß die notwendige Trennung der wirtschafts- und der sozialpolitischen Aufgaben keine Überorganisation bedeutet, so folgt das Gleiche weiter daraus, daß nach dem eingangs Ausgeführten die behördliche Reglementierung nur, wo unentbehrlich, in die Freiheit der Betätigung des einzelnen und seiner Vereine eingreifen darf.

Für das Gebiet der Sozialpolitik ist der Widerspruch zwischen dieser Freiheit und der Idee der Selbstverwaltung nicht so klaffend wie für das Gebiet der Wirtschaftspolitik. Im wirtschaftlichen Leben wird sich der Egoismus des einzelnen stets einer Reglementierung widersetzen, und gemeinwirtschaftliche Bestrebungen werden, von Ausnahmen abgesehen, wohl nur auf der Grundlage genossenschaftlichen, also selbstbestimmten Zusammenschlusses erfolgreich sein. Bei der Verfolgung sozialpolitischer Ziele kommt dem Egoismus des Stärkeren aus den vorerwähnten Gründen diese Bedeutung nicht zu und der Schwächere neigt ohnehin staatlich-behördlicher Hilfe zu. Hier ließe sich also an sich die Übertragung mancher nicht dorthin gehöriger Aufgaben an Selbstverwaltungskörperschaften eher denken. Allein auch hier gilt, daß ein behördliches Eingreifen nur da gerechtfertigt ist, wo der freien Entschließung der Beteiligten die Regelung nicht anvertraut werden kann. Dies sowohl, um die in den Beteiligten vorhandenen Kräfte zu entfesseln und sie durch die Idee der Selbstverantwortung zu befruchten, als auch um die behördliche Maschinerie zu entlasten. Es wird der Aufmerksamkeit der berufenen Stellen bedürfen, dem unerfreulichen Zug, eigene Initiative und lebensfrische Betätigung aus Bequemlichkeit und Schwäche durch öffentlichrechtlichen Zwang ersetzt zu wünschen, entgegenzuwirken. Wie für die wirtschaftliche, so muß also auch für die sozialpolitische Betätigung eine reinliche Scheidung zwischen behördlichen und nichtbehördlichen Aufgaben erfolgen. Die letzteren dürfen nicht ihrer Natur zuwider dadurch, daß sie öffentlichrechtlichen (Selbstverwaltungs-) Körperschafen übertragen werden, überflüssigerweise und zum Schaden der Sache zu behördlichen gestempelt werden. Die wirklichen behördlichen Aufgaben andererseits sind solchen Organen anzuvertrauen, die zu ihrer sachgemäßen Bewältigung in der Lage sind.

d) Staatsverwaltung und Selbstverwaltung.

Jedes Bedenken gegen eine Überorganisation durch die zu a) vorgeschlagene Regelung entfällt aber, wenn man berücksichtigt, daß die Einrichtung einer Selbstverwaltung ihren Inhalt erst durch die Abgrenzung ihrer Aufgaben gegenüber der Staatsverwaltung erhält: Beide teilen fortan sich in den Komplex der Aufgaben, die bisher der Staatsverwaltung allein obgelegen haben (oder obgelegen hätten, wenn sie bereits in den Kreis der staatlichen Aufgaben einbezogen gewesen wären).

Eine Selbstverwaltungsbehörde der Wirtschaftspolitik wie eine solche der Sozialpolitik findet die Grenze ihrer Zuständigkeit nach oben in der Zuständigkeit der entsprechenden Staatsverwaltungsbehörde. Es bedarf aber keiner Ausführungen, daß die (als solche nicht existierende, in Gestalt einer Reihe von Behörden auftretende) Arbeitsbehörde des geltenden Rechts wie das (staatliche) Arbeitsamt der Zukunft mit wirtschaftspolitischen Dingen nichts zu schaffen haben, sondern auf reine Sozialpolitik beschränkt sind. Will man also der Arbeitsselbstverwaltung ihren Inhalt geben, so kann das nur geschehen, indem von den gegebenen oder möglichen Aufgaben dieser Staatsbehörden der Arbeit ein Teil abgetrennt und der Selbstverwaltungsbehörde der Arbeit übertragen wird.

Es leuchtet ein, daß auch das zur Forderung nach reinen Arbeitsselbstverwaltungskörperschaften führt, von der nur aus Zweckmäßigkeitserwägungen für die Mittel- und Oberstufe abgewichen werden sollte, in denen beide Arten von Aufgaben, die wirtschafts- und die sozialpolitische, auch bei den Staatsverwaltungsbehörden in denselben Stellen zusammenfließen könnten.

Wie geartet diese behördlichen Aufgaben sind, darüber wird unten Näheres zu sagen sein (vgl. S. 184). Die Entscheidung, welche von ihnen der Selbstverwaltung anvertraut werden und welche der Staatsverwaltung verbleiben sollen, ist nach zwei Gesichtspunkten zu treffen: Entsprechend dem Sinn der Selbstverwaltung ist ein möglichst großer Teil der behördlichen Aufgaben dieser Selbstverwaltung der Beteiligten zu überlassen, jedoch sind diejenigen Aufgaben, deren sachgemäße Vertretung ein Höchstmaß von Autorität oder ein Mindestmaß von Flüssigkeit der Anschauungen über die Praxis der Handhabung erfordern, der Staatsverwaltung vorzubehalten.

12. Schlichtungsordnung.

Der Entwurf einer Schlichtungsordnung (abgedruckt in älterer Fassung RABl 1922 S. 234), die das Schlichtungsrecht der Verordnung vom 23. 12. 1918 (RGBl S. 1456) ersetzen soll, ist in der Drucksache Nr. 3760 des Reichstags, 1. Wahlperiode 1921/22, wiedergegeben.

IV. Staat und Arbeit.

13. Arbeitsverwaltungsgesetz.

A. Leitende Gesichtspunkte.

Es ist oben (vgl. S. 180) ausgeführt, daß die Regelung der Verhältnisse der Arbeit, soweit irgend angängig, der Selbstregelung durch die Beteiligten in den Beziehungen des Einzelarbeitgebers und des Einzelarbeitnehmers zueinander und in den kollektiven Arbeitsbeziehungen zu überlassen ist und daß, soweit dies nicht geschehen kann und also die behördliche Verwaltung einzugreifen hat, der Selbstverwaltung weitgehend Raum zu geben ist. Die Aufgabe der Staatsverwaltung ist dann dahin umschrieben worden, daß die Zuständigkeit ihrer Organe da beginnt, wo die sachgemäße behördliche Regelung ein Höchstmaß von Autorität oder ein Mindestmaß von Flüssigkeit der Anschauungen über die praktische Handhabung erfordert. Man könnte es auch so ausdrücken, daß der Staat sich im allgemeinen außer auf die Bearbeitung der grundlegenden Gesetzgebung auf die „Aufsicht" beschränkt. Wird hinzugefügt, daß (im Sinn der oben S. 170 erörterten Tendenzen und entsprechend einer schon heute vielfach in der Rechtsprechung — z. B. in den Schöffengerichten — und der Verwaltung — z. B. in den Steuerbehörden — als wünschenswert erkannten Einrichtung) durch die Behörden der Staatsverwaltung überall da Vertreter der Beteiligten mit beratender oder beschließender Stimme zuzuziehen sein werden, wo das Staatsinteresse die Teilung der Verantwortlichkeit mit den Beteiligten oder deren Interesse die Verwertung ihrer Sachkenntnis bei der behördlichen Entscheidung fordern, so ist der Kreis der Anlässe, aus denen die Beteiligten an der Regelung der Verhältnisse der Arbeit mitwirken, geschlossen und zugleich der Gestaltung des Arbeitsverwaltungsrechts eine weitere bedeutungsvolle Richtlinie gegeben.

Ihre Umrisse sind im wesentlichen gezeichnet, wenn man endlich feststellt, daß die Notwendigkeit, einheitliches Arbeitsrecht und also (in einem zum Teil allerdings übertragenen Sinn) einheitliche Arbeitsbehörden zu schaffen, mit dem Bedürfnis in Einklang gebracht werden muß, aus finanziellen, vor allem aber aus entwicklungsgeschichtlichen Gründen und um auch insoweit der Eingliederung der Idee der Arbeit, des Arbeitnehmertums in die Idee der Volksgesamtheit (vgl. oben S. 33) zum mindesten nicht entgegen zu wirken, an Vorhandenes anzuknüpfen.

B. Die Gestaltung der Arbeitsverwaltung.

a) Zeitige und künftige Verwaltungsstellen.

Als Stellen, die zur Zeit und in Zukunft mit der Verwaltung der Arbeit befaßt sind und befaßt sein werden, kommen in Betracht:

I. Bestehende Stellen:

1. Reichsarbeitsministerium,
2. Vorläufiger Reichswirtschaftsrat,
3. Reichsarbeitsverwaltung als Tarifbehörde,
4. Gewerbeaufsichtsstellen,
5. Arbeitsvermittlungsstellen,
6. Erwerbslosenfürsorgestellen,
7. Seemannsämter,
8. Hausarbeitsfachausschüsse,
9. Handwerkskammern[1]).

Hinzu kommen

10. (die ein Mittelding zwischen Rechtsprechung und Verwaltung darstellenden)
    Schlichtungsstellen,
11. (die nicht in den Rahmen der Rechtsgebiete des Arbeitsgesetzbuchs fallenden)
    Versicherungsstellen.

(Eine Einbeziehung der Versorgungs- und Wohlfahrtsstellen könnte nur aus Zweckmäßigkeitserwägungen erfolgen. Ihr Aufgabenkreis hat lediglich Berührungspunkte mit den Verhältnissen der Arbeit. Sie können hier unberücksichtigt bleiben).

---

[1]) In den Landwirtschaftskammern sind seit dem PrG vom 16. 12. 1920 (GS. 1921 S. 41) auch die Gutsbeamten, (nicht dagegen die Landarbeiter) in beschränktem Maß als Mitglieder vertreten. Man wird dieserhalb aber noch nicht in den Landwirtschaftskammern Selbstverwaltungsbehörden der Arbeit sehen können. Die Handelskammern sind nur aus Prinzipalen zusammengesetzt.

II. Künftige weitere Stellen
(soweit solche bisher zur Erörterung gestellt sind):

12. Reichsarbeits- und wirtschaftsrat,
13. Bezirksarbeits- und wirtschaftsräte,
14. Arbeitskammern
(die Gesellenausschüsse der Handwerkskammern würden durch ihre Errichtung entbehrlich werden),
15. Hausdienstausschüsse,
16. Arbeitsaufsichtsämter
17. Tarifämter (Gesamtvertragsämter)
18. Heimarbeitsämter,
19. Schlichtungsämter,

(16.–19.: zugleich als Ersatz der bisherigen Einrichtungen.)

20. (Arbeitslosenversicherungsstellen).

Aus allen diesen Stellen lassen sich für die Zukunft folgende herausschälen:

I. Reichszentralstellen:

1. Reichsarbeitsministerium,
2. Reichsarbeits- und wirtschaftsrat.

II. Behördengruppen:

3. Bezirksarbeits- und wirtschaftsräte und Arbeitskammern,
4. Arbeitsaufsichtsämter,
5. Arbeitsvermittlungsämter,
6. Tarifämter (Gesamtvertragsämter)
7. Schlichtungsämter,
8. Versicherungsämter.

III. Einzelstellen.

9. Hausdienstausschüsse.
10. Arbeitslosenversicherungsstellen,
11. Seemannsämter,
12. Heimarbeitsämter.

b) Teilung der behördlichen Aufgaben zwischen Staatsverwaltung und Selbstverwaltung[1]).

Sieht man von den Stellen zu 1. und 2. — Reichsregierung und Parlament —, deren Aufgaben in der Reichsverfassung geregelt sind, und

[1]) Die Vorschläge Luppes a. a. O., die sich in einzelnen Punkten mit den nachstehenden Ausführungen decken, lassen diese Notwendigkeit der Teilung der Aufgaben unberücksichtigt.

den als Kristallisationspunkten der Selbstverwaltung in Betracht kommenden Bezirksarbeits- und -wirtschaftsräten einerseits und Arbeitskammern andererseits ab, so wird nunmehr zunächst zu prüfen sein, welche von den übrigen Stellen nach den oben (S. 180) erörterten Gesichtspunkten den genannten Selbstverwaltungsbehörden als Bestandteile eingefügt und welche als Staatsverwaltungsbehörden (oder als Teile solcher) gestaltet werden müssen. Dabei ist zu beachten, daß jene Gesichtspunkte aus finanziellen und anderen Zweckmäßigkeitsgründen im Einzelfall verlassen werden können und daß nicht notwendig für alle Stufen einer Behördengruppierung dieselben Grundsätze zu gelten brauchen.

1. Daß die Arbeitsaufsichtsämter sich nicht als Organe der Selbstverwaltung eignen, bedarf keiner eingehenden Begründung. Sie verkörpern ausgesprochen den Gedanken der Aufsicht des Staats, der die Grundlage seiner verwaltenden Tätigkeit bildet. Die Durchführung der Arbeitsschutzgesetze erfordert unabweisbar die Tätigkeit einer (im besten Sinne) bureaukratischen, von jeder Möglichkeit der Einflußnahme der Beteiligten unabhängigen Behörde[1]).

2. Hinsichtlich der Arbeitsvermittlung sieht das Arbeitsnachweisgesetz vom 22. Juli 1922 (RGBl S. 657) Arbeitsnachweise, Landesämter für Arbeitsvermittlung und ein Reichsamt für Arbeitsvermittlung vor. Die Arbeitsnachweise sind als reine Selbstverwaltungsbehörden gedacht. Sie den Arbeitskammern einzugliedern, unterliegt im wesentlichen nur dem Bedenken, daß deren Bezirke zu groß sind, um den Arbeitsnachweis an ihren Sitzen zu konzentrieren. Doch läßt sich Abhilfe schaffen, indem entweder detachierte Dienststellen der Arbeitskammern errichtet oder, wo angängig, die Berufsvereine beteiligt werden.

Bei den Landesämtern für Arbeitsvermittlung und dem Reichsamt für Arbeitsvermittlung ist der Selbstverwaltungsgedanke mit dem der Staatsverwaltung vermischt. Der Gesichtspunkt des Mitwirkens der Beteiligten tritt hier hinter dem Interesse der All-

---

[1]) Ähnlich Bender, Arbeitsvertragsgesetz und Gewerbeaufsicht, SozPra 1921 Sp. 559; vgl. auch SozPra 1922 Sp. 229. A. M. Luppe a. a. O. S. 529, der Arbeitgeber und Arbeitnehmer bei der Arbeitsaufsicht mitwirken lassen will und Einrichtungen ähnlich den Dampfkesselüberwachungsvereinen im Auge hat, ohne allerdings zu berücksichtigen, daß es sich hierbei um reine Arbeitgeberorgane handelt.

gemeinheit an einer staatlichen Beobachtung des Arbeitsmarkts zurück. Den Belangen der Beteiligten wird ihre Hinzuziehung zu allen irgend einschneidenden Maßnahmen gerecht.

Daß bei einer solchen Gestaltung der Instanzenzug von einer Selbstverwaltungsbehörde an Staatsverwaltungsbehörden geht und entsprechend auch die Aufsicht gestaltet wird, ist auch gegenüber sonst geltenden Rechtsgrundsätzen keine Anomalie.

3. Die Tätigkeit der Tarifämter (Gesamtvertragsämter) wird sich in der Hauptsache auf die Allgemeinverbindlicherklärung von Tarifverträgen erstrecken. Wie bereits oben (vgl. S. 156) ausgeführt ist, ist damit eine Behörde der Arbeitsselbstverwaltung zu betrauen — mit der selbstverständlichen Maßgabe, daß alle Arbeitgeber und Arbeitnehmer, organisierte wie nichtorganisierte, an Wahlen und Besetzung der Behörden beteiligt sind. Die Bezirkstarifämter werden deshalb den Bezirksarbeits- und -wirtschaftsräten als Abteilungen einzugliedern, das Reichstarifamt als besondere Selbstverwaltungsbehörde — angegliedert (und gegebenenfalls hinsichtlich des Vorsitzenden in Personalunion mit) der Reichsarbeitsverwaltung — zu errichten sein.

4. Der Entwurf einer Schlichtungsordnung (vgl. oben S. 180) sieht Schlichtungsämter, Landesschlichtungsämter und ein Reichsschlichtungsamt als Staatsbehörden mit Selbstverwaltungseinrichtungen (ähnlich der Gestaltung der Landesämter und dem Reichsamt für Arbeitsvermittlung) vor. Es wird zu erwägen sein, hier die gleichen Gesichtspunkte wie zu 3. Platz greifen zu lassen:

Eingliederung in Arbeitskammern, Bezirksarbeits- und -wirtschaftsräte, Angliederung — gegebenenfalls hinsichtlich des Vorsitzenden in Personalunion — an die Reichsarbeitsverwaltung. Die Schlichtungsordnung gehörte dann systematisch in den Teil des Arbeitsgesetzbuchs, der von „Selbstverwaltung und Arbeit" handelt.

5. Die Versicherungsämter sind nach der ganzen Art ihrer Verwaltungsaufgaben, bei denen es sich in der Hauptsache um korrekte Handhabung des verwickelten Apparates der Versicherungsgesetze handelt, auf eine rein behördliche Tätigkeit eingestellt. Eine Mitwirkung der Beteiligten kommt — abgesehen von der Verwaltung der Angestelltenversicherung und den Krankenkassen, in einzelnen Beziehungen auch denjenigen der Versicherungsträger und -stellen — nur bei der Rechtsprechung in Frage. Es wird in der Richtung der bisherigen Entwicklung liegen und auch den tatsächlichen Bedürfnissen am meisten entsprechen,

wenn hier an dem bestehenden Rechtszustand nichts geändert, von einer Zusammenfassung mit den Arbeitsbehörden also abgesehen wird.

6. Auch die Hausdienstausschüsse (und -schlichtungsstellen) sind nach ihrer Eigenart gegebene Teile der Arbeitskammern.

7. Für die Heimarbeitsämter gilt das gleiche wie zu 2., sofern sie nicht etwa nach dem oben S. 97 Ausgeführten als Staatsverwaltungsbehörden zu errichten sein werden, und unbeschadet der Möglichkeit zentraler Entgeltsregelung durch von Fall zu Fall zusammentretende Fachausschüsse, wie das auch im Entwurf eines Heimarbeiterlohngesetzes (vgl. oben S. 92) vorgesehen ist.

8. Die Arbeitslosenversicherungsstellen (vgl. unten S. 187) sind als in organischer Verbindung mit den Arbeitsvermittlungsstellen stehend gedacht. Für sie treffen somit in der Hauptsache die Ausführungen zu 2. gleichfalls zu.

9. Die Seemannsämter (vgl. oben S. 125) vereinigen in sich Funktionen von Behörden der freiwilligen Gerichtsbarkeit, der Arbeitsaufsicht, der Rechtsprechung und der Schlichtung von Arbeitsstreitigkeiten (§ 128 SeemO). Die Mehrzahl dieser Aufgaben eignen sich nicht für Behörden der Arbeitsselbstverwaltung. (Die Schlichtung von Gesamtarbeitsstreitigkeiten wird auch hinsichtlich der Seeleute den Schlichtungsämtern vorzubehalten sein.)

c) Ergebnis. — Der Gedanke der einheitlichen Arbeitsbehörde.

Das Ergebnis des Vorstehenden ist:

I. Zu der Selbstverwaltung läßt sich der Gedanke der einheitlichen Arbeitsbehörde in dreifacher Gestalt verwirklichen:

1. Die Arbeitskammer als einheitliche Behörde der Arbeitsselbstverwaltung wird sich — abgesehen von einer Abteilung für die allgemeinen Fragen der Arbeit und das Lehrlingswesen (vgl. oben S. 78) und vorbehaltlich der Berücksichtigung der besonderen Interessen der einzelnen Arbeitszweige (vgl. oben S. 178) — aus folgenden Abteilungen zusammensetzen können:

a) Arbeitsvermittlung,
b) Schlichtung von Arbeitsstreitigkeiten,
c) Hausdienstausschuß,
d) Arbeitslosenversicherung,
e) Heimarbeitsamt.

2. Für den **Bezirksarbeits- und wirtschaftsrat** lassen sich neben den Abteilungen für wirtschaftspolitische Fragen folgende Abteilungen (vorbehaltlich der Gliederung nach Arbeitszweigen) denken:

a) Allgemeine Arbeitsabteilung,

b) Bezirkstarifamt (-Gesamtvertragsamt),

c) Bezirks-(Landes-)schlichtungsamt.

3. **Reichstarif(-Gesamtvertrags-)amt und Reichsschlichtungsamt** kommen als in sich selbständige Selbstverwaltungsbehörden, jedoch als Teile eines gemeinsamen behördlichen Organismus — und gegebenenfalls hinsichtlich des Vorsitzenden in Personalunion mit der Reichsarbeitsverwaltung — in Betracht.

II. Als **Behörden der Arbeitsstaatsverwaltung** verblieben dann:

1. Die Arbeitsaufsichtsämter,
2. Die Landesämter für Arbeitsvermittlung und die Reichsarbeitsverwaltung — zugleich für die Belange der Arbeitslosenversicherung und der Heimarbeit,
3. die Seemannsämter,
4. die Versicherungsämter.

Wie bereits ausgeführt, werden die Versicherungsämter zweckmäßig weiter wie bisher als eine Sonderverwaltung fortbestehen. Ähnliches gilt für die Seemannsämter, wenngleich deren Angliederung an oder Eingliederung in die Arbeits(aufsichts-)ämter denkbar ist.

Im übrigen ließe sich der Gedanke der **einheitlichen Arbeitsbehörde** auch in der **Staatsverwaltung** verwirklichen. Die bisherigen Gewerbeaufsichtsämter stellten dann als „**Arbeits-(aufsichts)-ämter**" die **Unterstufe** der Arbeitsstaatsverwaltung hinsichtlich aller deren Aufgaben dar. Die Landesämter für Arbeitsvermittlung andererseits würden als **Mittelstufe** für die Arbeitsaufsicht an die Stelle der höheren Landesverwaltungsbehörden [1]), nicht jedoch der Landeszentralbehörden, in deren Zuständigkeit im wohlverstandenen Interesse der Länder nicht eingegriffen werden dürfte, treten. Zugleich würde zu erwägen sein, sie zu „**Landesarbeitsämtern**" ebenfalls für **alle** Staatsverwaltungsaufgaben der Arbeit auszubauen. Entsprechendes

---

[1]) In Sachsen, Württemberg, Baden, Hamburg und Bremen sind die Landesämter für Arbeitsvermittlung bereits mit den Gewerbeaufsichtsämtern verbunden.

hätte für die Reichsarbeitsverwaltung zu gelten, soweit nicht die Zuständigkeit des Reichsarbeitsministeriums als geboten erscheint.

Aufgabe des Arbeitsverwaltungsgesetzes wird es sein, diese Behördengliederung zu schaffen, die Aufgaben festzulegen und eingehende Vorschriften über das Verfahren in Verwaltungssachen zu geben, die von dem Arbeitskammergesetz und dem Arbeits- und Wirtschaftsrätegesetz möglichst weitgehend in Bezug zu nehmen wären.

14. Arbeitsnachweisgesetz.

Das Arbeitsnachweisgesetz vom 22. Juli 1922 ist veröffentlicht RGBl S. 656.

15. Allgemeines Arbeitsschutzrecht.

A. Leitende Gesichtspunkte.

a) Die Idee des Arbeitsschutzrechts[1]).

Die Idee des Arbeitsschutzrechts ist, Arbeitgebern und Arbeitnehmern einen Schutz durch besondere gesetzliche Maßnahmen zu gewähren, wenn wegen ihrer wirtschaftlichen Schwäche oder aus anderen Gründen nicht die Gewähr besteht, daß die Vertragsfreiheit (des Einzelarbeitsvertrags oder Tarifvertrags) diesen Schutzforderungen gerecht wird.

Grundsätzlich gibt es also im weitesten Sinne sowohl ein Arbeitsschutzrecht zugunsten der Arbeitgeber als auch ein Schutzrecht zugunsten der Arbeitnehmer. In der Tat hat denn auch jedes Arbeitsrecht Bestimmungen des Arbeitgeberschutzes enthalten (z. B. überall da, wo die Bedingungen des Einzelarbeitsvertrags durch Vorschriften geregelt sind, die für beide Parteien zwingend sind, z. B. § 626 BGB, § 67 HGB., § 124b GewO). Gleiches wird für das künftige Arbeitsgesetzbuch gelten müssen. Hier in ausgeprägter Form aus der Erwägung heraus, daß die Verschiebung der wirtschaftlichen und sozialen Verhältnisse einen besonders gearteten Arbeitgeberschutz sowohl im Interesse des Arbeitgebertums als auch der Gesamtheit und der Gesamtwirtschaft zur Notwendigkeit machen kann.

Eine unvergleichlich größere Bedeutung hat jedoch nach der Natur der Sache der Arbeitsschutz zugunsten der Arbeitnehmer, der Arbeitnehmerschutz.

---

[1]) Über die Geschichte des Arbeitsschutzes vgl. Handwörterbuch der Staatswissenschaften 4. Aufl., Jena, Fischer 1922, Bd. I, Allgemeines S. 402, Deutschland S. 434.

Wie oben S. 13, 25 ausgeführt ist, drückt der Gedanke des Arbeitnehmerschutzes dem Arbeitsrecht bis in die letzte Zeit den Stempel auf. Der Sinn dieses Arbeitnehmerschutzes ist, zu verhüten, daß die wirtschaftliche Schwäche, Unerfahrenheit und mangelnde Einsicht des Arbeitnehmers von einem Arbeitgeber ausgenutzt wird und den Arbeitnehmer insoweit auch vor sich selbst zu schützen. Es soll damit im Interesse des Arbeitnehmertums und auch der Volksgemeinschaft ein Raubbau an den körperlichen und geistigen Kräften des Arbeitnehmertums verhütet werden, der im letzten Ende auch von verhängnisvoller Wirkung auf die seelische Verfassung des Arbeitnehmertums begleitet sein muß.

Im Ausblick auf die Zukunft insbesondere soll der Arbeitnehmerschutz in erster Linie dazu berufen sein, die durch den Industrialismus verursachten rassenbiologischen Schädigungen zu beheben und insoweit die Lebensbedingungen der künftigen Generationen des Arbeitnehmertums auf eine grundlegend andere, günstigere Basis zu stellen.

Dieses Arbeitsschutzrecht im eigentlichen Sinne des Arbeitnehmerschutzes begreift, wie oben S. 54 erörtert, sowohl den Arbeitsschutz durch Verbots- und Gebotsvorschriften des Bürgerlichen Rechts als auch den gesamten öffentlichrechtlichen Arbeitsschutz ein.

Das Recht des *öffentlichrechtlichen Arbeitsschutzes* — das *Arbeitsschutzrecht im engeren Sinne* — verkörpert darin einen historisch gewordenen, sachlich gerechtfertigten, fest umrissenen Begriff. Es greift dann ein, wenn nicht einmal Verbote und Gebote im Sinn zwingenden Vertragsrechts die sozialwirtschaftliche Gestaltung der Arbeitsverhältnisse verbürgt: Es gewährleistet dem Arbeitnehmer mit *Maßnahmen des öffentlichen Rechts* die richtige Verwertung seiner Arbeitskraft im einzelnen Arbeitsverhältnis unter besonderer Berücksichtigung seines Geschlechts und seines Alters durch Aufgaben der Arbeitgeber, der Arbeitnehmer und der Arbeitsschutzbehörden und verkörpert so den Gedanken der *Schutzherrschaft des Staats*. Soweit es sich dabei um *Arbeitsschutz durch Arbeitgeber*[1]) handelt, sind die Maßnahmen des öffentlichen Rechts *polizeiliche Überwachung* und *strafrechtliches Einschreiten*.

---

[1]) Kaskel, Die rechtliche Natur des Arbeiterschutzes, Berliner Festgabe für Heinrich Brunner, München und Leipzig Duncker & Humblot 1914, S. 169 ff., 180, sieht — ebenso wie die älteren Schriftsteller (eod. S. 165—168) — in der „Fürsorge des Arbeitgebers" den alleinigen Inhalt des Arbeitsschutzrechts; vgl. jedoch unten o).

Das Arbeitsschutzrecht im engeren Sinne wird somit nicht nur durch eine gesetzestechnisch gleichmäßige Behandlung gekennzeichnet. Vielmehr muß in ihrer ganzen Tragweite auch die **Bedeutung seiner Idee** erfaßt werden, daß der Staat unmittelbar seine Machtmittel einsetzt, um den sozialen Charakter des Einzelarbeitsverhältnisses zugunsten des Arbeitnehmers zu gewährleisten. Eindrucksvoller konnte diese Bedeutung nicht betont werden als dadurch, daß die in Teil XIII des Friedensvertrags von Versailles begründete Internationale Organisation der Arbeit sich nichts anderes zum Ziele gesetzt hat, als — neben der Regelung des Arbeitsmarkts, der Verhütung der Arbeitslosigkeit, der Durchführung der Sozialversicherung, der Sicherung der Koalitionsfreiheit und der Ausgestaltung des beruflichen und technischen Unterrichts — den öffentlichrechtlichen Arbeitsschutz zu gewährleisten[1]).

Es ist also sowohl in den Grundsätzen der gesetzestechnischen Zweckmäßigkeit, die ein Zusammenfassen gleichartig behandelter Probleme fordert, als auch in der Notwendigkeit, die Idee des öffentlichrechtlichen Arbeitsschutzrechts geschlossen und ihrer Bedeutung entsprechend zu verkörpern, begründet, daß das **Allgemeine Arbeitsschutzrecht**[2]) in **einem besonderen Teilgesetz des Arbeitsgesetzbuchs** zusammengefaßt wird (vgl. auch das oben S. 55 Ausgeführte).

b) Einheitliches Arbeitsschutzrecht.

Der Ausgangspunkt des (öffentlichrechtlichen) Arbeitsschutzrechts im engeren Sinne ist, wie zu a) ausgeführt, der Arbeitsschutz der gewerblichen **Arbeiter**. Ein Arbeitsschutzrecht der **Angestellten** kannte das geltende Arbeitsrecht bis zur VO vom 18. 3. 1919 über die Regelung der Arbeitszeit der Angestellten während der Zeit der wirtschaftlichen Demobilmachung nur in § 105b GewO (Novelle vom 1. 6. 1891) hinsichtlich der Sonntagsruhe und §§ 139c—m (Novelle vom 30. 6. 1900)

---

[1]) So behandeln denn auch fünf der sechs von der 1. Hauptversammlung zu Washington angenommenen Entwürfe zu Internationalen Übereinkommen und drei der dort angenommenen sechs Vorschläge sozialpolitischer Maßnahmen, ebenso einer der drei Entwürfe und zwei bzw. drei der vier Vorschläge der 2. Hauptversammlung zu Genf und fünf der sieben Entwürfe und fünf der acht Vorschläge der 3. Hauptversammlung zu Genf Fragen des öffentlichrechtlichen Arbeitsschutzes.

[2]) Im Gegensatz zu dem Arbeitsschutzrecht der Sonderarbeitsverhältnisse, das zweckmäßig mit dem Arbeitsvertragsrecht der Sonderarbeitsverhältnisse gemeinsam, wenn auch in besonderen Abschnitten, durch das gleiche Gesetz geregelt wird (vgl. oben S. 49 Anm. 1).

für die Angestellten in offenen Verkaufsstellen hinsichtlich der Arbeitszeit, der Einrichtung und Unterhaltung der Geschäftsräume, Vorrichtungen und Gerätschaften, der Regelung des Geschäftsbetriebs, der Arbeitsordnung und der Lehrlingszahl.

Im übrigen bestand der Arbeitsschutz der Angestellten lediglich in der unabdingbaren Festsetzung von Arbeitsbedingungen (vgl. z. B. § 618 BGB, § 62 HGB[1]), § 133f GewO).

Dieser Standpunkt des Gesetzgebers war nur zum Teil in den Verhältnissen begründet, die ein besonderes Bedürfnis der Arbeiter nach öffentlichrechtlichem Arbeitsschutz bedingten. Das Arbeitsgesetzbuch baut demgegenüber auf der Idee des Arbeitnehmertums auf, d. h. darauf, daß die wirtschaftlich unselbständige Arbeit durch die Entwicklung des Industrialismus' die Lebensform des größeren Teils der Bevölkerung geworden ist und daß insoweit gleich oder ähnlich lautende Forderungen an den Gesetzgeber gestellt werden. Die Einheitlichkeit des Arbeitsrechts, die damit für das Arbeitsgesetzbuch gefordert wird, bedeutet deshalb (in Anpassung an die weitgehende Gleichartigkeit der Bedürfnisse und der ideellen Einstellung der Beteiligten) auch für das Arbeitsschutzrecht einerseits Einheitlichkeit hinsichtlich der großen Gesichtspunkte, der leitenden Gedanken der gesetzgeberischen Arbeit, andererseits Einheitlichkeit hinsichtlich aller derjenigen Einzelbestimmungen, für die nicht Sonderarbeitsverhältnisse eine Sonderregelung fordern.

Bei der Nachprüfung der einzelnen in Betracht kommenden Rechtsgebiete ergibt sich dann, daß, von wenigen Ausnahmen abgesehen (Arbeitszeit der im Betrieb tätigen Arbeiter, Lohnbücher der Arbeiter, Arbeitsbuch der minderjährigen Arbeiter), das gesamte (öffentlichrechtliche) Arbeitsschutzrecht im engeren Sinne auf Arbeiter wie Angestellte Anwendung finden muß.

Eine Frage der gesetzestechnischen Zweckmäßigkeit ist es dann, ob diese wenigen Ausnahmen in einem das „Allgemeine Arbeitsschutzrecht" regelnden Gesetz mitzuregeln sind. Man wird richtig einen Mittelweg wählen (vgl. das oben S. 69 Ausgeführte), indem man das für die Arbeiter in Frage kommende Sonderarbeitsschutzrecht mit erörtert, dagegen das besondere Angestelltenarbeitsschutzrecht (im wesentlichen nur Arbeitszeitrecht und Arbeitsschutzrecht der Leitenden Angestellten) dem

---

[1]) Vgl. dazu Titze, Das Recht des kaufmännischen Personals, Leipzig Reisland 1918, S. 309.

Allgemeinen Angestelltengesetz überläßt. Dieser Weg hat ebenso wie für das Arbeitsvertragsrecht (vgl. oben S. 53) den Vorzug, daß ein Fehlen des Arbeitsschutzrechts der Arbeiter das Allgemeine Arbeitsschutzrecht in manchen Beziehungen lückenhaft lassen würde, wenn man nicht an Stelle der ausfallenden präzisierten Vorschriften unbestimmt gefaßte allgemeine Grundsätze treten lassen will, und daß so zugleich den Arbeitern ein umfassender Überblick über das gesamte sie betreffende Arbeitsschutzrecht ermöglicht wird.

c) Der Inhalt des Allgemeinen Arbeitsschutzrechts.

Das — materielle — Allgemeine Arbeitsschutzrecht im engeren Sinne umfaßt drei Rechtsgebiete, den Arbeitsschutz durch Arbeitgeber, den Arbeitsschutz durch Arbeitnehmer und den Arbeitsschutz durch Arbeitsschutzbehörden. Diese Rechtsgebiete erhalten durch die gemeinsame Idee des Arbeitsschutzrechts, der Gewährleistung der richtigen Verwertung der Arbeitskraft im einzelnen Arbeitsverhältnis durch Maßnahmen des öffentlichen Rechts (vgl. das zu a) Ausgeführte) ihr charakteristisches einheitliches Gepräge. Auch sind sie sachlich so eng miteinander verknüpft, daß gesetzestechnisch ihre getrennte Behandlung in verschiedenen Teilen des Arbeitsgesetzbuchs, wie das Folgende ergeben wird, unzweckmäßig, wenn nicht unmöglich ist.

1. Arbeitsschutz durch Arbeitgeber.

Der Arbeitsschutz durch Arbeitgeber begreift alle die Arbeitsschutzpflichten öffentlichrechtlicher Art ein, die dem Arbeitgeber dem einzelnen Arbeitnehmer gegenüber nach der negativen oder positiven Seite obliegen. Dazu gehören sowohl die Pflichten, die ihm, ohne Rücksicht, ob ein Arbeitsvertrag abgeschlossen ist oder nicht, obliegen (Beschäftigungsverbote!), als auch insbesondere die Pflichten, die er in Ausführung des Arbeitsvertrags dem einzelnen Arbeitnehmer gegenüber zu erfüllen hat.

Diese Zusammenstellung zeigt, daß die Ansicht unzutreffend ist, der systematische Sitz des Arbeitsschutzrechts, soweit Pflichten des Arbeitgebers gegenüber dem Arbeitnehmer in Frage stehen, sei das Allgemeine Arbeitsvertragsrecht. Sie zeigt aber auch, daß es gesetzestechnisch unzweckmäßig wäre, diejenigen Pflichten öffentlichrechtlicher Art, die zugleich Gegenstand des Arbeitsvertrags sind, von den übrigen Pflichten zu trennen und etwa in das Allgemeine Arbeitsvertragsrecht aufzunehmen.

Man wird deshalb folgerichtig[1]) den Weg gehen, durch generelle Bestimmungen des Allgemeinen Arbeitsvertragsrechts die Beziehung zum Allgemeinen Arbeitsschutzrecht herzustellen. Diese reinliche Scheidung verdient auch den Vorzug gegenüber einem etwa denkbaren Mittelweg, in das Gesetz über das Allgemeine Arbeitsvertragsrecht die (mit einer mehr oder weniger ins einzelne gehenden Regelung verknüpften) allgemeinen Grundsätze aufzunehmen und die spezialisierte Ausführung Sondergesetzen zu überlassen. Die Wirkung eines derartigen Vorgehens werde notwendig sein, daß eine Unsicherheit über den Ort und die Art der eigentlichen Regelung Platz greifen müßte. Auch kann der Gesichtspunkt, daß die etwa notwendig werdenden Änderungen der einzelnen Arbeitsschutzvorschriften das Gefüge des großen, das Allgemeine Arbeitsvertragsrecht umfassenden Gesetzes nicht berühren würden, nicht ausschlaggebend sein. Bestimmungen, die voraussichtlich einer Änderung unterliegen werden, werden im allgemeinen nicht im Gesetz, sondern in Ausführungsvorschriften enthalten sein. Finden sie sich aber im Gesetz, so wiegt die Änderung eines Sondergesetzes nicht leichter als die eines das allgemeine Recht umfassenden Gesetzes.

Die hier vorgeschlagene Trennung schließt im übrigen nicht aus, daß einzelne Bestimmungen des öffentlichrechtlichen Arbeitsschutzrechts vertragsrechtlichen Inhalts aus Zweckmäßigkeitsgründen, um Zusammengehöriges nicht zu trennen, in das Allgemeine Arbeitsvertragsrecht hinübergenommen werden (z. B. Tausch- (Truck-) verbot).

2. Arbeitsschutz durch Arbeitnehmer.

Der Arbeitsschutz durch Arbeitnehmer ist in der Gesetzgebung zuerst verwirklicht durch die Bestimmungen der Novelle vom 19. 7. 1905 zum PrAllgBergG über die Befugnisse der Arbeiterausschüsse und, soweit solche nicht errichtet werden, der Vertrauensleute der Bergarbeiter. Ein Gedanke, der durch die Einführung der Sicherheitsmänner (Novelle vom 28. 7. 1909 zum PrAllgBergG) dahin ergänzt worden ist, daß die Bergarbeiter durch von ihnen gewählte besondere Organe an der Überwachung der Gruben hinsichtlich der Sicherheit des Lebens und der Gesundheit der Arbeiter beteiligt wurden.

Die §§ 66 Nr. 8 und 78 Nr. 6 BetrRG haben diesen Gesichtspunkt, die Arbeitnehmer durch ihre gesetzlichen Vertreter selbst mitverantwortlich für die Sicherung ihrer Arbeit zu machen, auf alle Betriebe

[1]) Vgl. das oben S. 56 Ausgeführte.

(einschließlich der Heimarbeitsbetriebe) ausgedehnt. Man wird davon auszugehen haben, daß damit erst die Anfänge einer Entwicklung gegeben sind, die den Arbeitsschutz ganz neue Wege führen wird (vgl. auch oben S. 106).

Das Öffentlichrechtliche des Arbeitsschutzes durch Arbeitnehmer läßt sich dabei auf die Formel bringen, daß es sich um öffentlichrechtliche Vollmachten der gesetzlichen Vertretungen der Arbeitnehmer handelt.

Dieser Arbeitsschutz durch Arbeitnehmer berührt sich auf das engste mit dem Arbeitsschutz durch Arbeitgeber, insbesondere, soweit es sich um die Arbeitszeit und die Betriebssicherheit handelt. Hier wird es sich bei dem Arbeitsschutz in Zukunft um ein verständnisvolles Zusammenarbeiten von Arbeitgebern und Arbeitnehmern handeln müssen.

Der enge Zusammenhang zeigt zugleich, daß auch insoweit gesetzestechnisch ein Nichtzusammenfassen der gesamten Elemente des Arbeitsschutzes unzweckmäßig oder unmöglich wäre.

3. Arbeitsschutz durch Arbeitsschutzbehörden.

Der „Arbeitsschutz durch Arbeitsschutzbehörden" stellt die notwendige Ergänzung des „Arbeitsschutzes durch Arbeitgeber" insofern dar, als er einmal die Durchführung der dem Arbeitgeber obliegenden Arbeitsschutzaufgaben polizeilich überwacht und andererseits dem Arbeitsschutz durch Arbeitgeber die durch die Natur der Sache notwendige behördliche Ergänzung verleiht.

Inwieweit der „Arbeitsschutz durch Arbeitnehmer" durch den „Arbeitsschutz durch Arbeitsschutzbehörden" zu ergänzen ist, läßt sich vorerst wohl noch nicht absehen. In einem Bergarbeitsgesetz wird z. B. vorzusehen sein, daß der Sicherheitsmann verpflichtet ist, bei Befahrungen seiner Fahrabteilung durch die Bergbehörde die Beamten auf Erfordern zu begleiten und ihnen hierbei und sonst jede Auskunft über die Sicherheitsverhältnisse der Fahrabteilung zu erteilen.

Auch der Zusammenhang zwischen dem „Arbeitsschutz durch Arbeitsschutzbehörden" und den beiden anderen Gebieten des Arbeitsschutzes ergibt die Notwendigkeit einer Behandlung der gesamten Materie in einem umfassenden Gesetz.

d) Systematisches Arbeitsschutzrecht.

Die bisherige Regelung des Arbeitsschutzrechts im engeren Sinne läßt eine systematische Behandlung vermissen. Im Interesse der praktischen Brauchbarkeit und der wissenschaftlichen Durchdringung ist diese jedoch unentbehrlich. Die Materie wird etwa in drei große Teile zu zerlegen sein: Die sachlichen Bestimmungen (das materielle Arbeitsschutzrecht), die förmlichen Bestimmungen (das formelle Arbeitsschutzrecht) und die Strafbestimmungen.

1. Sachliches Arbeitsschutzrecht.

Das materielle Arbeitsschutzrecht, die sachlichen Bestimmungen des Gesetzes, wird in den „Arbeitsschutz durch Arbeitgeber", den „Arbeitsschutz durch Arbeitnehmer" und den „Arbeitsschutz durch Arbeitsschutzbehörden" zu gliedern sein (vgl. das zu c) Ausgeführte).

Den Arbeitsschutz durch Arbeitgeber ordnete man zweckmäßig, indem man auf die Kreise der zu schützenden Personen abstellte, in den „Arbeitsschutz im allgemeinen", der für sämtliche Arbeitnehmer, gleichgültig ob Arbeiter oder Angestellte, und ohne Rücksicht auf Geschlecht oder Alter gilt, in das besondere Frauenarbeitsschutzrecht („Frauenschutz") und das besondere Jugendarbeitsschutzrecht („Jugendschutz").

2. Förmliches Arbeitsschutzrecht.

Die Regelung des formellen Arbeitsschutzrechts, also der Verfassung, Zuständigkeit und des Verfahrens der Arbeitsschutzbehörden, als Teil des Allgemeinen Arbeitsschutzgesetzes wird in der Hauptsache entbehrlich werden, sobald ein das Recht der Arbeitsstaatsbehörden ganz allgemein regelndes Gesetz vorliegt (siehe oben S. 188). Solange dies nicht der Fall ist, kann das Allgemeine Arbeitsschutzgesetz nicht an der erschöpfenden Regelung des förmlichen Arbeitsschutzrechts vorübergehen. Dies sowohl, um auch insofern ein abgeschlossenes Ganzes zu schaffen, als auch, weil es sich darum handelt, der Entwicklung des Rechts der Arbeitsschutzbehörden eine neue Richtung zu geben siehe unten S. 207).

3. Daraus ergibt sich folgende

Gliederung eines Allgemeinen Arbeitsschutzgesetzes.

A. Sachliche Bestimmungen.

I. Arbeitsschutz durch Arbeitgeber.
  1. Arbeitsschutz im allgemeinen.
    (a) Arbeitsordnung[1].)
    b) Entgeltsschutz.

[1]) Vgl. unten S. 197.

c) Arbeitszeitschutz.
d) Betriebsschutz.
e) Sonstiger Arbeitsschutz (Vertragsstrafen, Sicherheiten, Wohlfahrtseinrichtungen, Zeugnis, Geheime Wettbewerbsabreden u. a.).

2. Frauenarbeitsschutz.
a) Verbot oder Beschränkung der Beschäftigung.
b) Arbeitszeit (im allgemeinen, Hausfrauenschutz, Mutterschutz).
c) Anzeige der Beschäftigung.
d) Aushang der Bestimmungen.

3. Jugendarbeitsschutz.
a) Kinder.
b) Jugendliche Arbeitnehmer (Verbot oder Beschränkung der Beschäftigung, Arbeitszeit, Anzeige der Beschäftigung, Aushang der Bestimmungen, Verzeichnis, Berufsschulen, Entgelt, Zeugnis).
c) Minderjährige Arbeitnehmer (Arbeitsbuch der Arbeiter).

II. Arbeitsschutz durch Arbeitnehmer.

III. Arbeitsschutz durch Arbeitsschutzbehörden.
1. Arbeitsaufsicht.
2. Sonstige Aufgaben.

B. Förmliche Bestimmungen.

I. Behörden des Arbeitsschutzes.
II. Zuständigkeit.
III. Verfahren.

C. Strafbestimmungen.

I. Strafen.
1. Vergehen.
2. Übertretungen.
3. Kleinere Übertretungen.

II. Verwendung der Strafen[1]).

---

[1]) Dieser Vorschlag befindet sich in weitgehender Übereinstimmung mit der Systematik des umfassenden, das Arbeitsschutzrecht im engeren Sinne erörternden Werks von Schiff (Tübingen Mohr 1920), „Der Arbeiterschutz der Welt". Die dort (S. 4, 5) behandelte Einteilung ist die folgende:

„I. Personenschutz ohne Unterscheidung von Geschlecht und Alter (also für alle, auch für die erwachsenen männlichen Arbeiter);

II. Personenschutz für Frauen;

III. Personenschutz für Jugendliche;

B. Grundsätzliche Fragen.

(a) Arbeitsordnung.

Die öffentlichrechtlichen Bestimmungen des Rechts der Arbeitsordnung gehören an sich in das Arbeitsschutzrecht — sowohl, wenn man den vertraglichen Inhalt des Rechts der Arbeitsordnung im Arbeitsvertragsrecht, als auch, wenn man es im Arbeitsvereinigungsrecht oder Arbeitsselbstverwaltungsrecht (Betriebsvertretungsrecht) regelt. In jedem Falle handelt es sich dabei um öffentlichrechtliche Pflichten des Arbeitgebers gegenüber seinen Arbeitnehmern. Unter dem Gesichtspunkt der gesetzestechnischen Zweckmäßigkeit jedoch wird man das Recht der Arbeitsordnung ganz allgemein zusammenfassend an einer besonderen Stelle des Arbeitsgesetzbuchs, richtig wohl im Anschluß an das Arbeitstarifgesetz (vgl. oben S. 158), regeln.

b) Entgeltsschutz.

1. Die Erwägungen, die zu §§ 115ff. GewO — insbesondere Tausch-(Truck-) Verbot — geführt haben, treffen unter den heutigen Um-

---

IV. Personenschutz für Kinder.

Unter Personenschutz sind die Vorschriften über Arbeitsverbote und Arbeitszeit zusammengefaßt. In jedem der vier vorstehenden Abschnitte sind daher zu unterscheiden: 1. Arbeitsverbote, 2. Vorschriften über Arbeitszeit (Höchstarbeitszeit, Arbeitspausen, Nachtarbeitsverbot, Mindestruhe.)

V. Mutterschutz;
VI. Wöchentlicher Ruhetag;
VII. Erholungsurlaub;
VIII. Arbeitsordnungen;
IX. Betriebsschutz;
X. Mindestlöhne;
XI. Lohnzahlungsvorschriften;
XII. Sicherung der Durchführung der Vorschriften."

Von diesen Rechtsgebieten sind die zu VI, IX und XI in dem „Arbeitsschutz im allgemeinen" des soeben erörterten Vorschlags mitaufgenommen, das zu V genannte in dem „Frauenschutz", während das zu XII bezeichnete zum Teil in dem „Arbeitsschutz im allgemeinen" (Anzeige der Beschäftigung, Verzeichnisse, Aushang von Bestimmungen), zum Teil (Gewerbeaufsicht) in dem zweiten Abschnitt des Vorschlags „Arbeitsschutz durch Arbeitsschutzbehörden" erörtert ist. Der zu VII genannte Erholungsurlaub würde sich ebenfalls in die Dreigliederung des Rechts des „Arbeitsschutzes durch Arbeitgeber" des Vorschlags einfügen, falls ein öffentlichrechtlicher Schutz des Arbeitnehmerurlaubs vorgesehen werden sollte. Das Rechtsgebiet zu X dagegen (Mindestlöhne) gehört systematisch in das Arbeitstarifrecht oder das Arbeitsschutzrecht derjenigen Berufe, für die eine unabdingbare Festsetzung der Entgelte vorgesehen wird (z. B. Heimarbeit).

ständen (Erstarken des Arbeitnehmertums, Bedürfnis nach Naturalien) nicht mehr in allen Teilen zu. Das Arbeitsgesetzbuch wird gleichwohl grundsätzlich an diesen Vorschriften festhalten müssen und sie nur den veränderten Verhältnissen anzupassen haben. Ein Bedürfnis nach ihnen ist wie bisher ohne Zweifel vorhanden. Eine Frage der gesetzestechnischen Zweckmäßigkeit jedoch ist, ob ihre Einfügung in das Allgemeine Arbeitsschutzgesetz oder — mit Rücksicht auf den Zusammenhang aller Entgeltbestimmungen — in das Allgemeine Arbeitsvertragsgesetz erfolgen soll. Richtig werden sie hier in ihrem Wortlaut zu geben und dort, um die Anwendbarkeit der Strafvorschriften zwanglos zu gestalten, in bezug zu nehmen sein (vgl. oben S. 56).

2. Im übrigen kommen Vorschriften arbeitsschutzrechtlicher Art zur Sicherung des Arbeitsentgelts nur hinsichtlich der Lohnbücher und Lohnzettel in Frage. Die Bestimmungen der §§ 114a und b und 134/II GewO eignen sich mit der Maßgabe zur Übernahme in das Allgemeine Arbeitsschutzgesetz, daß sie mit den gebotenen Abweichungen auf die Angestellten auszudehnen sind, für die derartige Belege mit Rücksicht auf die komplizierte Art der zeitigen Entgeltsberechnung (Sozialzuschläge, Versicherungs- und Steuerabzüge) gleichfalls unentbehrlich geworden sind.

c) Arbeitszeitschutz.

Wenn oben S. 11, 22 (30), 176 ausgeführt ist, daß dem Arbeitsschutzrecht in erster Linie die Aufgabe obliegt, dem Arbeitnehmertum eine nach der körperlichen, geistigen und seelischen Seite hin rassenbiologisch günstigere Zukunft als bisher zu sichern, so kann dieses Ziel in erster Linie nur durch eine einschneidende Begrenzung der Arbeitszeit erreicht werden: Hierdurch sollen die körperliche und geistige Arbeitskraft des Arbeitnehmers geschont, andererseits ihm ermöglicht werden, die Freizeit nach der Richtung kulturellen Aufstiegs und der Ausbildung seines Menschentums zu verwerten. So verstanden, ist der Arbeitszeitschutz der Kern des ganzen Arbeitsschutzes. Ihn zu verwirklichen, ist deshalb die bedeutungsvollste Aufgabe des Arbeitsschutzrechts im oben (S. 188) erörterten Sinn: Vor allem wird es ihn in seinen Grundlagen jeder Willkür, sei es auch der von Tarifverträgen, entziehen müssen.

Es ist nicht zu verkennen, daß die Idee der begrenzten Arbeitszeit weitgehenden Bedenken wirtschaftlicher und sozialpolitischer Aufgabe begegnen muß. Nach einem Zusammenbruch der Wirtschaft, wie ihn die Wirtschaft des Deutschen Volks in und nach dem Krieg erlitten hat, erscheint die Forderung, daß alle verfügbaren Arbeitskräfte bis aufs äußerste angespannt werden müssen, um den Wiederaufstieg zu ermöglichen, als selbstverständlich. Allein es kann das nur zu der Forderung berechtigen, daß, solange dieser Zustand der wirtschaftlichen Zerrüttung dauert, jede Arbeitskraft so weit ausgenutzt werden darf, daß sie nach psychotechnischen und physiologischen Gesetzen und nach Durchführung aller denkbaren betriebstechnischen Verbesserungen ihr Optimum leistet. Dabei darf jedoch nicht verkannt werden, daß wohlverstandene Sozialpolitik zugleich wohlverstandene Wirtschaftspolitik ist. Soweit der Acht- usw. Stundentag eine Erhöhung der Arbeitsfähigkeit und damit der Arbeitsleistung in diesem Sinn herbeizuführen geeignet ist, muß auch die Begrenzung der Arbeitszeit durchgeführt werden, selbst wenn diese begrenzte Arbeitszeit vorübergehend wirtschaftspolitisch ungenügend zu sein scheint, sofern dadurch ein zeitig verlangsamter, aber nicht verkennbarer Fortschritt auf dem Wege des Wiederaufstiegs verknüpft ist, da darin zugleich die Gewähr der sicheren Begründung und Dauer des Fortschritts in der Zukunft liegt. Das Alles würde praktisch ausgedrückt heißen, daß eine schematische Durchführung des Achtstundentags ausgeschlossen und überdies über den danach für die einzelnen Berufe in Frage kommenden Acht- usw. Stundentag hinaus eine zeitige Verlängerung um das zum Wiederaufbau der Wirtschaft notwendige und nach dem Gesagten zulässige Maß durchzuführen wäre[1]).

Über die Notwendigkeit, im übrigen hinsichtlich der Arbeitszeit der Arbeiter und derjenigen der Angestellten bei der Regelung des Arbeitszeitschutzes einen grundlegenden Unterschied zu machen, ist oben S. 68 Näheres ausgeführt.

Zur Zeit liegt neben den vorläufigen Verordnungen vom 23. 11. 1918 (RGBl S. 1334), 5. 2. 1919 (RGBl S. 176) und 18. 3. 1919 (RGBl S. 315) ein Gesetz (Bergbau — vgl. oben S. 106) und fünf Gesetzentwürfe (gewerbliche Arbeiter: Reichsratsdrucksache Nr. 223, ältere Fassung auch RABl 1921 S. 783, Angestellte: Reichsratsdrucksache Nr. 123, ältere Fassung auch RABl 1921 S. 497, Krankenpflegepersonal, Hausgehilfen, vgl. oben S. 92, und Sonntagsruhe der Angestellten) vor, die sich mit der Regelung der Arbeitszeit befassen[2]).

[1]) Über das Für und Wider der Meinungen vgl. z. B. die Gutachten und Verhandlungen des Sozialpolitischen Ausschusses des vorläufigen Reichswirtschaftsrates über das Arbeitszeitgesetz, RGBl 1922 S. 637. Vgl. auch Schippel, Der Kampf um den Achtstundentag, Sozialist. Monatshefte 1922 S. 329, und Starrer und beweglicher Achtstundentag, ebendort S. 436.

[2]) Die Arbeitszeit der Eisenbahner ist durch vorläufige Dienstdauervorschriften des Reichsverkehrsministers vom 5. 8. 1922 geregelt (vgl. SozPra 1922 Sp. 931).

d) Betriebsschutz.

Der Arbeitgeber hat die Räume, Vorrichtungen und Gerätschaften der Arbeit so einzurichten und zu unterhalten und den Betrieb — abgesehen von den Bestimmungen des Arbeitszeitschutzes — so zu regeln, daß der Arbeitnehmer gegen Gefahr für Leben und Gesundheit so weit geschützt ist, als die Natur des Betriebs es gestattet und die Aufrechterhaltung der guten Sitten und des Anstands gesichert ist.

Bei diesem Betriebsschutz handelt es sich um die — neben dem Arbeitszeitschutz — im Sinne der Ausführungen S. 189 wesentlichsten Vorschriften des Arbeitsschutzrechts. Auf diesem Gebiet hat die bisherige Gesetzgebung ihre weitgehendst durchdachte und umfangreichste Regelung, vor allem für gewerbliche Arbeiter[1]), getroffen. Der vom neuen Arbeitsrecht im Gesetz festzulegende Rahmen wird wie bisher (vgl. insbesondere die zur Durchführung der §§ 120a—c bzw. auf Grund der §§ 120e, 120f und der §§ 139a, 139h GewO erlassenen Vorschriften[2]) durch Ausführungsverordnungen — allgemein oder für bestimmte Arten von Betrieben oder für den einzelnen Betrieb — auszufüllen sein.

e) Frauenarbeitsschutz.

Der Frauenarbeitsschutz des geltenden Rechts ist beschränkt auf den Schutz der in gewerblichen und bergbaulichen Betrieben beschäftigten Arbeiterinnen. Es regelt die Möglichkeit des Verbots und der Beschränkung der Beschäftigung (§§ 137/VII, 139a Nr. 1, 154a/I, II GewO), eine abweichende Regelung der Arbeitszeit (§§ 137/I—IV, 137a, 138a, 139, 139a/I Nr. 1, IV, V GewO, V. VO. vom 23. 11. 1918, § 14 VLandAO), Hausfrauenschutz (§ 137/V GewO) und Mutterschutz (§ 137/VI GewO) und verpflichtet den Arbeitgeber zur Anzeige, falls er Frauen beschäftigt (§ 133/I GewO).

Entwurf V (Art. III) der Washingtoner Beschlüsse sieht ein Verbot der Beschäftigung von Frauen in gewerblichen und Handelsunternehmungen (mit Ausnahme von solchen, in denen lediglich Mitglieder ein und derselben Familie beschäftigt werden) für die Zeit von sechs Wochen nach der Niederkunft und das Recht der Frauen vor, sechs Wochen vor der Niederkunft die Arbeit aufzugeben. Während dieser Zeit sollen sie eine

---

[1]) Die Ausdehnung der §§ 120a—f GewO auf alle Arbeitnehmer ist schon jetzt beabsichtigt (vgl. SozPra 1922 Sp. 937).

[2]) Zusammengestellt in „Die Arbeiterschutzvorschriften im Deutschen Reich" herausgegeben vom Reichsjustizamt, Berlin 1915.

Unterstützung, die für ihren und ihres Kindes Unterhalt ausreicht, erhalten.

Das neue Arbeitsrecht wird von der Erwägung ausgehen müssen, daß nach dem Vorgang dieses Entwurfs der Frauenschutz im allgemeinen (d. h. auch derjenigen der Angestellten) hinsichtlich der Arbeit der Angestellten mehr als bisher den für die Arbeit der Arbeiterinnen gegebenen anzupassen ist.

Ferner werden die Gesichtspunkte des § 137/VI GewO und des Art. III des Entwurfs V der Washingtoner Beschlüsse zu vereinigen sein. Die bürgerlichrechtlichen Folgen eines Fernbleibens von der Arbeit im Sinne einer derartigen Bestimmung bemessen sich zur Zeit nach §§ 323, 616 BGB., § 63 HGB., § 133c/II GewO.

f) Jugendarbeitsschutz.

1. Kinderarbeitsschutz.

Das geltende Kinderarbeitsschutzrecht ist in § 135/I und II GewO und in dem Gesetz, betr. Kinderarbeit in „gewerblichen Betrieben", vom 30. 3. 1903 geregelt. Beide Gruppen von Vorschriften umfassen nur die Kinderarbeit in gewerblichen Betrieben, die GewO unter Beschränkung auf Arbeiter und technische Angestellte und — mit der Maßgabe der §§ 154/II, III, IV und 154a/I — auf Betriebe, die in der Regel mindestens zehn Arbeiter beschäftigen, das KindSchutzG unter Einbegreifung auch der gesamten Heimarbeit. Die GewO versteht unter Kindern Personen unter 14 Jahren, das KindSchutzG solche unter 13 Jahren und darüber hinaus volksschulpflichtige Knaben und Mädchen. Ein Gegensatz zwischen Gruppen von Vorschriften besteht jedoch nicht, da die GewO eine Beschäftigung von Kindern unter 13 nicht und von Kindern über 13 Jahren nur zuläßt, wenn sie nicht mehr volksschulpflichtig sind. Die GewO ergänzt also lediglich die Schutzmaßnahmen des KindSchutzG hinsichtlich nichtvolksschulpflichtiger Personen zwischen 13 und 14 Jahren. Die Beschäftigungsgrenze des KindSchutzG ist für eigene Kinder 10 Jahre und für fremde Kinder 12 Jahre. Die Arbeitszeit darf nach der GewO sechs Stunden, nach dem KindSchutzG bei fremden Kindern drei Stunden, in den Ferien vier Stunden nicht überschreiten.

Diese Regelung des geltenden Rechts wird grundlegend durchbrochen werden, wenn der Entwurf eines Gesetzes über die Arbeitszeit gewerblicher Arbeiter, der in Anpassung an den Entwurf X „eines Übereinkommens, betr. das Mindestalter für die Zulassung von Kindern zur gewerblichen Arbeit", von der 1. Hauptversammlung der Internationalen Organisation der Arbeit in Washington vom Oktober/November 1919 ausgearbeitet worden ist, und der ihm folgende Entwurf eines Gesetzes über die Arbeitszeit der Angestellten Gesetz geworden sein werden (vgl. oben S. 199). Das von der Reichsregierung zur Ratifikation empfohlene genannte Übereinkommen untersagt in Art. 2 die Arbeit von Kindern unter 14 Jahren in gewerblichen Betrieben mit Ausnahme der Familienbetriebe. Die Arbeitszeitgesetzentwürfe sehen demgemäß (je in § 9) ein Verbot der Arbeit von Kindern unter 14 Jahren als gewerblicher Arbeiter oder technischer, kaufmännischer oder Bureauangestellten, jedoch als gewerblicher Arbeiter und Werkmeister und Techniker nur in gewerblichen oder ihnen gleichstehenden öffentlichen und Vereinsbetrieben vor, und allgemein lediglich, soweit es sich um Nichtfamilienbetriebe handelt.

Es leuchtet ein, daß der danach verbleibende Rest des KindSchutzG einen unübersichtlichen Torso darstellen wird, dessen Bestimmungen überdies in innerlich nicht begründetem, sachlichem Gegensatz zu den Kinderschutzbestimmungen der Arbeitszeitgesetze stünden. Die Neuregelung des in dem verbleibenden Rest enthaltenen Kinderarbeitsschutzrechts ist somit notwendig. Sie kann jedoch nicht isoliert vorgenommen werden. Einerseits erfordert der innerliche und technische Zusammenhang der gesamten Kinderarbeitsschutzbestimmungen die Zusammenfassung des restlichen Teils des Kinderschutzgesetzes mit den Vorschriften der Arbeitszeitgesetze, die dort ohnehin Fremdkörper bedeuten. Das ist auch deshalb das Gebotene, weil die Neuordnung sich nicht der Aufgabe wird entziehen können, die gesamte bisherige Regelung des Kinderarbeitsschutzes im übrigen — nicht nur im Hinblick auf das Washingtoner Übereinkommen — einer grundsätzlichen Nachprüfung auf ihre Eignung und ihr Ausreichen zu unterziehen. Andererseits muß jede Neuregelung arbeitsrechtlicher Gebiete im Hinblick auf die Neuordnung des Arbeitsrechts im Arbeitsgesetzbuch geschehen. Einen Teil dieses Arbeitsgesetzbuchs wird richtig das zusammengefaßte Allgemeine Kinderarbeitsschutzrecht als Bestandteil des „Allgemeinen Arbeitsschutzgesetzes" bilden.

Die Neuordnung des Kinderarbeitsschutzrechts muß den Gedanken in den Vordergrund stellen, daß es mehr als je nötig ist, die Volkskraft der kommenden Generation zu schonen und zu entwickeln. Daraus ergibt sich einmal die Notwendigkeit, als Beschäftigungsgrenze das 12. Lebensjahr schlechthin und im übrigen — dem Grundgedanken des Washingtoner Übereinkommens folgend — das 14. Lebensjahr lediglich mit Ausnahme der Fälle vorzusehen, wo die Beschäftigung (wie in Familienbetrieben aus klar zutage liegenden Gründen oder in an sich nicht schädlichen, wenn nicht gar die Entwicklung des jugendlichen Organismus' fördernden Tätigkeiten) nicht verboten werden kann oder unbedenklich zugelassen werden darf.

Auf der anderen Seite darf eine Neuregelung des Kinderarbeitschutzrechts nicht an der Erwägung vorübergehen, daß, solange der Jugendliche die Schule besucht, für seine Freihaltung von sonstiger, insbesondere durch Erwachsene geleisteter Arbeit, im wesentlichen die gleichen Gesichtspunkte wie für den Kinderschutz im bisher verstandenen Sinne gelten müssen. Es ist dabei zu unterstellen, daß die Angestelltenarbeit von Kindern und Jugendlichen einen größeren Umfang einnimmt und ein erheblicheres Bedürfnis zur Angleichung des Jugendschutzes der Angestellten an den der Arbeiter besteht, als dies nach dem Stand der gegenwärtigen Gesetzgebung zu vermuten ist.

Der Zusammenhang des Kinderarbeitsschutzrechts mit dem Arbeitsrecht überhaupt macht es erforderlich, die Neuregelung auf den „Arbeitsvertrag", also auf den Gedanken der wirtschaftlich unselbständigen Arbeit abzustellen — gleichgültig, ob es sich um „im Betrieb" geleistete oder um „Heimarbeit" handelt. Mit Rücksicht gerade auf die Verhältnisse der letzteren Art und auch allgemein muß jedoch die Idee des Arbeitnehmerschutzes ihre Ergänzung in dem Schutz derjenigen Personen finden, die nicht auf Grund eines Arbeitsvertrags, sondern familienrechtlicher Verpflichtungen tätig werden.

Über den Kinderschutz in der Landarbeit insbesondere enthält die vorläufige Landarbeitsordnung vom 24. 1. 1919 keinerlei Bestimmungen (vgl. auch oben S. 115). GewO und KindSchutzG erstrecken sich auf landwirtschaftliche Betriebe gleichfalls nicht. Bei diesem ablehnenden Standpunkt der bisherigen Gesetzgebung, der zum Teil darin berechtigt war, daß die Kinderarbeit die geringsten Gefahren bietet, wird die Neuregelung des Kinderarbeitsschutzrechts nicht stehenbleiben dürfen. Denn unzweifelhaft haben auch bei der Beschäftigung von Kindern in der Landarbeit sich vielfach Mißstände gezeigt, sowohl in der Richtung einer Überanstrengung als auch in der einer Zurückstellung der notwendigen Rücksichten auf die Schulbildung. Das neue Kinderarbeitsschutzrecht wird diese Mißstände unter sorgfältiger Beachtung dessen beseitigen müssen, daß auf der anderen Seite die Kinderarbeit auf dem Lande nicht nur unentbehrlich ist, sondern auch in den gebotenen Grenzen durchaus im Interesse der Kinder selbst liegt. Man würde den Verhältnissen am besten Rechnung tragen, wenn man für Kinder über 12 Jahre die Beschäftigung in der Landarbeit grundsätzlich zuließe. Die notwendigen Sicherungen ergeben sich dann aus den Vorschriften über die Arbeitszeit von selbst.

Die Beschäftigung der Kinder mit dem Austragen von Waren und für Botengänge zu gestatten, rechtfertigt sich sowohl aus der Erwägung, daß es sich hier in der Regel um leichte, für den kindlichen Organismus geeignete Tätigkeit handelt, als auch mit Rücksicht darauf, daß die wirtschaftliche Lage der Eltern usw. eine derartige Beschäftigung ähnlich wie die Beschäftigung in Familienbetrieben häufig unabweisbar macht.

Aus entsprechenden Gesichtspunkten ist die Zulassung der Beschäftigung als „Haushaltsarbeiter" geboten. Hieraus würde sich auch die Zulässigkeit der Beschäftigung als „Hausgehilfen" in Familienbetrieben ohne weiteres ergeben.

Das Verzeichnis der Betriebe, in denen die Kinderarbeit verboten ist, ist aus dem Kinderschutzgesetz mit den gesetzestechnisch gebotenen Ergänzungen hinsichtlich der Theater- usw. Betriebe, der in § 4/I KindSchutzG genannten Betriebe und der Betriebe mit maschinellen Triebwerken (§ 12 KindSchutzG) zu übernehmen. Eine Abänderung und Ergänzung des Verzeichnisses wird zulässig sein müssen wie auch im Einzelfalle eine Einschränkung und ein Verbot sonst gestatteter Kinderarbeit.

Aus dem KindSchutzG (§§ 6 und 15) ist die Vorschrift zu übernehmen, daß für solche Vorstellungen und Schaustellungen, bei denen ein höheres Interesse der Kunst oder Wissenschaft obwaltet, Ausnahmen von dem Verbot der Kinderarbeit gestattet werden dürfen. Die Befugnis hierzu der Arbeitsschutzbehörde zu übertragen, liegt in der Richtung des Ausbaus des Aufgabenkreises der Gewerbeaufsichtsbeamten. Den Verschiedenheiten in der Handhabung der bisherigen Bestimmungen durch die zuständigen Instanzen läßt sich dadurch gerecht werden, daß man diese Ausnahmen nur für Schauspielunternehmen vorsieht, die nach § 22 GewO genehmigungspflichtig sind.

Wie zu Eingang ausgeführt, sieht § 135/II GewO für Kinder zwischen 13 und 14 Jahren eine Arbeitszeit von höchstens sechs Stunden vor, während das KindSchutzG (§ 5/II) für fremde Kinder eine solche von nicht länger als drei Stunden und bzw. in den Schulferien von vier Stunden festlegt. Für eigene Kinder ergibt sich (nach § 13/I Kind-

SchutzG) die Begrenzung der Arbeitszeit daraus, daß die Kinder mindestens 14 Stunden, bei Nachmittagsunterricht 15 Stunden und vor dem Vormittagsunterricht arbeitsfrei sein müssen. Diese verschiedenen Bestimmungen lassen sich auf eine gemeinsame Formel bringen, indem allgemein eine Höchstarbeitszeit von sechs Stunden[1]) täglich vorgesehen wird. Die Einschränkung dieser sechsstündigen Arbeitszeit an Schultagen ergibt sich dann daraus, daß die Kinder von 8 Uhr abends bis zum Vormittagsunterricht, zu Mittag während einer zweistündigen Pause und bei Nachmittagsunterricht eine Stunde nach beendigtem Unterricht arbeitsfrei sein müssen. Bei einer Schulzeit von 7 Uhr vormittags bis 12 Uhr mittags und 2—3 Uhr nachmittags würde für die Kinderarbeit die Zeit von 4—8 Uhr (= 4 Stunden), bei einem Unterricht von 8 Uhr vormittags bis 12 Uhr mittags und 2—4 Uhr nachmittags die Zeit von 5—8 Uhr (= 3 Stunden) zur Verfügung stehen, während an ganz oder vormittagsschulfreien Tagen oder von nicht schulpflichtigen Kindern volle sechs Stunden Arbeit geleistet werden dürfte. Sollten sich bei dieser Regelung noch Unzuträglichkeiten ergeben, so könnte die Arbeitsschutzbehörde im Einzelfall die erforderlichen Maßnahmen treffen.

Eine Beschäftigung von Kindern an Sonn- und Festtagen, soweit es sich um das Austragen von Waren und die Beschäftigungen und Vorstellungen und Schaustellungen handelt, kann entsprechend dem KindSchutzG (§§ 9/II, III, 15, 17/I) mit der Maßgabe gestattet werden, daß die Beschränkung des Austragens von Waren und sonstiger Botengänge nicht auch auf die Beschäftigung eigener Kinder für Dritte beschränkt ist (§ 17/II KindSchutzG). Entsprechendes für die Beschäftigung in Betrieben von Gast- und Schankwirtschaften, die allgemein nur für Familienbetriebe zulässig sein soll, vorzusehen, dürfte geboten sein.

Die Anzeigepflicht des § 10 KindSchutzG wird auch auf Familienbetriebe auszudehnen sein, wenn es sich um regelmäßige Beschäftigung von Kindern in einem Erwerbsgeschäft oder an Stelle Erwachsener oder für Nichtfamilienangehörige Dritter handelt. In solchen Fällen besteht kein erheblicher Unterschied von der Beschäftigung durch Nichtfamilienangehörige. Es muß also auch hier der Behörde die Möglichkeit des Einschreitens gegeben werden. Daß die Arbeitsschutzbehörde an die

---

[1]) Es läßt sich erwägen, allgemein eine geringere Höchstarbeitszeit, etwa nur von fünf Stunden, festzulegen.

Stelle der Ortspolizeibehörde tritt, ergibt sich aus den bereits angeführten Erwägungen.

Hinsichtlich der Arbeitskarte für Kinder gilt Entsprechendes mit der Einschränkung, daß, falls Kinder im Familienbetriebe ausschließlich für dessen Zwecke beschäftigt werden, die Anzeigepflicht als genügender Schutz erscheint.

Die Aufsicht über die Ausführung des Kinderarbeitsschutzrechts der Arbeitsschutzbehörde zu übertragen, bedarf keiner besonderen Begründung. Daß sie hierbei Hand in Hand mit den Jugendpflegeorganen zu arbeiten haben würde, die das Reichsgesetz für Jugendwohlfahrt vom 9. 7. 1922 (RGBl S. 633) geschaffen hat, ist mit Nachdruck zu betonen.

2. Jugendlichenarbeitsschutz.

Der Jugendlichenarbeitsschutz hat bisher die jungen Leute zwischen 14 und 16 Jahren und die Kinder unter 14 Jahren, soweit deren Beschäftigung nach dem Kinderschutzgesetz zulässig ist, umfaßt: §§ 135, 136, 137a, 138, 139, 139a GewO, § 6/II S. 2 HausAG, § 7 der Tabakhausarbeitsverordnung vom 17. 11. 1913 (RGBl S. 751).

Einige wenige Vorschriften gelten auch für jugendliche Arbeiter unter 18 Jahren: §§ 120c—e, 120g, § 138a/V GewO, § 6/I Nr. 2 HausAG.

Vorschlag VIII der Washingtoner Beschlüsse, betr. den Schutz der Frauen und Kinder gegen Bleivergiftung, sieht als Altersgrenze 18 Jahre vor, Entwurf XI dieser Beschlüsse ein Verbot der Nachtarbeit der Jugendlichen unter 18 Jahren mit einzelnen Ausnahmen für Jugendliche über 16 Jahren (Art. 2 und 7).

Die besondere Schonbedürftigkeit des jugendlichen Organismus' erfordert im übrigen die gesetzliche Möglichkeit eines Verbots oder einer Beschränkung der Beschäftigung in bestimmten Betrieben zu bestimmten Zeiten. Allgemein ist ferner die Arbeitszeit von derjenigen für Erwachsene, sowohl in Hinsicht der Dauer als auch der Pause und der Fortbildungsschulpflicht, verschieden zu behandeln. Endlich wird es nötig sein, den Arbeitsaufsichtsbehörden eine besonders sorgfältige Überwachung dadurch zu ermöglichen, daß den Arbeitgebern die Verpflichtung einer Anzeige der Beschäftigung Jugendlicher und der Führung eines Verzeichnisses auferlegt wird. Auch hier (vgl. das zu 1. Ausgeführte) gilt im übrigen, daß die Arbeitsaufsicht wie im Kinderarbeitsschutz in engster Fühlungnahme mit den Jugendpflegeorganen tätig werden muß.

Mit Rücksicht auf die Folgen des Krieges und der Nachkriegszeit und auch aus allgemeinen Erwägungen wird das Schutzalter grundsätzlich entsprechend dem leitenden Gesichtspunkt des Entwurfs XI der Washingtoner Beschlüsse auf 18 Jahre festzulegen sein.

Auch sonst muß sich das neue Arbeitsrecht von der Erwägung leiten lassen, daß unter Berücksichtigung der Kriegsfolgen der Schutz der Kinder und der Jugendlichen besonders zu betonen ist, und daß der Mangel an Arbeitsgelegenheit für erwachsene Arbeitnehmer ebenfalls die möglichste Beschränkung der Arbeit der Kinder und Jugendlichen erforderlich macht.

Endlich wird zu unterstellen sein, daß die Angestelltenarbeit von Kindern und Jugendlichen einen größeren Umfang einnimmt und ein erheblicheres Bedürfnis zur Angleichung des Jugendschutzes der Angestellten an den der Arbeiter besteht, als dies nach dem Stand der gegenwärtigen Gesetzgebung zu vermuten ist.

3. Minderjährigenarbeitsschutz.

Die Minderjährigenarbeitsschutzbestimmungen des geltenden Rechts, die noch erwähnt werden mögen, beschränken sich im wesentlichen darauf, daß die Minderjährigen als Arbeiter nur beschäftigt werden dürfen, wenn sie mit einem Arbeitsbuche versehen sind (§§ 107 ff. GewO) und auf Vorschriften über die Zahlung des Lohnes an Eltern oder Vormund (§ 119a/I Nr. 2 u. 3 GewO) und über die Aushändigung des Zeugnisses an die gesetzlichen Vertreter (§ 113/IV GewO).

Hinsichtlich des Arbeitsbuchs sind Bestrebungen im Gange, die seine völlige Beseitigung oder doch seine Nutzbarmachung für Aufgaben der Jugendfürsorge fordern. Die Beibehaltung bzw. Einführung eines Arbeitsausweises wird zu erwägen sein. Die übrigen Bestimmungen des geltenden Rechts können wohl entbehrt werden.

g) Arbeitsaufsicht — Arbeitsschutzbehörden.

Es ist den berechtigten Bestrebungen Rechnung zu tragen, die Arbeit der Arbeitsaufsichtsbeamten (Gewerbe-, Bergaufsichtsbeamten) freier zu stellen und dadurch fruchtbarer zu gestalten, daß ihnen eine größere Selbständigkeit und erweiterte Befugnis zur Initiative gegeben wird. Es handelt sich darum, die Einrichtung der Gewerbeaufsichtsbeamten zu Arbeitsschutzbehörden auszubauen, denen die bisher auf die Gewerbeaufsichtsbeamten, örtlichen Polizeiverwaltungen und unteren Verwaltungsbehörden verteilten gesamten Verwaltungs- und Polizeiaufgaben des Arbeitsschutzes im Rahmen der einheitlichen Arbeitsbehörden mit der Maßgabe obliegen werden, daß die Arbeitsaufsicht grundsätzlich auf die Durchführung des Arbeitsschutzes für alle Arbeitnehmer ausgedehnt wird[1]). Ähnliches hat für die übrigen Behörden des Arbeitsschutzes insofern zu gelten, als in bestimmten Abteilungen der höheren Verwaltungsbehörden, der Landeszentralbehörden und des Reichsarbeitsministeriums die entsprechenden Funktionen zu vereinigen sein werden.

16. Arbeitsgerichtsgesetz.

Ein — älterer — Referentenentwurf eines Arbeitsgerichtsgesetzes, das einheitliches Recht für alle Arbeitnehmer schaffen und insofern auch an die Stelle des Gewerbegerichtsgesetzes (RGBl 1890 S. 141) und des Kaufmannsgerichtsgesetzes (RGBl 1904 S. 266) treten soll, ist bereits in der Zeitschrift Arbeitsrecht 1922, 219 abgedruckt.

Es mag deshalb nur zu der noch offenen Frage der Gestaltung der Beziehungen zwischen der Arbeitsgerichtsbarkeit und der ordentlichen Gerichtsbarkeit, die die Geister mit Recht bewegt, in Kürze Stellung genommen werden.

Die Entwicklung muß dahin gehen (vgl. das oben S. 33 Ausgeführte), wie alle Arbeitnehmer innerlich in die Volksgemeinschaft, so auch ihre Rechtsenschauungen mit denen der Volksgesamtheit zu verschmelzen. Das bedeutet als den wünschenswerten Zielpunkt der Entwicklung hier die Eingliederung der Arbeitsgerichte in die ordentlichen Gerichte.

Nur dort könnte die Gesetzgebung sie nicht verwirklichen, wo selbst bei Eingliederung unter Beibehaltung aller Vorzüge des Verfahrens der Gewerbe- und Kaufmannsgerichte ein Mißtrauen der Beteiligten solche Arbeitsgerichte nicht als rechtsprechende Organe für ihre Belange anerkennen ließe und also ihre Einrichtung eine tatsächliche Rechtlosigkeit der Beteiligten zur Folge hätte[2]). Das wird als zeitiges Problem gegebenenfalls für Industriezentren und große Städte in Frage kommen, in denen die Massen der Arbeitnehmer sich zusammenballen.

Auch etwaige Sondergerichte[3]) aber würden am Ende einer

[1]) Hinsichtlich der §§ 120a—f GewO, soweit deren Ausdehnung auf alle Arbeitnehmer geplant ist (vgl. oben S. 187 Anm. 2), besteht schon jetzt diese Absicht.

[2]) Entsprechendes gilt für die Frage einer als Behelf zu erwähnenden bloßen Angliederung an die ordentlichen Gerichte.

[3]) Sie kämen lediglich als staatliche Gerichte in Frage. Rechtsprechung ist ein kraftvoller Ausdruck einer starken und im Volk wurzelnden Staatsgewalt oder sollte es doch sein.

kürzeren oder längeren Entwicklung, deren Tendenzen folgend, ohne Zwang in der ordentlichen Gerichtsbarkeit aufgehen. Dann nämlich, wenn die politische, soziale und wirtschaftliche Verständigung jener Arbeitnehmer mit dem übrigen Volk und ihre kulturelle Eingliederung in die Volksgesamtheit tatsächlich erfolgt und damit zugleich auch die Rechtsanschauungen hier wie dort ausgeglichen sein werden — wir sind unzweifelhaft auf dem Wege hierzu und ein Mittel soll auch das einheitliche Arbeitsrecht sein. Bis dahin würde auch die ordentliche Rechtsprechung gezeigt haben, daß sie (in den ihr ein- oder angegliederten Arbeitsgerichten) richtiges, d. h. juristisch einwandfreies und volkstümliches Recht — in Arbeitsstreitigkeiten zu finden imstande ist.

Diese Entwicklung wäre so sicher (wie auch der Werdegang des Gewerbe- und Kaufmannsgerichtswesens zeigt, das ursprünglich einem sehr bestimmt gefühlten Bedürfnis entsprach, während heute vielfach seine Überleitung in die ordentliche Gerichtsbarkeit von beteiligter Seite gewünscht oder doch für unbedenklich gehalten wird), daß die ausdrückliche Festlegung eines Endpunkts des Bestehens jener Sondergerichte nicht als erforderlich erscheinen würde..

17. Arbeitslosenversicherungsgesetz.

Der Entwurf des Gesetzes über eine vorläufige Arbeitslosenversicherung, die die Erwerbslosenfürsorge der Verordnung vom 26. 1. 1920/1. 11. 1921 (RGBl S. 98/1335) ersetzen soll, ist in der Reichsratsdrucksache Nr. 171 wiedergegeben (ältere Fassung vgl. RABl 1922 S. 329)[1]).

---

[1]) Vgl. auch oben S. 18.

V. Völker und Arbeit.

18. Internationales Arbeitsrecht.

Internationales Arbeitsrecht der Vorkriegszeit sind das Berner Abkommen über das Verbot der Nachtarbeit der gewerblichen Arbeiterinnen vom 26. 9. 1906 (Bek. vom 31. 12. 10, RGBl 1911, S. 16) und das Berner Abkommen über das Verbot der Verwendung von weißem (gelbem) Phosphor zur Anfertigung von Zündhölzern vom 26. 9. 1906 (Bek. vom 31. 12. 10, RGBl 1911, S. 23).

In Verfolg des Teils XIII des Friedensvertrags von Versailles vom 28. 6. 1919 (Gesetz vom 16. 7. 1919, RGBl. S. 687) ist der Internationale Verband der Arbeit im Völkerbund gegründet worden. Ihr gehören nach Art. 387/II die ursprünglichen Mitgliedsstaaten des Völkerbundes an, während später die Mitgliedschaft im Völkerbund die Mitgliedschaft in dem genannten Verband mit sich bringen soll. Die Organe sind die Hauptversammlung, das Internationale Arbeitsamt und der Verwaltungsrat. In der ersten, auf den 29. 10. 1919 nach Washington einberufenen Hauptversammlung, deren Tagung bis 29. 11. 1919 dauerte, ist Deutschland mit allen gegen eine Stimme zur Mitgliedschaft eingeladen worden. Es hat diese Einladung angenommen.

Das Ergebnis der 1. Hauptversammlung sind sechs Entwürfe zu Internationalen Übereinkommen und sechs Vorschläge sozialpolitischer Maßnahmen. Die **Entwürfe** betreffen die Arbeitszeit, die Arbeitslosigkeit, den Mutterschutz, die Nachtarbeit der Frauen, die Altersgrenze für Kinderarbeit und die Nachtarbeit der Kinder, die **Vorschläge** Maßnahmen gegen die Arbeitslosigkeit (insbesondere Arbeitsnachweise), die Gleichbehandlung in- und ausländischer Arbeiter, die Bleivergiftung der Frauen und Kinder, den Milzbrand, die Einrichtung eines öffentlichen Gesundheitsdienstes und die Durchführung des Berner Phosphorabkommens. Die Entwürfe über die Arbeitslosigkeit, Nachtarbeit der Frauen und Mindestalter der Kinder sind den gesetzgebenden Körperschaften seitens des Reichsarbeitsministeriums zur Annahme, der Entwurf über den Mutterschutz mit Rücksicht auf die finanzielle Tragweite der Unterstützungsfrage zur Ablehnung empfohlen worden. In Verfolg der Entwürfe über die Arbeitszeit und die Frauen- und Kinderarbeit ist der Entwurf eines Gesetzes über die Arbeitszeit gewerblicher Arbeiter und der Entwurf eines Gesetzes über die Arbeitszeit der Angestellten den gesetzgebenden Körperschaften vorgelegt worden (vgl. oben S. 199).

Die 2. Hauptversammlung (Internationale Seemannskonferenz) hat vom 15. 6. bis 10. 7. 1920 in Genua sich mit der Anwendung der Washingtoner Beschlüsse auf die Seeleute beschäftigt. Es sind dort drei Entwürfe zu Übereinkommen und vier Vorschläge sozialpolitischer Maßnahmen angenommen worden, die ersteren das Mindestalter der Kinder, die Entschädigung wegen Arbeitslosigkeit infolge Schiffsbruchs und die Stellenvermittlung der Seeleute, die letzteren die Beschränkung der Arbeitszeit im Fischereigewerbe und in der Binnenschiffahrt, die Schaffung nationaler Seemannsordnungen und die Versicherung der Seeleute gegen Arbeitslosigkeit betreffend. Sämtliche Entwürfe sind vom Reichsarbeitsministerium den gesetzgebenden Körperschaften zur Annahme empfohlen.

Auf der 3. Hauptversammlung in Genf (25. 10. bis 19. 11. 1921) sind sieben Entwürfe zu Übereinkommen und acht Vorschläge sozialpolitischer Maßnahmen beschlossen worden. Die Entwürfe betreffen Mindestalter für Kinderlandarbeit, Entschädigung bei Landarbeitsunfällen, Vereins- und Koalitionsrecht der Landarbeiter, Bleiweißanstrich, ärztliche Untersuchung für die Kinder- und Jugendlichenarbeit, Mindestalter für See-Jugendlichenarbeit als Trimmer oder Heizer und wöchentliche Ruhezeit in gewerblichen Betrieben. Die Vorschläge betreffen beruflichen Unterricht in der Landwirtschaft, Sozialversicherung in der Landwirtschaft, Unterkunft und Schlafgelegenheit der Landarbeiter, Nachtlandarbeit von Kindern und Jugendlichen, Nachtlandarbeit der Frauen, Wöchnerinnenschutz der Landarbeiterinnen, Arbeitslosigkeit der Landwirtschaft und wöchentliche Ruhezeit im Handelsgewerbe.

Auf der 4. Tagung (18. 10. bis 4. 11. 1922) in Genf hat man neben Verwaltungsfragen der Internationalen Organisation der Arbeit, insbesondere hinsichtlich des zweijährlichen statt jährlichen Zusammentritts der gesamten Hauptversammlungen und der Zusammensetzung des Verwaltungsrats, lediglich Wanderungsfragen und daneben voraussichtlich der Stand der Ratifikationen der Übereinkommen in den einzelnen Ländern und die Frage der Arbeitslosigkeit erörtert. In ersterer Hinsicht wurde beschlossen, es bei der bisherigen Regelung des Art. 389 FrieVVerf zu belassen, jedoch als wünschenswert bezeichnet, daß die Hauptversammlung abwechselnd vorbereitende und

Beschlußtagungen abhält, in welch letzteren die Abstimmung über Internationale Abmachungen stattfände. Der Verwaltungsrat soll künftig in Abänderung des Art. 393 aus 32 Mitgliedern bestehen. Zum Wanderungswesen wurde ein Vorschlag über den Austausch und die Vereinheitlichung der Unterlagen beschlossen. In der Frage der Arbeitslosigkeit wurden dem Internationalen Arbeitsamt eingehende Untersuchungen aufgetragen und zugleich die Finanz- und Wirtschaftsorganisation des Völkerbunds zur Mitarbeit bei der Bekämpfung der Arbeitslosigkeit eingeladen. Als bisher angezeigte Ratifikationen der Washingtoner Beschlüsse wurden 51 festgestellt.

VI. 19. Übergangs- und Schlußbestimmungen.

Vgl. dazu das oben S. 46 Ausgeführte.

Anhang I.

Terminologie, terminologische Abkürzungen und Buchtechnik des Arbeitsrechts.

1. Aus der Zusammenfassung allen arbeitsrechtlichen Rechtsstoffs in einem Gesetzbuch ergibt sich die Notwendigkeit für dieselben Dinge in den verschiedenen Teilen eine einheitliche Terminologie zu verwenden. Es erfordert das naturgemäß, daß die Begriffe dieser Dinge sei es im Gesetz bestimmt, sei es als bekannt vorausgesetzt, sei es als im Bewußtsein der Beteiligten lebend, wenn auch noch nicht in Worte kleidbar erkannt sind. Für eine solche einheitliche Terminologie haben sich zum Teil Bezeichnungen fest eingebürgert oder sind gar alt überkommen, zum Teil bedarf es noch einer Prägung neuer Ausdrücke. In den früheren Ausführungen sind hierzu Anregungen gegeben.

2. Die Bedürfnisse der Praxis haben seit längerem dazu geführt, immer wiederkehrende Bezeichnungen nicht nur von Erscheinungsformen des täglichen Lebens, sondern insbesondere auch von Gesetzen, Behörden, Einrichtungen, Zeitschriften usw. durch prägnante Abkürzungen wiederzugeben. In ein System sind derartige Abkürzungen wohl zum erstenmal durch die „Vorschläge des Deutschen Juristentags für die Art der Anführung von Rechtsquellen, Entscheidungen und wissenschaftlichen Werken" gebracht worden, die der 27. Deutsche Juristentag am 16. 9. 1904 zum Beschluß erhoben hat[1]).

Es wird sich empfehlen, die für die Neugestaltung des Arbeitsrechts zu verwendenden Bezeichnungen von vornherein in dieses System einzugliedern. Es läßt sich auch erwägen, solchen Abkürzungen durch Erwähnung und ständigen Gebrauch im Gesetz selbst Geltung zu verschaffen.

Für die Fassung der einzelnen Abkürzungen ist es wesentlich, Buchstabenbilder zu finden, die einprägsam, knapp und leicht verständlich sind. Auch dürfen sie die Rücksicht auf sonst bereits gebräuchliche und notwendige Abkürzungen nicht vermissen lassen. Dabei wird es unbedenklich sein, hier und da Abkürzungen in neuer Bedeutung zu verwenden, die bereits anderweit benutzt worden sind. Es ist dies auch bisher der Fall gewesen, ohne daß sich daraus Schwierigkeiten ergeben hätten (z. B. E = Entwurf und Entscheidung, vgl. Vorschläge des 27. DJT.)[1]).

---

[1]) Bd. 3 der Verhandlungen, Berlin Guttentag 1904, S. 153 ff. Vgl. auch die Vorschläge in dem „Abkürzungsverzeichnis der Jur. Wochenschr.", Berlin Moeser 1920.

Der Bedeutung, die der Begriff „Arbeit“ nicht nur für das Arbeitsrecht, sondern ganz allgemein besitzt, wird es entsprechen, wenn als Abkürzung des Wortes „Arbeit“ schlechthin der Buchstabe „A“ verwendet wird. Gegegebenenfalls muß durch Gebrauch anderer Abkürzungen dieser Buchstabe in der sonst üblichen Verwendung ersetzt werden.

Danach lassen sich zunächst folgende Abkürzungen vorschlagen, die übrigens z. T. den Vorschlägen des 27. DJT entsprechen oder bereits gebräuchlich sind:

A = Arbeit
a = Amt
AAufs = Arbeitsaufsicht
AB = Arbeitsbuch
AG(G) = Arbeitsgericht(sgesetz)
Ag = Arbeitgeber
AGB = Arbeitsgesetzbuch
AK(G) = Arbeitskammer(gesetz)
Akampf(G) = Arbeitskampf(gesetz)
AL = Arbeitslohn
Alos = Arbeitsloser
AN(G) = Arbeitsnachweis(gesetz)
An = Arbeitnehmer
Anähnl = Arbeitnehmerähnliche Personen
AO = Arbeitsordnung
AR = Arbeitsrecht
Ar = Arbeiter
Arin = Arbeiterin
ASchutz(G) = (Allgemeines) Arbeitsschutz(gesetz)
ATG = Arbeitstarifgesetz
AGesamtV(G) = Arbeitsgesamtvertrag(sgesetz)
AV(G) = (Allgemeines) Arbeitsvertrag(gesetz)
Av = Arbeitsverein
AVerw(G) = Arbeitsverwaltung(sgesetz)
AZ(G) = Arbeitszeit(gesetz)
AllgVb = Allgemeinverbindlichkeit
Ang(G) = (Allgemeines) Angestellte(ngesetz)
8StT = Achtstundenarbeitstag
Aufs = Aufsicht
Aussch = Ausschuß
Aussp = Aussperrung
Ausst = Ausstand

B = Bekanntmachung, Beruf, Buch
BergAG = Bergarbeitergesetz
BGB = Bürgerliches Gesetzbuch
Bv(G) = Berufsverein(sgesetz)
BasBull = Bulletin des Internationalen Arbeitsamts in Basel
Beh = Behörde
Besch = Beschädigter
Betr(RG) = Betrieb(srätegesetz)
BetrV(G) = Betriebsvertrag(sgesetz)
Bez = Bezirk
BezAWR = Bezirksarbeits- und wirtschaftsrat
BGB = Bürgerliches Gesetzbuch
BinnschG = Binnenschiffahrtsgesetz
Demob = Demobilmachung
DJT = Deutscher Juristentag
DJZ = Deutsche Juristenzeitung
E = Einigung, Einführung
Entw = Entwurf
FlößG = Flößereigesetz
Fr = Frauen
FrieVVers = Friedensvertrag von Versailles
Fürs = Fürsorge
G = Gesetz, Gericht
Geh = Gehilfe
Gem = Gemeinschaft
Ges = Gesinde
AGem = Arbeitsgemeinschaft
TGem = Tarifgemeinschaft
Gew = Gewerbe
GewArch = Gewerbearchiv
GewG(G) = Gewerbegericht(sgesetz)
GewKfmG = Gewerbe- und Kaufmannsgericht, Monatsschrift des Verbandes deutscher Gewerbe- und Kaufmannsgerichte
GewO = Gewerbeordnung
GewRSchutz = Gewerblicher Rechtsschutz und Urheberrecht, Zeitschrift des Deutschen Vereins für den Schutz des gewerblichen Eigentums
H = Handel (Handlung),
HGB = Handelsgesetzbuch

HGeh = Handlungsgehilfe
Hag = Handelsagent
Heim = Heim
HeimAG = Heimarbeitsgesetz
HeimAng = Heimangestellter
HeimAr(in) = Heimarbeiter(in)
HeimArLG = Heimarbeiterlohngesetz
HausAG = Hausarbeitgesetz
JAR = Jahrbuch des Arbeitsrechts
Jug = Jugendlicher
JW = Juristische Wochenschrift
Kfm = Kaufmann
KfmG(G) = Kaufmannsgericht(sgesetz)
Kind = Kind(er)
KindSchutzG = Kinderschutzgesetz
KoalR = Koalitionsrecht
L = Lohn
(V)LandAO = (Vorläufige) Landarbeitsordnung
Lehrl(G) = (Allgemeines) Lehrling(sgesetz)
LuftAG = Luftarbeitsgesetz
LuftVerkG = Luftverkehrsgesetz
NZfA = Neue Zeitschrift für Arbeitsrecht
PatG = Patentgesetz
O = Ordnung
R = Rat, Reich, Recht
AngR = Angestelltenrat
ArR = Arbeiterrat
RABl = Reichsarbeitsblatt
RAM = Reichsarbeitsministerium
R(A)G = Reichs(arbeits)gericht
RGBl = Reichsgesetzblatt
RVerf = Reichsverfassung
Schlicht(O) = Schlichtung(sordnung)
SeemO = Seemannsordnung
SozPra = Soziale Praxis und Archiv für Volkswohlfahrt
StGB = Strafgesetzbuch
StPO = Strafprozeßordnung
T = Tarif
Ta = Tarifamt
AllgVb = Allgemeinverbindlich(keit)

Tang = Tarifangehörige
Tf = Tariffähig
TGem = Tarifgemeinschaft
TV = Tarifvertrag
TS = Tarifsatzung
V = Vertrag
v = Verein, Vereinigung
Vbd = Verband
Verf = Verfassung
Verk = Verkehr
VO = Verordnung
Vers = Versicherung
AlosVersG = Arbeitslosenversicherungsgesetz
AngVersG = Versicherungsgesetz für Angestellte
RVersO = Reichsversicherungsordnung
Verw = Verwaltung
AVerw(G) = Arbeitsverwaltung(sgesetz)
ASelbstVerwBeh = Arbeitsselbstverwaltungsbehörde
OVerwG = Oberverwaltungsgericht
W = Wirtschaft
AWRG = Arbeits- und -wirtschaftsrätegesetz
BezAWR = Bezirksarbeits- und -wirtschaftsrat
RWM = Reichswirtschaftsministerium
(V)R(A)WR = (Vorläufiger) Reichs(arbeits- und)wirtschaftsrat
Z = Zeit, Zeitschrift
ZAR = Arbeitsrecht, Zeitschrift für das gesamte Dienstrecht der Arbeiter, Angestellten und Beamten
ZBl = Zentralblatt des Deutschen Reichs
ZPO = Zivilprozeßordnung
ZwM = Zwischenmeister.

3. Wie die nachstehende Zusammenstellung (vgl. A) ergibt, ist die Gliederung der wichtigsten für das Arbeitsrecht in Frage kommenden Gesetze usw. in buchtechnischer Hinsicht ganz verschiedenartig und — sieht man von der Anpassung des BGB und des HGB an die ZPO ab — ohne Rücksicht auf die Gliederung der Gesetze erfolgt, die ähnliche Materien behandeln. Es erscheint als zweckmäßig, für das Arbeitsgesetzbuch ein System festzulegen, das unter Vermeidung fremdsprachlicher Ausdrücke die Vorzüge der Einheitlichkeit und Klarheit hat und die praktische Handhabung des Gesetzbuchs dem Rechtskundigen und dem Laien erleichtert. Die Zergliederung des Stoffes wird dabei möglichst weitgehend durchzuführen

sein, damit der Gebraucher schon aus dem Inhaltsverzeichnis und den (als Randschriften zu denkenden) Überschriften der einzelnen Teile und Unterteile die Struktur des Gesetzes erkennen und die von ihm gesuchten Stellen mit geringster Mühe auffinden kann (vgl. Gliederung zu B.).

Mit Rücksicht auf den voraussichtlichen Umfang des Arbeitsgesetzbuchs läßt sich vorsehen, die Übersicht dadurch zu vereinfachen, daß die „Bücher" des Arbeitsgesetzbuchs, die im allgemeinen in sich abgeschlossene Teilgesetze enthalten werden, nicht innerhalb der großen Teile des Gesamtwerks, sondern durchgehend numeriert werden (vgl. oben S. 45).

Die Absätze der einzelnen Paragraphen werden, wie dies auch in ausländischen Gesetzgebungen vielfach üblich, als solche zweckmäßig gekennzeichnet werden. Die Verwendung römischer Ziffern wird sich dabei empfehlen, um die Absätze von den Sätzen und numerierten Punkten äußerlich abzuheben und die Zitierung einprägsam und kurz zu gestalten (z. B. § 10 Abs. II Satz 3 Nr. 5 oder — besser, weil kürzer — § 10/II S. 3 Nr. 5).

3. Buchtechnik des AGB.

A. Zusammenstellung der Gliederungen einzelner Gesetze usw.

PrAllgBergG Zweiter Titel.
Erster Abschnitt.
§

GewO Titel VI.
I.
a)
§
Titel VII.
III.
A.
§

StGB Erster Teil.
Erster Abschnitt.
§

GVG 1. Titel.
§

ZPO Erstes Buch.
Dritter Abschnitt.
Zweiter Titel.
I.
§

StPO
1. Buch.
1. Abschnitt.
§§

GewGG
Erster Abschnitt.
§

BGB
Erstes Buch.
Erster Abschnitt.
Erster Titel.
I.
1.
§

HGB
Zweites Buch.
Erster Abschnitt.
Erster Titel.
§

SeemO
Erster Abschnitt.
§

RVersO
Erstes Buch.
Dritter Abschnitt.
I.
1.
§
Viertes Buch.
Dritter Abschnitt.
A.
I.
1.
§
Sechstes Buch.
A.
Erster Abschnitt.
III.
3.
a)
§

AngVersG Erster Abschnitt.
I.
§

BetrRG II.
A.
1.
§

FrieVVers Teil V.
Abschnitt 1.
Kapitel 1.
Art.

ARG I.
1.
§

B. Vorschlag einer Gliederung des AGB.

Erster Teil.
Vertrag und Arbeit.
Fünftes Buch.
Recht der Sonderarbeitsverträge.
Erste Abteilung.
Bergarbeitsgesetz.
Zweiter Abschnitt.
Bergarbeitsschutzrecht.
Erster Teilabschnitt.
Sachliche Bestimmungen.
Erstes Stück.
Arbeitsschutz durch Arbeitgeber.
I. Arbeitsschutz im allgemeinen.
1. Arbeitszeit.
B. Arbeit unter Tage.
a) Im allgemeinen.
aa) Ein- und Ausfahrt.
§ 15.

Anhang II.

Das geltende Reichsarbeitsrecht (einschließlich des Versicherungsrechts)[1].

Lfd. Nr.	Tag des Gesetzes usw.	Titel des Gesetzes usw.	RGBl Seite	RGBl [2]) Nr.	Ausgeführt, abgeändert, ergänzt durch	RGBl Seite	RGBl Nr.
1	21. 6. 69	Gesetz betreffend die Beschlagnahme des Arbeits- oder Dienstlohnes	242	25	G[3]) v. 29. 3. 97	159	16
					G v. 17. 5. 98	332	21
					B[3]) v. 17. 5. 15	285	60
					VO[3]) v. 13. 12. 17	1102	214
					VO v. 25. 6. 19	589	120
					G v. 10. 8. 20	1572	172
					G v. 28. 12. 21	1657	120
					G v. 26. 10. 22	805	71
					G v. 26. 10. 22	806	71
2	21. 6. 69	Gewerbeordnung für das Deutsche Reich	245	26	B v. 24. 8. 92	331	16
					B v. 5. 2. 95	12	4
					B v. 4. 3. 96	55	6
					B v. 27. 11. 96	745	38
					VO v. 31. 5. 97	459	25
					B v. 31. 7. 97	614	35
					B v. 26. 4. 99	275	19
					VO v. 9. 7. 00	565	28
					B v. 26. 7. 00 (Neue Fassung)	871	47
					B v. 23. 1. 02	33	4
					B v. 25. 1. 02	88	5
					B v. 1. 3. 02	59	12
					B v. 22. 10. 02	269	43
					B v. 30. 1. 03	8	2
					B v. 24. 3. 03	61	11
					G v. 30. 3. 03	113	14
					G v. 10. 5. 03	217	24
					B v. 26. 5. 03	225	27
					VO v. 17. 2. 04	62	7

[1]) Stand vom 31. 12. 22.

[2]) Die gemäß Bekanntmachung vom 6. März 1922 (RGBl S. 232) in Teil II des Reichsgesetzblatts erschienenen Veröffentlichungen sind durch II vor der Nr. gekennzeichnet.

[3]) A = Anordnung, AB = Ausführungsbestimmung, B = Bekanntmachung, Best = Bestimmungen, E = Erlaß, EG = Einführungsgesetz, G = Gesetz, VO = Verordnung.

Lfd. Nr.	Tag des Gesetzes usw.	Titel des Gesetzes usw.	RGBl Seite	RGBl Nr.	Ausgeführt, abgeändert, ergänzt durch	RGBl Seite	RGBl Nr.
2	21. 6. 69	Gewerbeordnung für das Deutsche Reich	245	26	V v. 16. 6. 05	545	26
					V v. 27. 6. 05	555	28
					G v. 14. 10. 05	759	42
					V v. 5. 7. 07	405	31
					Int. Abk. v. 26. 9. 06	5 (1911)	2
					(V v. 31. 12. 10	16 (1911)	2)
					Int. Abk. v. 26. 9. 06	17 (1911)	2
					(V v. 31. 12. 10	23 (1911)	2)
					V v. 17. 2. 07	34	7
					VO v. 21. 2. 07	65	10
					V v. 12. 4. 07	93	16
					V v. 16. 5. 07	233	21
					V v. 6. 5. 08	172	22
					G v. 30. 5. 08	356	33
					V v. 22. 12. 08	654	61
					G v. 28. 12. 08	667	63
					V v. 31. 5. 09	471	29
					V v. 3. 7. 09	543	35
					V v. 25. 11. 09	965	60
					V v. 25. 11. 09	966	60
					V v. 25. 11. 09	968	60
					V v. 8. 12. 09	969	61
					G v. 2. 6. 10	860	34
					V v. 4. 6. 10	568	34
					G v. 19. 7. 11	839	42
					V v. 20. 11. 11	955	61
					V v. 24. 11. 11	958	62
					G v. 20. 12. 11	976	68
					V v. 23. 12. 11	1153	72
					V v. 20. 5. 12	311	29
					V v. 13. 12. 12	564	66
					V v. 14. 2. 13	97	11
					V v. 7. 3. 13	125	15
					V v. 9. 3. 13	129	16
					V v. 8. 12. 13	777	70
					(V v. 4. 5. 14	118	25)
					V v. 15. 8. 14	373	61
					V v. 22. 8. 17	727	149

Lfd. Nr.	Tag des Gesetzes usw.	Titel des Gesetzes usw.	RGBl Seite	RGBl Nr.	Ausgeführt, abgeändert, ergänzt durch	RGBl Seite	RGBl Nr.
2	21. 6. 69	Gewerbeordnung für das Deutsche Reich	245	26	V v. 6. 9. 17	829	161
					G v. 22. 5. 18	423	72
					VO v. 23. 11. 18	1329	161
					A[1] v. 23. 11. 18	1334	162
					VO v. 2. 12. 18	1397	171
					A v. 17. 12. 18	1436	185
					G v. 5. 2. 19	176	34
					G v. 18. 3. 19	315	61
					VO v. 28. 3. 19	354	71
					G v. 15. 1. 20	69	12
					VO v. 23. 1. 20	75	14
					VO v. 23. 1. 20	75	14
					VO v. 27. 1. 20	109	18
					V v. 27. 1. 20	118	18
					V v. 27. 1. 20	120	18
					V v. 26. 3. 20	354	55
					VO v. 28. 6. 20	1357	146
					V v. 19. 9. 20	1679	194
					VO v. 28. 1. 21	140	15
					VO v. 2. 2. 21	142	15
					G v. 12. 7. 21	9 7	75
					V v. 19. 8. 21	1255	94
					V v. 19. 8. 21	1255	94
					VO v. 20. 4. 22	462	32
					V v. 29. 3. 22	2	II 1
					G v. 30. 3. 22	285	25
					VO v. 2. 6. 22	493	39
					G v. 21. 7. 22	652	55
					G v. 22. 7. 22	657	56
					G v. 17. 8. 22	717	60
					VO v. 18. 11 22	787	II 34
					G v. 16. 12. 22	927	83
					G v. 22. 12. 22	967	86
3	7. 6. 71	Reichshaftpflichtgesetz (in der Fassung des Art. 42 EG[1] BGB)	207	25			
4	30. 1. 77	Zivilprozeßordnung	83	6	G v. 17. 5. 98	256	21
					EG v. 17. 5. 98	332	21
					G v. 17. 5. 98	342	21

[1]) Siehe Anm: 3 S. 207.

Lfd. Nr.	Tag des Gesetzes usw.	Titel des Gesetzes usw.	RGBl Seite	RGBl Nr.	Ausgeführt, abgeändert, ergänzt durch	RGBl Seite	RGBl Nr.
4	30. 1. 77	Zivilprozeßordnung	83	6	B v. 20. 5. 98	369	25
					(Neue Fassung)	410	25
					G v. 5. 6. 05	536	24
					G v. 1. 6. 09	475	30
					G v. 22. 5. 10	767	26
					B v. 17. 5. 15	285	60
					BO v. 9. 9. 15	562	21
					B v. 18. 5. 16	393	199
					G v. 11. 8. 19	1383	152
					G v. 13. 8. 19	1448	158
					(ohne die Gesetze usw. der Kriegs- und Übergangszeit)		
					G v. 23. 12. 21	1658	12
					G v. 26. 10. 22	805	71
5	10. 2. 77	Konkursordnung	351	10	G v. 17. 5. 98	230	21
					EG v. 17. 5. 98	248	21
					G v. 17. 5. 98	342	21
					B v. 20. 5. 98	369	25
					(Neue Fassung)	612	25
6	29. 7. 90	Gewerbegerichtsgesetz	141	24	G v. 30. 6. 01	249	29
					B v. 29. 9. 01	353	41
					(Neue Fassung)		
					BO v. 12. 5. 20	958	107
					BO v. 29. 10. 20	1843	212
					BO v. 19. 3. 21	234	29
					G v. 14. 1. 22	155	9
					BO v. 1. 8. 22	691	57
					G. v. 27. 11. 22	887	79
7	15. 6. 95	Gesetz betreffend die privatrechtl. Verhältnisse der Binnenschiffahrt	301	23	G v. 20. 5. 98	868	25
8	15. 6. 95	Gesetz betreffend die privatrechtl. Verhältnisse d. Flößerei	341	23			
9	18. 8. 96	Bürgerliches Gesetzbuch	195	21	G v. 19. 4. 08 (§§ 22—72 BGB)	151	18
					G v. 30. 5. 08 (§ 833 BGB)	313	31

Lfd. Nr.	Tag des Gesetzes usw.	Titel des Gesetzes usw.	RGBl Seite	RGBl Nr.	Ausgeführt, abgeändert, ergänzt durch	RGBl Seite	RGBl Nr.
9	18. 8. 96	Bürgerliches Gesetzbuch	195	21	G v. 8. 6. 15 (§§ 573, 574, 1123, 1124 BGB) (ohne die Gesetze usw. der Kriegs- und Übergangszeit)	327	71
10	10. 5. 97	Handelsgesetzbuch	219	23	G v. 2. 6. 02	218	27
					G v. 12. 5. 04	167	21
					G v. 30. 5. 08	307	30
					G v. 7. 1. 13	90	10
					G v. 10. 6. 14	209	35
					G v. 12. 7. 21	927	75
					G v. 21. 7. 22	652	55
					G v. 22. 12. 22	967	85
11	2. 6. 02	Seemannsordnung	175	27	G v. 23. 3. 03	57	10
					G v. 12. 5. 04	167	21
					VO v. 8. 10. 21	1282	100
					B v. 29. 3. 22	2	II 1
					VO v. 18. 11. 22	787	II 34
(12	30. 3. 03	Gesetz betreffend Kinderarbeit in gewerblichen Betrieben	113	14	vgl. 2)		
13	6. 7. 04	Gesetz betr. Kaufmannsgerichte	266	30	VO v. 12. 5. 20	958	107
					VO v. 29. 10. 20	1843	212
					VO v. 19. 3. 21	234	29
					G v. 27. 11. 22	887	79
(14	26. 9. 06	Internationales Abkommen über das Verbot der Nachtarbeit der gewerblichen Arbeiterinnen	5 (1911)	2	B v. 19. 8. 21	1255	94
					B v. 29. 4. 22	104	II 5
		(B v. 31. 12. 10)	23 (1911)	2	vgl. 2)		
(15	26. 9. 06	Internationales Abkommen über das Verbot der Verwendung von weißem (gelbem) Phosphor zur Anfertigung v. Zündhölzern	17 (1911)	2	B v. 19. 9. 20	1679	194
					B v. 19. 8. 21	1255	94
					B v. 29. 5. 22	236	II 9
		(B v. 31. 12. 10)	16 (1911)	2	vgl. 2)		

Lfd. Nr.	Tag des Gesetzes usw.	Titel des Gesetzes usw.	RGBl Seite	RGBl Nr.	Ausgeführt, abgeändert, ergänzt durch	RGBl Seite	RGBl Nr.
16	19. 4. 08	Vereinsgesetz	151	18	G v. 26. 6. 16	635	147
					G v. 19. 4. 17	361	78
17	2. 6. 10	Stellenvermittlungsgesetz	860	34	G v. 22. 7. 22	657	56
18	19. 7. 11	Reichsversicherungsordnung	509	42	EG v. 19. 7. 11	839	42
					B v. 10. 11. 11	937	58
					B v. 12. 10. 16	1167	232
					B v. 11. 1. 17	39	7
					B v. 3. 1. 18	7	2
					B v. 17. 1. 18	31	8
					BO v. 30. 9. 18	1222	131
					BO v. 12. 11. 18	1310	153
					BO v. 22. 11. 18	1321	159
					BO v. 2. 12. 18	1398	171
					BO v. 14. 12. 18	1429	183
					BO v. 14. 12. 18	1437	186
					BO v. 23. 12. 18	1453	192
					BO v. 23. 12. 18	1454	192
					BO v. 2. 1. 19	20	5
					BO v. 13. 1. 19	41	10
					BO v. 13. 1. 19	42	10
					BO v. 5. 2. 19	181	35
					BO v. 9. 2. 19	191	38
					BO v. 9. 2. 19	191	38
					BO v. 8. 4. 19	381	79
					BO v. 31. 5. 19	509	111
					BO v. 21. 6. 19	582	118
					BO v. 6. 8. 19	1369	149
					G v. 26. 9. 19	1757	193
					BO v. 12. 1. 20	43	8
					BO v. 30. 4. 20	769	94
					BO v. 5. 5. 20	878	100
					G v. 20. 5. 20	1091	118
					BO v. 25. 5. 20	1093	118
					B v. 7. 6. 20	1150	128
					G v. 26. 12. 20	2315	243
					G v. 7. 4. 21	472	43
					G v. 11. 4. 21	467	43
					B v. 11. 4. 21	473	43
					G v. 23. 7. 21	984	80
					B v. 13. 9. 21	1265	96

Lfd. Nr.	Tag des Gesetzes usw.	Titel des Gesetzes usw.	RGBl Seite	RGBl Nr.	Ausgeführt, abgeändert, ergänzt durch	RGBl Seite	RGBl Nr.
18	19. 7. 11	Reichsversicherungsordnung	509	42	VO v. 30. 9. 21	1275	99
					VO v. 6. 10. 21	1287	101
					VO v. 7. 10. 21	1288	101
					B v. 11. 10. 21	1289	101
					B v. 12. 10. 21	1308	101
					G v. 7. 12. 21	1533	114
					VO v. 24. 12. 21	1665	120
					G v. 24. 12. 21	1 (1922)	1
					G v. 28. 12. 21	5 (1922)	2
					G v. 28. 12. 21	7 (1922)	2
					G v. 28. 12. 21	7 (1922)	2
					B v. 29. 12. 21	4 (1922)	1
					B v. 18. 1. 22	185	11
					AB v. 17. 2. 22	216	17
					G v. 30. 3. 22	285	25
					VO v. 31. 3. 22	454	31
					G v. 8. 4. 22	405	30
					G v. 13. 4. 22	455	32
					G v. 13. 4. 22	458	32
					G v. 19. 4. 22	462	32
					G v. 30. 4. 22	465	33
					G v. 31. 5. 22	542	48
					G v. 3. 6. 22	506	41
					G v. 9. 6. 22	497	41
					G v. 9. 6. 22	498	41
					G v. 9. 6. 22	499	41
					G v. 9. 6. 22	502	41
					G v. 9. 6. 22	504	41
					B v. 10. 6. 22	507	41
					G v. 24. 6. 22	566	51
					G v. 18. 7. 22	649	55
					G v. 20. 7. 22	678	II 18
					G v. 21. 7. 22	653	55
					G v. 21. 7. 22	654	55
					G v. 29. 7. 22	675	56
					B v. 25. 8. 22	720	61
					B v. 25. 8. 22	745	II 23

Lfd. Nr.	Tag des Gesetzes usw.	Titel des Gesetzes usw.	RGBl Seite	RGBl Nr.	Ausgeführt, abgeändert, ergänzt durch	RGBl Seite	RGBl Nr.
18	19. 7. 11	Reichsversicherungsordnung	509	42	B v. 4. 9. 22	738	64
					VO v. 12. 9. 22	724	63
					VO v. 12. 9. 22	724	63
					VO v. 14. 9. 22	737	64
					VO v. 26. 10. 22	807	71
					G v. 10. 11. 22	849	76
					VO v. 16. 11. 22	893	78
					VO v. 28. 11. 22	891	79
					VO v. 1. 12. 22	891	79
					VO v. 15. 12. 22	923	81
					VO v. 15. 12. 22	923	81
					VO v. 16. 12. 22	929	83
					VO v. 21. 12. 22	961	85
					VO v. 21. 12. 22	964	85
					VO v. 23. 12. 22	984	86
					VO v. 27. 12. 22	22 (1923)	1
19	20. 12. 11	Hausarbeitgesetz	976	68	B v. 17. 11. 13	751	65
					B v. 18. 6. 14	221	36
					B v. 27. 9. 17	867	169
					VO v. 13. 1. 19	85	15
					VO v. 29. 12. 19	2	1 (1920)
					VO v. 21. 4. 20	563	80
					VO v. 1. 2. 21	145	15
					VO v. 10. 2. 21	169	18
					VO v. 22. 6. 21	800	68
					B v. 14. 9. 21	1267	97
					VO v. 28. 6. 22	564	50
					VO v. 3. 10. 22	793	68
20	20. 12. 11	Versicherungsgesetz für Angestellte	989	68	B v. 14. 6. 16	517	125
					B v. 28. 8. 18	1085	115
					VO v. 6. 1. 20	131	20
					G v. 31. 5. 20	1144	128
					B v. 3. 2. 21	146	15
					G v. 23. 7. 21	1173	84
					G v. 7. 12. 21	1533	114
					G v. 18. 12. 21	1578	117
					G v. 19. 4. 22	462	22
					G v. 31. 5. 22	542	48
					G v. 11. 6. 22	505	41
					G v. 24. 6. 22	566	51

Lfd. Nr.	Tag des Gesetzes usw.	Titel des Gesetzes usw.	RGBl Seite	RGBl Nr.	Ausgeführt, abgeändert, ergänzt durch	RGBl Seite	RGBl Nr.
20	20.12.11	Versicherungsgesetz für Angestellte	989	68	G v. 18. 7. 22	649	55
					G v. 20. 7. 22	678	II 18
					G v. 29. 7. 22	675	56
					B v. 25. 8. 22	745	II 23
					BO v. 12. 9. 22	725	63
					BO v. 26. 10. 22	807	71
					G v. 10. 11. 22	849	76
					BO v. 14. 11. 22	880	76
					BO v. 2. 12. 22	903	80
					BO v. 21. 12. 22	956	85
					BO v. 21. 12. 22	959	85
					BO v. 21. 12. 22	961	85
					BO v. 21. 12. 22	962	85
					BO v. 21. 12. 22	963	85
					BO v. 21. 12. 22	964	85
21	21. 6. 13	Verordnung über Geschäftsgang u. Verfahren der Schiedsgerichte für Angestellte	329	36	BO v. 13. 1. 19	42	10
(22	4. 8. 14	Gesetz betr. Ausnahmen von Beschäftigungsbeschränkungen gewerblicher Arbeiter	333	53	Außer Kraft gesetzt durch BO v. 12. 11. 18	1309	153)
(23	17. 5. 15	Bekanntmachung über die Einschränkung der Pfändbarkeit von Lohn-, Gehalts- und ähnlichen Ansprüchen	285	60	vgl. 1 und 4)		
24	3. 5. 17	Bekanntmachung über die bei Behörden oder in kriegswirtschaftlichen Organisationen beschäftigten Personen	393	87			
(25	13.12.17	Verordnung über Lohnpfändung	1102	214	BO v. 22. 6. 19	587	120
					B v. 22. 6. 19 (Neue Fassung) vgl. 1)	589	120

Lfd. Nr.	Tag des Gesetzes usw.	Titel des Gesetzes usw.	RGBl Seite	RGBl Nr.	Ausgeführt, abgeändert, ergänzt durch	RGBl Seite	RGBl Nr.
26	4. 10. 18	Erlaß über Errichtung eines Reichsarbeitsamts	1231	136	(E[1]) v. 21. 3. 19	327	65
27	7. 11. 18	Verordnung über wirtschaftliche Demobilmachung	1292	149	VO v. 18. 2. 21 VO v. 6. 10. 21 V v. 21. 3. 22 G v. 30. 3. 22 G v. 17. 8. 22 G v. 26. 10. 22	189 1887 280 285 717 802	19 101 23 25 60 71
28	12. 11. 18	Aufruf des Rats der Volksbeauftragten	1303	153			
(29	12. 11. 18	Erlaß über die Errichtung eines Reichsamts für wirtschaftliche Demobilmachung	1304	153	VO v. 27. 11. 18 E v. 24. 4. 19 [Auflösung] [VO v. 6. 10. 21 VO v. 21. 3. 22 G v. 30. 3. 22 G v. 17. 8. 22 G v. 26. 10. 22	1339 438 1287 280 285 717 802	164 92 101 23 25 60 71])
(30	23. 11. 18	Verordnung über die Arbeitszeit in den Bäckereien u. Konditoreien	1329	161	vgl. 2)		
(31	23. 11. 18	Anordnung über die Regelung der Arbeitszeit gewerblicher Arbeiter	1334	162	A v. 17. 12. 18 G v. 30. 3. 22 G v. 17. 8. 22 G v. 26. 10. 22 vgl. 2)	1436 285 717 802	185 25 60 71
(32	2. 12. 18	Verordnung über die Entlohnung und die Errichtung von Fachausschüssen im Bäckerei- und Konditoreigewerbe	1397	171	vgl. 2)		

[1]) Vgl. Anm. 3 S. 207.

Lfd. Nr.	Tag des Gesetzes usw.	Titel des Gesetzes usw.	RGBl Seite	RGBl Nr.	Ausgeführt, abgeändert, ergänzt durch	RGBl Seite	RGBl Nr.
(33	7. 12. 18	Verordnung betr. Arbeitsverdienst bei Verkürzung der Arbeitszeit in der Groß-Berliner Metallindustrie	1405	174	Außer Kraft gesetzt durch VO v. 4. 1. 19	 8	 3)
(34	7. 12. 18	Verordnung betreffend die vorläufige Regelung des Luftfahrtrechts	1407	175	VO v. 30. 4. 20 Außer Kraft gesetzt durch G v. 1. 8. 22 vgl. 103)	857 681	99 57
(35	9. 12. 18	Anordnung über Arbeitsnachweise	1421	180	G v. 30. 3. 22 Außer Kraft gesetzt durch G v. 22. 7. 22 vgl. 100 G v. 17. 8. 22	285 657 717	25 56 60)
36	23. 12. 18	Verordnung über Tarifverträge, Arbeiter- und Angestelltenausschüsse und Schlichtung von Arbeitsstreitigkeiten	1456	192	Best v. 7. 5. 19 VO v. 21. 9. 19 VO v. 31. 5. 20 VO v. 1. 8. 22	446 1707 1128 691	96 187 125 57
(37	13. 1. 19	Verordnung über die Errichtung von Fachausschüssen für Hausarbeit	85	15	VO v. 29. 12. 19 vgl. 19)	2	1 (1920)
38	18. 1. 19	Verordnung betreffend den Bergbau	64	12	BetrRG v. 4. 2. 20 (§ 104 Nr. VIII)	147	26
39	24. 1. 19	Verordnung betreffend eine vorläufige Landarbeitsordnung	111 184	21 35			
(40	25. 1. 19	Verordnung über Arbeitseinteilung von Militärpersonen	109	20	Außer Kraft gesetzt durch VO v. 18. 2. 21 [G v. 30. 3. 22	 189 285	 19 25])
(41	5. 2. 19	Verordnung über Sonntagsruhe im Handelsgewerbe u. in Apotheken	176	34	vgl. 2)		

Lfd. Nr.	Tag des Gesetzes usw.	Titel des Gesetzes usw.	RGBl Seite	RGBl Nr.	Ausgeführt, abgeändert, ergänzt durch	RGBl Seite	RGBl Nr.
42	8. 2. 19	Verordnung über die sozialeKriegsbeschädigten- und Hinterbliebenenfürsorge	187	37			
43	8. 2. 19	Verordnung über die Errichtung von Arbeitskammern im Bergbau	202	42			
(44	17. 2. 19	Verordnung über die Pflicht der Arbeitgeber zur Anmeldung eines Bedarfes an Arbeitskräften	201	42	Außer Kraft gesetzt durch VO v. 18. 2. 21 [G v. 30. 3. 22	189 285	19 25])
(45	16. 3. 19	Verordnung zur Behebung des Arbeitermangels in der Landwirtschaft	310	60	VO v. 28. 10. 19 Außer Kraft gesetzt durch VO v. 18. 2. 21 [G v. 30. 3. 22	1833 189 285	210 19 25])
(46	18. 3. 19	Verordnung über die Regelung der Arbeitszeit der Angestellten während der Zeit der wirtschaftl. Demobilmachung	315	61	G v. 30. 3. 22 G v. 17. 8. 22 G v. 26. 10. 22 vgl. 2)	285 717 802	25 60 71
47	23. 3. 19	Sozialisierungsgesetz	341	68			
48	23. 3. 19	Gesetz betreffend Regelung der Kohlenwirtschaft	342	68	G v. 20. 8. 19 AB v. 21. 8. 19 B v. 21. 8. 19 VO v. 31. 5. 20	1447 1449 1472 1107	158 159 159 121
(49	28. 3. 19	Verordnung über Erweiterung der Fortbildungsschulpflicht für die Zeit der wirtschaftlichen Demobilmachung	354	71	G v. 30. 3. 22 G v. 17. 8. 22 G v. 26. 10. 22 vgl. 2)	285/6 717 802	25 60 71
50	24. 4. 19	Gesetz betreffend Regelung der Kaliwirtschaft	413	88	B v. 9. 7. 19 VO v. 18. 7. 19 G v. 19. 7. 19 VO v. 29. 9. 91	642 663 661 1774	133 138 138 196

Lfd. Nr.	Tag des Gesetzes usw.	Titel des Gesetzes usw.	RGBl Seite	RGBl Nr.	Ausgeführt, abgeändert, ergänzt durch	RGBl Seite	RGBl Nr.
(51	7. 5. 19	Bestimmungen über die Führung des Tarifregisters	446	96	vgl. 36)		
(52	18. 6. 19	Verordnung über die Errichtung eines Ausschusses z. Prüfung der Frage der Arbeitszeit im Bergbau des Ruhrgebiets	579	117	Außer Kraft gesetzt durch VO v. 18. 2. 21 [G v. 30. 3. 22	 189 285	 19 25])
53	28. 6. 19	Friedensvertrag von Versailles	687	140	VO v. 14. 2. 20 VO v. 7. 10. 21 B v. 11. 10. 21 B v. 3. 4. 22 G v. 20. 7. 22 B vom 25. 8. 22	285 1288 1289 78 678 745	34 101 101 II 2 II 18 II 28
(54	18. 7. 19	Vorschriften zur Durchführung des Gesetzes über die Regelung der Kaliwirtschaft	663	138	VO v. 25. 7. 19 vgl. 50)	1352	141
(55	19. 7. 19	Gesetz betreffend Aufhebung des Gesetzes über den Absatz von Kalisalzen v. 25. 5. 10 und seiner Abänderungsgesetze, sowie Abänderung des Gesetzes über die Regelung der Kaliwirtschaft v. 24. 4. 19	661	138	vgl. 50)		
56	11. 8. 19	Verfassung des Deutschen Reiches	1383	152	VO v. 4. 5. 20 VO v. 9. 2. 22 B v. 29. 3. 22 VO v. 20. 4. 22 VO v. 2. 6. 22	853 187 2 462 493	99 12 II 1 32 39
57	11. 8. 19	Reichssiedlungsgesetz	1429	155	AB v. 26. 9. 22 VO v. 6. 9. 22	ZBl 1143 787	 37 64

Lfd. Nr.	Tag des Gesetzes usw.	Titel des Gesetzes usw.	RGBl Seite	RGBl Nr.	Ausgeführt, abgeändert, ergänzt durch	RGBl Seite	RGBl Nr.
58	8. 11. 19	Verordnung betreffend Errichtung eines Reichskommissariats zur Ausführung von Aufbauarbeiten in den zerstörten Gebieten	1895	222			
59	22. 12. 19	Bekanntmachung, betreffend Ausführungsbestimmungen über den Verkehr mit Zündwaren und Ergänzung der Ausführungsbestimmungen, v. 30. 9. 19 (RGBl S. 1779)	2151	249			
60	31. 12. 19	Gesetz betreffend die Sozialisierung der Elektrizitätswirtschaft	19 (1920)	5			
(61	15. 1. 20	Gesetz über weibliche Angestellte in Gast- und Schankwirtschaften	69	12	vgl. 2)		
(62	27. 1. 20	Verordnung über die Einrichtung und den Betrieb von Anlagen zur Herstellung von Bleifarben und anderen Bleiverbindungen	109	18	vgl. 2)		
(63	27. 1. 20	Bekanntmachung über das Bleimerkblatt	118	18			
(64	27. 1. 20	Bekanntmachung über die Dienstanweisung für die ärztliche Untersuchung von Bleiarbeitern	120	18	vgl. 2)		

Lfd. Nr.	Tag des Gesetzes usw.	Titel des Gesetzes usw.	RGBl Seite	RGBl Nr.	Ausgeführt, abgeändert, ergänzt durch	RGBl Seite	RGBl Nr.
(65	4. 2. 20	Verordnung betreffend die Errichtung und die Befugnisse des Vertrauensausschusses des Tabakgewerbes	144	25	Außer Kraft gesetzt durch		
					VO v. 18. 2. 21	189	19
					[G v. 30. 3. 22	285	25])
66	4. 2. 20	Betriebsrätegesetz	147	26	VO v. 24. 2. 20	259	42
					VO v. 14. 4. 20	522	76
					VO v. 21. 4. 20 (Hausgewerbe)	563	80
					VO v. 27. 4. 20	682	89
					VO v. 30. 4. 20	902	103
					G v. 12. 5. 20	961	108
					VO v. 5. 6. 20	1139	127
					VO v. 28. 9. 20	1689	198
					G v. 31. 12. 20	81 (21)	7
					G v. 5. 2. 21	159	17
					VO v. 12. 8. 21	1199	88
					G v. 15. 2. 22	209	17
67	12. 2. 20	Verordnung über die Einstellung und Entlassung von Arbeitern und Angestellten während der Zeit der wirtschaftl. Demobilmachung	218	33	VO v. 28. 1. 22	187	12
					G v. 30. 3. 22	285	25
					G v. 17. 8. 22	717	60
					G v. 26. 10. 22	802	71
68	29. 3. 20	Einkommensteuergesetz (§§ 45 ff.)	359	57	G v. 21. 7. 20	1463	156
					G v. 24. 3. 21	313	34
					G v. 11. 7. 21	845	72
					VO v. 20. 8. 21	1263	96
					VO v. 25. 11. 21	1487	111
					G v. 20. 12. 21	1580	117
					G v. 20. 7. 22	607	53
					G v. 23. 12. 22	978	85
					VO v. 1. 12. 22	893	79
					G v. 23. 12. 22	978	86
69	1. 4. 20	Verordnung zur Regelung der Eisenwirtschaft	435	65			

Lfd. Nr.	Tag des Gesetzes usw.	Titel des Gesetzes usw.	RGBl Seite	RGBl Nr.	Ausgeführt, abgeändert, ergänzt durch	RGBl Seite	RGBl Nr.
70	6. 4. 20	Gesetz über die Beschäftigung Schwerbeschädigter	458	67	VO v. 21. 4. 20 VO v. 17. 5. 20 G v. 22. 10. 20 VO v. 21. 3. 21 VO v. 28. 4. 21 VO v. 21. 7. 21 G v. 24. 3. 22 G v. 19. 7. 22 G v. 23. 12. 22	591 978 1787 327 494 947 279 599 972	82 109 210 34 48 78 23 52 86
71	4. 8. 20	Ausführungsbestimmungen zu der Verordnung über die Außenhandelskontrolle v. 20. 12. 19	500	73			
(72	25. 4. 20	Verordnung über die Freimachung von Arbeitsstellen während der Zeit der wirtschaftlichen Demobilmachung	708	92	VO v. 5. 3. 21 Außer Kraft gesetzt durch VO v. 18. 2. 21 [G. v. 30. 3. 22	222 189 285	26 19 25])
73	4. 5. 20	Verordnung über den vorläufigen Reichswirtschaftsrat	858	99			
(74	5. 5. 20	Verordnung über die Errichtung eines Reichsamts für Arbeitsvermittlung	876	100	Außer Kraft gesetzt durch G v. 22. 7. 22 VO v. 30. 9. 22 vgl. 101 u. 104)	 657 759	 56 67
75	31. 5. 20	Verordnung über die Regelung der Schwefelsäurewirtschaft	1113	123			
76	7. 6. 20	Verordnung über die Regelung der Teerwirtschaft	1156	128			
77	9. 6. 20	Pachtschutzordnung	1193	131	G v. 26. 5. 22 G v. 29. 6. 22 (Neue Fassung)	483 529	37 46
(78	28. 6. 20	Verordnung zum Schutze der Preßluftarbeiter	1357	146	vgl. 2)		

Lfd. Nr.	Tag des Gesetzes usw.	Titel des Gesetzes usw.	RGBl Seite	RGBl Nr.	Ausgeführt, abgeändert, ergänzt durch	RGBl Seite	RGBl Nr.
(79	21. 7. 20	Gesetz zur ergänzenden Regelung des Steuerabzugs vom Arbeitslohne	1463	156	G v. 29. 3. 21 vgl. 68)	313	34
(80	19. 9. 20	Bekanntmachung betreffend den Beitritt Norwegens usw. zum Berner Phosphorabkommen v. 26. 9. 06	1679	194	vgl. 15)		
81	8. 11. 20	Verordnung betreffend Maßnahmen gegenüber Betriebsabbrüchen und -stilllegungen	1901	223	G v. 30. 3. 22 G v. 17. 8. 22 G v. 26. 10. 22	285 717 802	25 60 71
82	10. 11. 20	Verordnung des Reichspräsidenten, betreffend die Stilllegung von Betrieben, welche die Bevölkerung mit Gas, Wasser, Elektrizität versorgen.	1865	219			
(83	26. 12. 20	Gesetz über eine außerordentliche Beihilfe für Empfänger von Renten aus der Invalidenversicherung	2315	243	V v. 11. 4. 21 Außer Kraft gesetzt durch G v. 23. 7. 21 vgl. 18)	478 984	43 80
(84	5. 2. 21	Gesetz über die Betriebsbilanz und die Betriebsgewinn- und -Verlustrechnung	159	17	vgl. 66)		
85	30. 3. 21	Verordnung über die Rückgewähr von Beiträgen bei privaten Pensionseinrichtungen	369	37			
86	29. 6. 21	Gesetz über die Beschränkung des Luftfahrzeugbaus	789	68	Bek v. 10. 8. 22	711	59

Lfde. Nr.	Tag des Gesetzes usw.	Titel des Gesetzes usw.	RGBl Seite	RGBl Nr.	Ausgeführt, abgeändert, ergänzt durch	RGBl Seite	RGBl Nr.
(87	23. 7. 21	Gesetz über Änderung des Versicherungsgesetzes für Angestellte	1173	84	G v. 13. 12. 21 vgl. 20)	1578	117
88	1. 11. 21	Verordnung über Erwerbslosenfürsorge	1337	107	VO v. 21. 3. 22 G v. 30. 3. 22 G v. 26. 10. 22	280 285 802	23 25 71
(89	7. 12. 21	Gesetz über Notstandsmaßnahmen zur Unterstützung von Rentenempfängern der Invaliden- und der Angestelltenversicherung	1533	114	VO v. 24. 12. 21 VO v. 4. 2. 22 G v. 24. 4. 22 VO v. 19. 5. 22 G v. 18. 7. 22 B v. 29. 7. 22 vgl. 18 u. 20)	1665 204 464 482 649 675	120 14 33 36 55 56
90	13. 12. 21	Gesetz zur Ergänzung des Gesetzes über Änderung des Versicherungsgesetzes für Angestellte	1578	117	vgl. 20 u. 87)		
(91	28. 12. 21	Gesetz über Neuregelung der Zulagen in der Unfallversicherung	7 (1922)	2	AB v. 17. 2. 22 vgl. 18)	216	17
(92	1. 2. 22	Verordnung des Reichspräsidenten, betreffend Verbot der Arbeitsniederlegung durch Beamte der Reichsbahn	187	12	Außer Kraf gesetzt durch VO v. 9. 2. 22	205	15)
(93	15. 2. 22	Gesetz über die Entsendung von Betriebsratsmitgliedern in den Aufsichtsrat	209	17	WahlO v. 23. 3. 22 vgl. 66)	307	27
(94	8. 4. 22	Gesetz über das Branntweinmonopol	405]	30	B v. 4. 9. 22 vgl. 18)	738	64

Lfde. Nr.	Tag des Gesetzes usw.	Titel des Gesetzes usw.	RGBl Seite	RGBl Nr.	Ausgeführt, abgeändert, ergänzt durch	RGBl Seite	RGBl Nr.
(95	19. 4. 22	Gesetz über Sozialversicherung in Ansehung des Saargebiets	462	32	vgl. 18 u. 20)		
96	19. 5. 22	Gesetz betr. die Errichtung von Kleinschifferverbänden	129	II 7			
(97	31. 5. 22	Gesetz über die Invalidenversicherung und die Angestelltenversicherung der Soldaten (Soldatenversicherungsgesetz)	542	48	vgl. 18 u. 20)		
(98	11. 6. 22	Gesetz über das am 15. Mai 1922 in Genf geschlossene Deutsch-polnische Abkommen über Oberschlesien	237	II 10	V v. 12. 6. 22	585	12
99	9. 7. 22	Reichsgesetz für Jugendwohlfahrt	633	54	EG v. 9. 7. 22	647	54
100	17. 7. 22	Gesetz über die Arbeitszeit im Bergbau unter Tage	628	53			
101	22. 7. 22	Arbeitsnachweisgesetz	657	56	VO v. 30. 9. 22	759	67
102	27. 7. 22	Gesetz betr. Lohnstatistik	656	55			
103	1. 8. 22	Luftverkehrsgesetz	681	57			
104	30. 9. 22	Verordnung über die Umbenennung des Reichsamts für Arbeitsvermittlung	759	67			

Frankreich[1]).

Code du Travail et de la Prévoyance sociale.

Erstes Buch.

Arbeitsvertrag

(Des conventions relatives au travail).

Gesetz vom 28. 12. 1910, Dekret vom 12. 1. 1911.

Zweites Buch.

Arbeiterschutz

(Réglement du travail).

Gesetz vom 26. 11. 1912, Dekret vom 28. 11. 1912.

Drittes Buch.

Berufsvereinigungen

(Des groupements professionels).

Viertes Buch.

Gerichtsbarkeit, Einigungswesen, Schiedsspruch, Berufsvertretung

(De la juridiction, de la conciliation et de l'arbitrage, de la représentation professionelle).

Fünftes Buch.

Arbeiterversicherung.

Sechstes Buch.

Arbeiterfürsorge.

---

[1]) Vgl. oben S. 43.

Luxemburg[1]).

Das Arbeiterrecht.

Zusammenstellung der die Rechtsverhältnisse des gewerblichen Arbeiterstandes und der verwandten Berufe regelnden Gesetze und Beschlüsse.

I. Teil.

Vertragsverhältnis zwischen dem Arbeitgeber und dem Arbeitnehmer.

I. Bürgerliches und Handelsgesetzbuch.
II. Arbeitsbücher.
III. Arbeiterlöhne.
IV. Streitigkeiten aus dem Arbeitsverhältnis.
V. Strafbestimmungen.

II. Teil.

Arbeiterschutz — Soziale Hygiene.

I. Kinder- und Frauenarbeit.
II. Gesundheit und Sicherheit der Arbeiter.
III. Pflichten für Unternehmungen von Staats- und Gemeindearbeiten.
IV. Gewerbeaufsicht.

III. Teil.

Arbeiterversicherung und Soziale Fürsorge.

I. Krankenfürsorge.
II. Krankenversicherung.
III. Unfallversicherung.
IV. Hilfskassen.
V. Wohnungsgesetzgebung.
VI. Arbeitsnachweis.

---

1) Vgl. oben S. 43.

Argentinien[1].

Entwurf eines Gesetzbuchs der Arbeit.

Botschaft (an den Kongreß).

Nationales Arbeitsamt.

Landesregister der Stellenvermittlung.
Private Stellenvermittlung.
Stellenvermittlung der Arbeitgeber und Arbeiter.
Staatsarbeiter.
Arbeit der Minderjährigen.
Ausführungsbestimmungen.
Frauenarbeit.
Ausführungsbestimmungen.
Arbeit der Seeleute.
Arbeit des Eisenbahnpersonals.
Arbeit (Beschäftigung) von Indianern.
Heimarbeit.
Ausführungsbestimmungen.
Arbeitsruhe am Sonntag und wöchentlich.
Ausführungsbestimmungen.
Arbeitsdauer.
Ausführungsbestimmungen.
Arbeitsunfälle.
Entschädigungen.
Rentenempfänger.
Von der Zahlung der Renten.
Versicherungsgesellschaften.
Hilfe durch Arzt und Arzneien.
Berufskrankheiten.
Rentenfestsetzungsverfügung.
Allgemeine Bestimmungen.
Ausführungsbestimmungen.

---

[1]) Vgl. oben S. 43.

Kolibri 360 GmbH
Ferdinand-Jühlke-Straße 7
99095 Erfurt, Deutschland
produktsicherheit@kolibri360.de